세종의 선택

사람을 살찌우고〔富民〕, 인재를 발탁하고〔擇賢〕, 문명〔文明〕으로 나아가는 길

세종의 선택

백승종 지음

사우

세종과 그의 시대는
우리에게 무슨 의미가 있는가

〔1〕

세종 말년이 생각난다. 나는 그 시절이 왕에게 매우 불안한 시간이
었다고 본다. 대리청정을 맡은 세자(문종)는 유약하기 그지없었고,
왕이 젊은 시절부터 심혈을 기울여 키운 집현전은 특권적인 정치
세력으로 변질되어 있었다. 그런 상황이 오게 만든 것은 세종 그 자
신이었다. 왕은 권력의 견제와 균형을 강조했고, 그러려면 언관(言
官)이 더욱 강해져야 한다고 믿었기에 집현전을 사헌부, 사간원과
동렬에 서게 했다. 결과적으로 말년에는 다름 아닌 집현전이 사사
건건 왕을 물어뜯었다. 특히 학사 이계전 등은 왕의 주요 업적을 낱
낱이 따지며 뼈아픈 비판을 쏟아냈다.

그들은 세종이 평생을 바쳐 이룩한 조세 개혁, 즉 공법(貢法)의 시행을 취소하라고 요구했고, 지방관을 임지에 오래 근무하게 하는 '구임법'도 실패한 정책이라고 비난했다. 사민정책도 원천적으로 부정했으며, 북방의 방어용 성곽 수축까지도 쓸모없는 일이라고 했다(《실록》, 세종 28년 5월 3일; 6월 18일 등). 그때마다 왕은 침착을 유지하려 애썼다. 그러나 침울한 심정을 벗어나기는 불가능했을 것이다.

정치가 세종의 말년은 우리가 지레짐작하는 것처럼 백성의 넘치는 칭송과 쏟아지는 박수갈채 속에서 하루하루 보람을 느끼는 아름다운 시간이 아니었다.

[2]

후세는 세종을 성군(聖君)이라 부르기도 하고, 혹자는 현왕(賢王)이라고도 한다. 그가 통치하던 때를 서슴지 않고 태평성대라고 평하는 이도 많다. 심지어 그때는 국경 밖에 살던 이민족까지도 왕의 덕을 흠모하여 우리나라에 귀순했다는 이야기를 꺼내기도 한다.

정말일까. 그때 이 땅에 사는 사람은 누구나 근심 걱정 없이 호의호식하며 유유자적했을까. 그런 일은 일어나지 않았다. 역사상 그렇게 아름다운 시절은 단 한 번도 존재한 적이 없었다. 세종 때도 많은 백성은 하루하루를 겨우 버텨냈다.

그렇다면 우리가 학창시절에 배운 세종은 어떻게 이해해야 하는가? 우리 머릿속에 남아 있는 자비롭고 슬기로운 그 임금님의 모습은 장차 어떻게 해야 할지 의문이 들지도 모르겠다. 그래서인지 혹자는 세종의 시대란 실상 별로 특별한 것이 없었다고 주장하고 싶은 충동을 느끼는 것일까.

[3]

세종은 엄연한 역사적 존재였다. 내 말은 그가 특정한 시간과 공간의 축에서 활동한 현실 정치가였다는 말이다. 이 책에서 나는 그의 언행을 선의로든 악의로든 함부로 과장하지 않으려고 애썼다. 선입견에 사로잡히지 않고 맨눈으로 그 시대의 특징을 살펴보고 싶었다. 왕이 이룬 모든 업적을 빠짐없이 소개할 필요도 없으며, 그의 인간적 면모를 샅샅이 알아야만 하는 일도 아닐 것이다.

이 책은 망라주의라든가 백과사전적 기술과는 거리가 멀다. 왕의 전기는 더더욱 아니다. 여기서는 왕이 스스로 중요하게 평가한 몇 가지 사업을 검토하는 것으로 충분하다. 그것만으로도 우리는 그 시대의 특징을 충분히 이해할 수 있다고 믿는다. 내가 보기에 세종은 백성을 살찌우는 부민(富民)에 초점을 두고 경제정책을 폈다. 정치적인 면에서는 전문적이고 실용적인 인재를 키우고 발탁하는 데 주력했다고 여긴다. 편의상 나는 그것을 '택현(擇賢)'이라고 부르겠다. 그런데 이 모든 정책은, 왕이 적극적으로 추진한 유교적 문명화의 일환이었다. 나는 그렇게 본다.

세종은 참 특이한 인물이었다. 개인적으로는 불교를 누구보다 깊이 신앙했으면서도, 공인으로서는 성리학의 깃발만 세웠다. 그러나 그는 후대의 성리학자들처럼 경직된 이념에 사로잡히지 않았고, 그 덕분에 매사를 유연하고 실용적으로 처리했다. 후대의 성리학자들은 그를 전폭적으로 칭송했으나, 사실은 왕으로부터 아무것도 배우지 못했다.

성종 이후 조선의 성리학자들은 지나치게 순수를 고집하다가, 세종 시대의 실용주의로부터 너무 멀어져 버렸다. 세종이 바랐던 것 이상으로 그들은 철저하게 성리학에만 매달렸고, 그러자 전에 없이 많은 폐단이 각 방면에서 일어났다. 이런 현상을 일컬어 '문명화의 저주'라고 부르면 어떨까 싶다.

[4]

이 책은 4부로 구성되어 있다. 제1부에서는 세종이 백성을 가난에서 구하기 위해 어떤 노력을 했는지를 차근차근 알아볼 것이다. 놀랍게도 그 시대에도 이상기후가 심해, 백성은 생업인 농사에 큰 어려움을 겪었다. 가뭄과 홍수가 번갈아 찾아와, 거의 해마다 흉년이 들었다. 왕은 민생 문제를 해결하기 위해 지속적으로 노력했고, 상당한 효과도 있었다. 그러나 문제를 근본적으로 해결할 수는 없었다.

생활고에 시달리던 백성은 화적(火賊)이 되어 각지에서 연쇄 방화 사건을 일으키는 등, 치안 문제도 심각했다. 왕은 민심을 어루만지는 동시에, 관련 법규를 체계적으로 정비하여 문제를 풀어나갔다.

그때 백성들은 세금제도에 불만이 컸다. '답험손실법'이라는 이름으로 수확량을 조사하는 과정에 협잡이 많아서였다. 문제를 인식한 세종은 정액 세금제인 '공법'을 새로 도입했고, 토지조사도 시행했다. 여러 가지 방법을 써서 왕은 민생에 실질적인 도움을 주고자 했다. 하지만 많은 백성은 여전히 새 법을 원망했다.

설상가상으로 북방에는 한반도를 넘보는 여진족이 강성했다. 세종은 치밀한 계획을 세워 '파저강 정벌' 사업을 성공으로 이끌었다. 국경 지방의 불안을 원천적으로 해소하려고, 왕은 국경 지역에 사민정책도 시행했다. 많은 사람이 반대했고 부작용도 적지 않았으나, 세종은 끝까지 포기하지 않고 다각적으로 노력했다.

중국 역사에도 능통했던 세종이었다. 그래서 그는 조정과 백성의 편의를 위하여 우리나라에서도 화폐를 사용하면 좋겠다고 판단했다. 종이돈인 저화에서 동전까지 대대적으로 시도하게 된 배경이었다. 그러나 결국은 모두 실패했다. 왕의 화폐정책은 현실 여건과 부합하지 않았다.

제2부에서는 인사정책을 중심으로 세종의 정치적 능력을 알아볼 것이다. 우선 나의 시선은 전문 인력의 양성이라는 주제를 향한다. 그 시대에는 전염병이 자주 유행했는데, 마땅한 의료 전문가가 없어서 백성이 고통을 겪었다. 세종은 의료 전문가를 다수 양성했고, 각종 질병을 치료하는 데 필요한 약학 서적을 정리하게 했다. 그밖에 국방을 위해서도 신무기 개발에 요구되는 전문 인력을 양성했다. 왕의 집중적인 투자와 노력으로 다수의 공학자가 배출되었다.

또 왕은 집현전이라는 기관을 설립해 국가 경영에 주역이 될 다양한 전문가를 길렀다. 세종 시대에는 유교 경전에 관한 전문가는 물론이고, 우수한 수학자와 공학자, 통역관 등이 많이 나왔다.

인재를 많이 확보하기 위해서 왕은 제도 개혁도 추진했다. 인재를 어떻게 양성하고 발탁하느냐에 따라 국운이 좌우된다는 강한 신념이 있었기에 가능한 일이었다. 왕은 교육 및 고시제도를 바꾸고 추천제도 역시 손질했다.

그때 왕의 측근에는 믿음직한 조력자가 많았다. 황희, 맹사성, 허조, 최윤덕과 같이 유능한 정승이 있었고, 안숭선, 김종서, 정인지 등 재주 있는 대신도 수십 명이나 되었다.

그러나 왕이 하는 일에도 실수가 없지 않았다. 왕실과 친인척 중에는 비리를 저지르는 인사가 많았다. 세종의 자녀들 중에도 왕에게 정치적 부담을 주는 이들이 여럿이었다. 측근과 친인척의 잘못을 왕이 제대로 인식하지 못할 때도 있었다.

이어서 제3부에서는 세종이 간절히 소망한 유교적 문명화 과정을 살펴본다. 여기서는 다음의 네 가지를 점검할 것이다. 무엇보다 강조할 점은, 세종이 사회 전반에 걸쳐서 '성리학적 전환'을 꾀했다는 사실이다. 《삼강행실도》를 편찬하고, 각종 예악문물을 정비함으로써 왕은 조선이 모범적인 유교국가로 우뚝 서도록 노력을 아끼지 않았다.

둘째, 훈민정음의 반포에 관한 새로운 설명이다. 백성이 글을 배우면 세상이 밝아진다, 즉 유교적 문명 수준을 한층 높이려면 백성이 배우기 쉬운 우리 문자가 필요하다는 것이 세종의 믿음이었다. 그런데 이 사업을 추진하는 과정에서 왕은 집현전을 비롯한 성리학자들의 비판에 직면했다. 그들은 특권을 잃을까 봐 조바심을 냈던 것이다.

셋째, 이 책의 주인공 세종은 예외적인 인물이었는데, 이런 정치가가 등장한 데는 한 가지 문화적 배경이 있었다. 다름 아닌 독서와 사색이었다. 특히 세종은 역사와 성리 철학에 관한 서적을 즐겨 읽었고, 이것이 그의 가치관을 형성하는 데 기여했다. 그뿐만 아니라, 경제와 정치 분야 정책을 세우는 데도 결정적인 역할을 했다는 점이 내게는 대단히 흥미로웠다.

끝으로, 평소에 왕은 사대(事大)의 중요성을 강조했는데, 그 실상을 좀 더 구체적으로 점검한다. 세종은 자신의 눈앞에서 명나라 사신이 저지르는 비리를 날카롭게 관찰하면서, 조정 대신들과 함께 그들을 효과적으로 통제할 방법을 찾아 나섰다. 겉으로 보기에 왕은 더없이 사대적이었다. 하지만 실상을 잘 알고 보면, 무조건적인 사대주의는 왕의 사전에 없었다. 조공국 조선의 입지는 우리가 짐작하는 것보다 훨씬 비참했다. 이런 사실도 우리는 재삼 확인할 필요가 있지 않을까 생각한다.

제4부에서는 세종에 대한 후세의 평가를 소개한다. 제대로 알고 보면, 중종 때의 개혁정치가 조광조는 세종의 시대를 되찾고 싶어 했다. 우리가 몰랐던 사실일 것이다. 그런가 하면, 조선 후기의 큰 선비들도 세종의 시대를 다양한 관점에서 평가했다. 그 대부분은 호평이었으나 비판도 없지는 않았다. 그들의 견해를 꼼꼼히 분석하노라면 세종에 대한 우리의 평가는 보다 입체적이고 균형 잡힌 것이 될 수 있을 것으로 기대한다.

〔5〕

부족하기만 한 이 한 권의 책을 쓰는 데도 많은 분의 도움을 받았다. 내용의 일부는 페이스북에 공개하기도 했는데, 그때마다 벗들이 우레와 같은 격려와 충고의 말씀을 주셔서 큰 힘을 얻었다. 이 주제로 책을 쓰기로 결심한 이후 이미 몇 년의 세월이 흘렀는데, 처음부터 마지막까지 정성스럽게 도와주신 사우출판사 편집부에도 깊이 감사드린다. 그밖에 물심양면으로 저술 작업을 도와주신 많은 분이 계셨으므로, 깊이 고개 숙여 절을 올린다.

2021년 초여름
평택 석양재(石羊齋)에서
백승종 삼가

-3-
문화:

문명(文明)으로
나아가는 길

-4-
후세의
평가:

역사의 이정표

제 1 부

—

경제:

사람을 살찌우는[富民] 길

1. 아무도 굶지 않는 나라를 위하여
2. 강한 의지로 심각한 치안 문제를 해결하다
3. 세제 개혁으로 세 마리 토끼를 노리다
4. 북방 영토 확립한 '파저강 정벌' 100일의 기록
5. 남쪽 백성 이주 '사민정책', 조선의 북방을 지키다
6. 시대를 앞서간 화폐정책의 교훈

'부민(富民)'이란 표현 때문에 오해를 할지 모르겠다. 백성을 요즘 생각하는 그런 엄청난 부자로 변화시키겠다는 말은 아니다. 전통시대에는 일상생활에 큰 고통이 없는 상태를 넉넉함(富)으로 이해할 때가 많았다. 세종의 정책을 가만히 살펴보면, 소수자를 보호하는 정치에 초점이 있었다. 맹인, 여성, 노비, 아이, 노인 등을 향해 따뜻한 손길을 내밀고자 했다는 뜻이다.

왕이 사회적 약자를 배려했다는 것은 잘 알려진 사실이다. 관청의 허드렛일을 맡은 여자 종까지도, 왕이 신경을 썼다. 그러했기에 관비(官婢)에게 100일간의 출산휴가를 보장해주라고 명령했다. 본래 그들에게 허용된 출산휴가는 7일이 고작이었는데, 왕이 보기에 너무 짧았던 것이다.

만약 산모가 갓난아이를 집에 두고 겨우 며칠 만에 일터에 불려나온다면 그 아이는 과연 살아남을 가능성이 얼마나 있을까. '산모도 아이도 모두 내 백성이다.' 왕의 생각이 그러했으니, 따뜻한 그 마음은 오늘날의 눈으로 보아도 신기하지 않은가.

"해산이 임박한 산모를 무리하게 일을 시키니까, 관청이나 길거리에서 아이를 낳는 이도 있다고 들었다. 출산일이 다가오면 한 달 전에 근무를 면제해주는 것이 어떠하겠는가."(세종 12년 10월 19일)[*]

신분이 천한 노비라 해서 함부로 일만 시키면 안 된다는 것이 세종의 신념이었다. 왕의 치세에는 이 방침을 그대로 실천했으나, 성리학이 더욱 깊이 뿌리내린 후대에는 도리어 사라지고 말았다. 유감스럽게도 '이념의 형해화(形骸化)'가 일어난 셈이었다. 이것은 이데올로기가 과잉된 사회의 공통된 특성일 것이다.

나는 이데올로기의 가치를 무조건 부정하는 사람이 아니다. 《대학》등 유교 경전에는 왕의 책무가 분명히 명시되어 있어, 만약 백성의 재산과 노동력을 착취한다면 폭군 소릴 들어 마땅하다는 식으로 적혀 있다. 백성을 풍족히 먹이고 입히고 편히 살게 하는 것이 왕의 책무라는 유교의 가르침은 소중하다. 조선의 왕과 재상치고 이런 도리를 알지 못한 사람은 한 명도 없었다.

하지만 그들 가운데 어느 누구도 세종처럼 백성을 살뜰히 보살피지 않았다. 알면 반드시 실천해야 한다고 생각한 점에서, 왕은 진정한 성리학자였다. 그리하여 옥에 갇힌 죄수들까지도 왕이 챙기는 현상이 나타났다. 만약 죄수가 혹심한 추위나 더위

---

* 따로 언급하지 않는 한 모두 《실록》의 기사 날짜다.

를 견디지 못해서 옥사하거나 몹쓸 병에 걸린다면, 재생의 기회를 영영 빼앗는 셈이 되겠기에 더욱 그러했다. 깊은 근심 끝에 왕은 새로 조옥도(造獄圖)를 작성했다. 전국에 있는 모든 감옥이 사시사철 청결하고 위생적인 수감시설이 되도록 새로 지을 것을 지시했다니, 놀라운 일이었다. 15세기 조선에는 이런 왕이 있었다.

즉위 초부터 왕은 국가를 개혁하는 데 크게 마음을 썼다. 그러나 성품이 워낙 신중했기 때문에, 세제 개혁처럼 민감한 사안에 대해서는 극도로 주의를 기울였다. 알다시피 왕은 17만 명이나 되는 백성들에게 새 법에 관한 찬반 의사를 물었다. 9만 명도 넘게 개혁안에 찬성했으나, 왕은 반대자가 아직 많다며 시행에 제동을 걸었다.

모든 일에는 판단 기준이란 것이 있다. 보통은 기득권층의 안위를 먼저 따지는데, 왕은 보통 사람의 안위를 중심으로 여겼다. 결국 여러 해에 걸쳐 논란이 거듭된 끝에, 새로운 세법인 공법이 만들어졌다. 그 성패를 둘러싼 시비는 재위 말까지 계속되어 왕을 괴롭혔다.

사회적 약자를 구하는 데 세종은 과연 얼마나 성공했을까? 쉽게 대답할 수는 없지만, 그가 약자를 보호하는 일에 적극적으로 나섰다는 점은 누구도 부정하기 어렵다. 그와 관련하여, 작고한 부왕(태종) 내외를 모신 서울 내곡동의 헌릉에 관한 이야기가 떠오른다. 천천히 음미해볼 만한 일화일 것이다.

본래 내곡동은 그 골짜기가 대모산 자락을 따라 안쪽 깊숙이 들어앉았대서 생긴 이름이다. 조선 초기에는 수목이 울창해 호랑이가 출몰할 정도였다. 한동안 이곳에는 감히 인가가 들어서지도 못했다. 사후일망정 태종 이방원과 그 정비 원경왕후 민씨가 안골에 버티고 앉아 있었기 때문이다.

헌릉을 안골로 모신 이는 세종이었다. 그는 성격이 꼼꼼하기이를 데 없어, 비문에 부왕의 즉위 날짜가 잘못 기록된 것을 발견하고 곧 바로잡았을 정도였다. 또 원경왕후가 명나라 황제에게서 선물 받은 횟수가 틀리게 기재된 것까지도 고쳤다.

효심도 지극하여 왕은 헌릉을 정성껏 보살폈다. 그러자 당대 명풍수 최양선과 이양달은 저마다 온갖 풍수 지식을 총동원하여 충성경쟁을 벌였다. 만일 그들의 요구를 다 들어주었다면, 대모산 아래 사는 백성은 이 일 저 일에 끌려 다니느라 하루도 쉴 틈이 없었을 것이다. 미리 내다본 세종은 백성을 보호하려고 풍수의 말을 일부러 흘려들었다.

어느 해 봄, 세종은 몸소 헌릉을 찾았다. 능행길이 워낙 좁아서, 왕의 행차는 부득불 길가의 보리밭을 약간 침범했다. 호조에서는 밭 1복에 3되의 콩을 보상해주면 충분하다고 아뢰었다. 그러나 왕은 처음부터 백성 편이었다. 밭 1복의 생산량은 3말쯤으로 추산되므로, 그 절반쯤을 보상해주어야 한다고 주장했다.

또 세종은 왕릉의 주산에서 갈라져 나온 길을 백성들이 다니지 못하게 막는 당대의 풍습도 혁파했다. 왕릉 때문에 백성의 생업에 지장을 주어선 안 된다는 이유에서였다. 세종은 무슨 일에서든 먼저 백성의 입장을 고려했던 것이다.

왕의 그러한 성품을 염두에 두고, 아래 일곱 편의 글을 하나씩 읽었으면 한다. 첫 번째 글에서는 아무도 굶지 않는 나라를 만들기 위해 왕이 구체적으로 어떤 노력을 했는지를 알아보았다. 방죽을 보수하고, 농사에 관한 책자를 만들었으며, 유이민(流移民)을 조사하고, 백성을 구휼하려고 여러 가지 대책을 마련했다는 사실이 아마 인상적일 것이다.

두 번째 글에서는 '화적(火賊)'이 등장한다. 살기 힘든 백성이 도성을 비롯한 여러 지역에서 연쇄 방화 사건을 저질렀는데, 그 틈을 노려 역모를 꾸민 사람도 나왔다. 사건을 처리하는 과정을 자세히 검토해보면, 왕이 문제를 종합적이고 체계적으로 해결하려는 의지를 가졌다는 점이 드러난다.

세 번째 글은 '공법(貢法)'이라고 불린 조세 개혁을 자세히 조사한 것이다. 백성의 여론을 존중하면서도, 왕은 소신을 절대 굽히지 않고 조세 정의를 향해 한 발씩 앞으로 나아갔다.

네 번째 글에서는 상대를 완전히 압도하는 군사력을 동원해서 국방의 기틀을 다졌다는 점을 확인할 수 있다. 세종의 주도면밀함을 엿볼 수 있다.

다섯 번째 글에서는 피상적으로만 알고 있었을 사민정책, 그 실상을 정확히 알게 될 줄로 기대한다. 단기적으로는 효과도 별로 없었고, 조야의 반대가 매우 심했던 왕의 독특한 선택이었다. 그러나 역사적 통찰력을 바탕으로, 세종은 자신의 정책 의지를 끝까지 관철했다. 이것이 결과적으로 국토의 균형 있는 발전에 이바지했다. 정치가의 선견지명이 중요한 이유를 알려주는 사건이었다.

끝으로, 세종의 화폐정책에 관하여도 상당히 깊게 분석했다. 당대에는 실패한 정책으로 여겨졌으나, 역사의 긴 흐름에서 보면 필요한 정책이었다고 할 수 있다. 그런데 왜 실패했는지를 꼼꼼히 따져보면, 당대의 실상이 우리의 시야에 들어온다.

15세기 초반, 세종이 다스리던 이 나라에는 기후위기가 심해 백성의 삶이 더욱 궁핍했다. 미봉책으로는 문제를 해결하기 어려운 시기였다. 이에 왕은 백성의 삶을 안정시키기 위해서 다양하고도 실용적인 정책으로 승부를 걸었다. 모든 것이 그의 뜻대로 이뤄지지는 않았으나, 우리는 그의 줄기찬 노력을 인정해 '부민의 왕'이라고 불러도 무방할 것이다. 목화를 중국에서 들여온 문익점에게, 세조가 부민후(富民侯)라는 칭호를 선사한 것과 마찬가지가 아닐까(정조 9년 9월 5일 기사 참조).

아무도 굶지 않는
나라를 위하여

오늘날 우리나라의 곡물 자급률은 23퍼센트다(2019년). 국내총생산에서 농림어업이 차지하는 비중도 2퍼센트 정도에 그친다. 그러나 곡물의 자급 능력은 국가의 존망에 관계되는 일이라서 농업을 홀대하면 곤란한 일이 생길 수 있다. 세계 주요 국가들은 곡물 자급률이 모두 100퍼센트를 넘는데, 예외라면 일본과 한국 정도가 있을 뿐이다.

세종 때는 사정이 어땠을까. 백성의 주업이 농사였고, 누구나 시화연풍(時和年豐), 즉 나라가 태평하고 해마다 풍년이 들기를 간절히 소망했다. 하지만 현실은 비참했는데, 특히 즉위 초년에는 해마다 가뭄이 여간 심하지 않았다. 이상기온으로 여름에 갑자기 추위가 찾아오기도 했고, 초여름인데도 눈이 내렸다. 또 우리가 지레 짐작하는 것과는 달리 농사기술 수준도 낮아 실농하는 농민이 많았다. 결과적으로 해마다 흉년이 들었고, 그때마다 정든 고향을 버

경제:
사람을 살찌우는〔富民〕길

리고 어디론가 떠나가는 사람들이 줄을 이었다.

말을 하다 보니까 나의 독일 유학 시절이 떠오른다. 한동안 유럽 농업사를 공부했는데, 그때 두어 가지 사실을 깨달았다. 첫째, 19세기 이전에는 4~5년 간격으로 흉년이 늘 되풀이되었다. 둘째, 30~40년 간격으로 대기근이 찾아왔다. 셋째, 기후가 농사에 적합한 적이 역사상에는 꽤 드물었다는 사실이다. 내 지식으로 판단할 때, 세종 때는 기후도 불안정했던 데다 대기근이 겹치는 불안한 시기였다. 만약 왕에게 위기를 돌파할 특별한 능력이 없었더라면 신생 왕조는 어느 한순간 좌초하고 말았을지도 모른다.

유이민의 행렬을 어떻게 할 것인가

예외라면 기해년, 곧 세종 원년(1419)의 대풍년이었다. 그밖에는 해마다 이어진 흉년의 참상이 끔찍도 했다. 특히 세종 4~5년간의 기근은 유난했다. 《실록》에는 당시의 참상이 사실적으로 기록되어 있다. 세종 5년(1423) 2월 26일의 기사를 보면, 그해 2월 초9일 이후 10여 일 동안에 집을 버리고 어디론가 떠나간 충청도 유이민이 791명으로 집계되었다. 가난한 백성들은 어린 자식과 연로한 부모를 버려두고 뿔뿔이 헤어졌다. 이렇게 안타까운 일이 거의 모든 지역에서 일어났다.

유이민의 대다수는 우리나라의 곡창 지대인 전라도로 몰려들었다. 다행히 그곳은 흉년이 심하지 않았다. 그해 10월 10일, 전라도 관찰사는 지난 10개월 동안 얼마나 많은 유이민이 도내로 밀려 들었는지를 조정에 보고했다. 각지에서 총 5848명의 백성이 전라 도로 들어왔다고 했다. 서울(190명), 개성(621명), 충청도(2394명), 강 원도(1043명), 경상도(1455명), 황해도(22명), 평안도(10명), 함길도(107 명) 등이었다. 정확한 통계를 작성하기 어려웠던 그때 사정을 고려 하면, 유이민의 실제 숫자가 배는 되었을 것이다.

세종은 무척 긴장했다. 해마다 유이민이 대량으로 발생하면 치 안도 문제요, 결국은 각지의 농업 기반도 무너지고 말 것이었다. 왕 은 이용할 수 있는 식량자원과 행정력을 총동원해서 기근의 피해를 줄이려 했다. 그러나 흉년은 강원·경상·경기·평안도를 강타했다.

추수철이 오기 전부터 세종은 각 도 관찰사와 연락을 취하며 다 음 해에 춘궁기를 어떻게 벗어날지를 협의했다. 피해 규모는 지역 에 따라 편차가 있었는데, 왕은 관찰사들과 의견을 주고받으며 현 지 사정을 속속들이 파악했다. 또 행정력을 총동원해 미리미리 이 듬해의 춘궁기에 대비했다. 곡식과 간장, 된장 등을 미리 준비했다 는 말이다.

이윽고 춘궁기가 끝나갈 무렵인 세종 6년(1424) 4월 23일, 앞서 말한 4개 지방의 관찰사로부터 피해 규모를 조사한 보고서가 올라 왔다. 춘궁기에 그들이 구휼한 백성은 총 9265명이었다. 쌀과 콩 등의 곡식이 857섬 정도 사용되었고, 된장용 콩도 115섬쯤 썼다. 그밖에도 빈민들에게 꾸어준 곡식이 4만 8915섬이었다. 요컨대 그해 춘궁기에 국가는 약 5만 섬의 곡식을 사용했으니, 빈민 1인 당 1섬의 곡식이 사용된 셈이다.

경제:
사람을 살찌우는[富民] 길

해마다 기근의 규모는 달랐다. 수십만 섬의 곡식이 동원된 적도 있었고, 수만 섬으로 해결될 때도 있었다. 세종은 백성들의 생계를 걱정하느라 한 잔의 술도 마시지 못한 적도 있었다. 세종 10년 (1428) 윤4월 11일, 의정부와 육조가 공동으로 왕에게 아뢰었다. "전하께서 가뭄을 근심하시어 술을 전혀 마시지 않으십니다. 바라옵건대 (건강을 위해) 술을 드소서." 그러자 세종이 대답했다. "술을 들지 않아도 내 몸은 평안하다. 어찌 꼭 술을 마셔야 하겠는가."

위기를 돌파한 세종의 독특한 정책

큰 틀에서 보면, 세종은 식량 위기를 다소 해결했다고 볼 수 있다. 그는 도탄에 빠진 백성을 구하려고 다각적으로 노력했고, 그 과정에서 다음과 같은 네 가지 특징을 보였다고 생각한다.

첫째, 최고의 전문 지식을 활용해 계몽 활동을 벌였는데 이것이 효과를 냈다. 즉 세종은 당대 최고의 농사법을 조사해서 전국에 보급하여 상당한 성과를 냈다는 말이다. 둘째, 왕은 농사에 필수적인 물 관리 업무를 지방관의 근무 평가에 포함했다. 제도화를 통해 일선 지방관의 책임감을 일깨운 것이 성공의 또 다른 비결이었다. 셋째, 전문적인 양전관(농지 측량관)을 양성했는데 이 역시 성과가 없지 않았다. 전문가가 만든 정확한 토지대장이 국가에 대한 신뢰를 높였기 때문이다. 끝으로, 지방관들에 대한 관리 감독도 철저했다. 지방관의 나태와 횡포를 제거하지 못했더라면 제아무리 훌륭한 정책을 시행하더라도 실패했을 것이다. 요컨대 세종은 근본적이고 체계적인 문제 해결책을 마련해 효과를 보았다.

《농사직설》로 농민을 계몽하다

농업 위기가 깊어지자, 세종은 임시방편으로 문제를 적당히 풀어가려 하지 않고 근본적인 대책을 마련했다. 특히 세종 10년(1428) 이후에는 농사법의 개량에 모든 역량을 집중했다. 요샛말로 농업 생산성을 높임으로써 빈곤 문제를 정면으로 극복하려 했다.

흉년이 거듭되는 가운데 세종은 뜻밖의 중요한 사실을 발견했다. 안타깝게도 우리 농민 중에는 농사에 관한 기본 지식이 결여된 사람이 상당수였다. 또 지방관 중에도 아무 생각 없이 농번기에 백성을 함부로 징발하여 그들의 생계를 위협하는 이도 있었다. 세종 12년(1430) 6월 2일, 세종은 호조에 명령하여 모두가 농사 원칙에 충실하기를 촉구했다. 왕의 말은 이러했다.

"지금 밀과 보리가 한창 여물어간다. 백성들이 농사 방법을 잘 몰라서 곡식을 제때 거두지 못할까 봐 걱정이다. 호조는 각 도의 지방관에게 공문을 보내서 그들이 마음을 쏟아 농사를 장려하게 하라. 곡식이 여물면 바로 베고 거두어서 때를 놓치지 말라."

오늘날의 입장에서는 이해하기 어려운 말이다. 농민이 농사철을 제대로 모르다니! 그러나 한 번도 농사법을 제대로 배우지 못한 채 관행적으로 잘못을 되풀이하는 농부가 많았다. 세종은 즉위

경제:
사람을 살찌우는[富民] 길

초부터 중국에서 간행된 농업 서적을 바탕으로 삼아, 정평이 있는 농사 기술을 널리 보급하는 농촌 계몽사업 같은 것을 벌였다. 세종 5년(1423) 6월 1일에도 호조를 통해 가뭄으로 벼농사가 실패한 지역에 대안을 제시했다. 즉 메밀을 뿌리되 《농상집요》와 《사시찬요》에 적힌 경작법을 따르라고 당부했다.

하지만 그것으로는 문제가 완전히 해결되지 않았다. 중국의 농사법은 우리의 현실에 맞지 않았다는 이야기다. 세종은 우리 풍토에 맞는 양질의 농업 지식이 꼭 필요하다는 점을 놓치지 않았다. 그 발단이 된 것은 평안도와 함길도(함경도)에서 잇따라 일어난 흉년이었다. 세종 10년(1428) 윤4월 13일, 세종은 우선 경상도 감사에게 도움을 요청했다.

먼저 왕은 자신의 걱정을 털어놓았다. 그러고는 함길도는 토질이 좋은 편이지만 백성들이 낡은 관습대로 농사를 짓다 보니 생산량이 최저 수준이라고 분석했다. 문제를 해결하기 위해서는 경상도 관찰사의 협조가 필요했다. 정평이 있는 농부들에게 씨 뿌리고 밭 갈고 김매고 수확하는 법을 물어서 종합보고서를 작성하라고 주문했다. 또 각종 곡식의 재배에 알맞은 토양의 성질도 조사해서 알려주기 바란다고 했다. 아울러 잡곡을 교대로 심을 때는 어떤 품종이 서로 어울리는지 알고 싶다고 했다. 말하자면 조선 최고 농부들의 지식을 토대로 함길도 백성을 계몽하겠다는 거였다.

석 달 뒤 세종은 충청도와 전라도 관찰사에게도 같은 요청을 했다(세종 10년 7월 13일). 그해가 다 가기 전, 나라에서 가장 농사를 잘 짓는 농부들에게서 수집한 온갖 농업기술 정보가 세종 앞으로 모였다.

그 사이에 왕의 기대수준이 한층 더 높아졌다. 농업 지식을 집대성하여 한 권의 계몽 서적으로 보급해야겠다는 생각이 들었던 것이다. 그 이듬해(세종 11년) 5월 16일, 왕은 정초에게 명하여 《농사직설(農事直說)》을 편찬하게 했다. 남부 지방에서 수집한 농사 기술을 알기 쉽게 정리하여 학식이 부족한 백성들도 따라 할 수 있게 책자로 만들었다. 마침내 세종 12년 2월 14일에 《농사직설》이 완성되었다. 역사상 최초로 우리의 농사 기술을 총정리한 책자가 탄생한 것이었다. 왕은 이 책을 서울의 고관(2품 이상)과 각 지방의 관청에 골고루 나눠주었다.

"농사에 힘쓰고 곡식을 소중히 여기는 것이야말로 왕도정치의 근본이다. 그러므로 나는 늘 농사에 정성을 기울인다."

세종은 자신의 책무를 그렇게 규정했는데, 이 책은 조선 왕조가 끝날 때까지도 영원한 베스트셀러였다. 한문으로 서술되었으나 쉬운 책이었다. 관리와 지주를 통해 그 내용이 농민들에게도 널리 전파되었다. 함길도와 평안도는 물론 전국의 농사 수준이 조금 나아졌음은 물론이다.

"제방 관리를 지방관의 근무 성적에 포함한다"

농사를 잘 지으려면 물 관리가 필수인데, 근년에는 해마다 논농사가 풍작이다. 최상의 물 관리와 최적화된 농사 방법 덕분이다. 세종 역시 물 관리의 중요성을 정확히 이해하고 있었다. 그런데 물 관리를 하려면 한꺼번에 많은 인력이 동원되어야 한다. 공권력이 투입되지 않으면 불가능한 것이, 바로 방죽과 보(洑) 등 관개시설의 운용이었다.

요컨대 제언(堤堰)을 효율적으로 관리하려면 지방관이 능동적으로 움직여야 했다. 부왕인 태종 역시 제방의 중요성을 인식하여 그 방면의 전문가인 우희열에게 맡겼다. 다행히 효과가 좋았다. 세종은 그 점을 기억하고 있었는데, 세종이 즉위한 해 10월 8일에 청주목사로 있던 우희열이 제방 관리법을 자세히 아뢰었다. 그의 견해를 전폭적으로 수용하여, 왕은 세 가지 조치를 했다. 전문가의 조언을 바탕으로 물 관리를 제도화할 방향을 세운 것이었다.

첫째, 각 도의 관찰사는 지방관의 근무 성적을 평가할 때 제방 관리 상태를 함께 고려한다. 둘째, 고을마다 제방 및 관개시설의 수를 기록해 호조와 대궐에 바친다. 끝으로, 해마다 조정에서 수확을 평가하는 관리인 '손실 경차관'이 지방에 내려가는데, 그들은 반드시 방죽의 관리 상태도 점검하게 했다.

이처럼 체계적인 방침을 마련해, 세종은 지방관들에게 물 관리를 중요 업무로 삼게 했다. 문종은 즉위년(1450) 10월 3일에 부왕(세종)이 제언(堤堰) 관리에 얼마나 고심했는지를 다음과 같이 회고했다.

"(세종 대에는) 제언을 보수하고 신축하는 방법을 《원육전(元六典)》과 《속육전(續六典)》에 자세히 수록했다. 또 지방관의 성적을 평가할 때 천방(川防)과 제언 관리를 지방관의 일곱 가지 임무에 포함했다. 관련법의 세부사항이 극히 자세하고 정밀했다."

여기서 보듯, 세종은 관련 법규의 제정과 제도화를 통해 지방관들이 물 관리에 매진하기를 요구했다.

그뿐 아니었다. 세종 12년(1430) 9월에는 각지에 물레방아를 설치해 물 관리의 효율성을 더욱 높이려고 했다. 알다시피 중국과 일본에서는 물레방아를 이용해서 농사에 큰 성과를 얻었다. 그 사실을 알게 된 세종은 물레방아 설계도를 그려서 지방관들에게 나눠주었다. 또 지방관들의 근무 평가에 물레방아의 운용을 포함하라고 지시했다. 그런데 안타깝게도 물레방아는 효과를 내지 못한다는 보고가 속속 올라왔다. 조선의 하천은 흐름이 빠른 데다 수량도 날마다 큰 폭으로 바뀌어 소기의 성과가 나오지 않았다고 한다.

제방 관리도 쉬운 일은 아니었다. 해마다 토사가 쌓여 수십 년이 흐른 뒤에는 제방이 제 기능을 하지 못하는 일이 빈번했다. 또는 갑자기 호우가 내려 애써 막은 둑이 터지기도 했다. 관개시설이 가장 발달한 곳은 경상도였다. 낙동강의 완만한 흐름을 이용한 덕분이었다. 그런데 곡창 지대인 호남에서도 제방이 제법 발달했다. 세종 10년경에는 김제의 벽골제를 비롯해, 태인과 고부 사이에 있는 이평제, 부안의 동진포, 고부의 눌제가 효율적으로 관리되어 농사에 유리한 조건을 형성했다.

문제는 홍수였다. 행여 홍수가 날 조짐이 보이기라도 하면, 세종은 바로 관찰사에게 공문을 보내 만약의 사태에 대비하게 했다. 관찰사는 지방관들과 협의해 장차 수재를 벗어날 방법을 보고하라고 했다. 아울러 제방의 물길을 언제 터야 할지를 미리 결정해놓고 만약의 사태에 대비하라고 당부했다(세종 12년 9월 27일).

이처럼 심혈을 기울인 덕분에, 세종 때는 제방이 터져 예상하지 못한 피해가 발생하는 일은 없었다. 왕의 관심과 지도력 덕분에 논농사가 조금은 수월해졌다.

"과인이 양전관의 실력을 알아보겠다"

백성은 자신의 농경지에 관해 매우 민감했다. 정확한 문서가 작성되어야 억울한 세금을 부담하지 않을 수 있기 때문이었다. 경작지의 면적과 등급이 사실과 일치한다면 누구도 세제상의 불이익을 당하지 않을 것이었다. 그러나 이런 상식적인 바람도 당시의 현실과는 거리가 멀었다. 전문적인 능력을 갖춘, 믿음직한 양전관이 무척 드물었다.

농민의 의욕을 고취하고 공평한 조세 부과를 위해서, 세종은 양전을 자신의 중요한 책무로 삼았다. 세종 10년(1428) 8월 18일, 왕은 의정부 찬성 권진과 양전관의 문제점을 진지하게 논의했다. 권진은 자신의 지방관 시절 경험을 토대로 양전관의 전문화가 필수적이라고 주장했다. 요즘 말로 측량기술과 기하학에 관한 지식을 양전관에게 잘 가르쳐야 한다는 말이었다.

권진의 견해를 수용한 세종은 호조판서 안순에게 부탁하여, 사무를 감당할 능력이 있는 양전관을 선발하게 했다. 꼼꼼하기로 유명한 안순은 왕의 뜻에 부응하여 약 40명의 우수한 양전관을 양성했다.

이어서 안순은 양전관의 업무에 관한 세부 방침을 마련했다. 그 요점은 네 가지였다. 첫째, 이 기회에 묵은 밭도 조사해 별도의 장부(속문적)를 만든다. 둘째, 경작지가 많아서 양전관이 혼자 감당하기 어려우면 이웃 고을의 지방관과 산학(수학)에 밝은 중앙의 6품 이상 관원의 도움을 받는다. 셋째, 임시 파견직 관리(차사원)도 함께 파견하여 양전을 돕는다. 넷째, 만약 양전에 문제가 생기면 법전에 따라 가차 없이 죄를 다스린다(세종 10년 8월 25일).

모든 일은 합리적으로 그리고 순차적으로 추진되었다. 세종이 하는 일은 모두 그렇게 실용적이고 체계적이었다. 왕은 전문 관리의 의견을 경청하면서도 일이 차질 없이 수행되도록 계획을 꼼꼼히 검토했다. 양전을 어느 지방부터 시작할 것인지도 검토할 사항이었다. 세종은 우선 최측근인 승정원 관원들과 이 문제를 토론했고, 곧이어 공론에 부쳤다. 사간원을 비롯한 언관의 다양한 의견이 쏟아져 나왔다. 이를 폭넓게 청취한 다음, 세종은 강원도와 전라도부터 시작하라고 최종적인 결정을 내렸다.

다른 한편으로, 왕은 3명의 양전관을 불러서 실력을 직접 점검했다. 그들에게 하나의 경작지를 지정해주고 측정 결과를 보고하게 했다. 측정 결과에 약간의 오차는 있었으나, 호조판서 안순은 그쯤은 그다지 중요한 문제가 아니라고 판단했다. 그 말을 듣고 세종은 안심했다(세종 10년 9월 24일).

양전의 결과는 놀라웠다. 고려 말 전국의 경작지는 약 50만 결이었다. 그런데 세종이 실시해보니, 그보다 무려 세 배 이상 늘어난 171만 결로 나타났다《세종실록지리지》). 이 수치는 태종 4년(1404)

경제:
사람을 살찌우는[富民] 길

4월 25일에 의정부가 보고한 78만 결보다도 두 배가 넘었다. 세종과 호조의 노력으로 양전관의 전문적 역량도 향상되었고 사업에 필요한 행정 지원도 획기적으로 개선된 덕분이었다. 그동안 장부에 누락되어 있던 경작지를 많이 찾아낸 것은 귀중한 성과였다고 생각한다.

"30년간 지방관의 근무 성적표를 가져오라!"

일선에서 백성을 직접 상대하는 것은 지방관이었다. 그들이 백성의 목소리에 귀 기울이고 편의를 성심껏 돌봐주어야 백성의 삶에 희망이 생길 터였다. 백성이 만성적인 기근에서 벗어나려면 지방관의 적극적인 참여가 필요했다. 이것이 왕의 확고한 신념이었다. 그래서 왕은 지방관을 아낌없이 격려했고, 다른 한편으로 그들을 철저히 통제했다.

우선 왕은 전국의 지방관이 그동안 무슨 성과를 냈는지를 정밀하게 조사했다. 이를 위하여 이례적인 명령을 내린 적도 있었다(세종 8년 2월 12일).

"지난 30년 동안 모든 지방관의 근무 성과를 조사하여 내게 보고하라!"

그동안 누가 어디서 어떤 업적을 쌓았는지 일일이 알아내, 유능한 관리들로만 조정을 채우겠다는 강한 의지의 표현이었다.

세종은 지방관들을 설득도 하고 위로도 하기 위해서 부임을 앞둔 모든 관리를 일일이 만났다. 당초에는 관찰사와 같은 고위 관리만 면접했으나 차츰 그 대상을 확대했다. 세종 10년(1428)쯤이면 임지로 떠나는 모든 지방관을 왕이 직접 만나서 대화를 나누었다. 예컨대 그해 7월 15일에는 경상도 안음현감 군자용, 전라도 여산현감 박질, 임실현감 이존충 등의 방문을 받았다. 그 자리에서도 왕은 지방관이 해야 할 본연의 임무가 무엇인지를 가슴에 새기게 했다.

"올해 농사는 조금 잘되었다고 한다. 그러나 지난해 가뭄으로 인해 실농한 백성들이 있었으니, 그들은 생계를 잇기가 더욱 어려울 것이다. 그대들은 (고향을 떠나) 유리하는 백성을 더욱 잘 보살피라."

혹시 지방관들이 여러 가지 소송 사건을 처리하느라, 농사일에 지장을 줄까 봐 세종은 깊이 염려했다. 세종 13년(1431) 1월 6일, 왕은 각 도의 관찰사들에게 당부했다. 2월 초하루부터는 강도, 살인, 간통 등 풍속에 관계되는 일 등을 제외하고는 일체의 잡다한 소송을 중지하라는 엄명이었다.

왕은 지방관과 향리의 비리와 부정에 대한 감찰도 엄격히 했다. '행대감찰'이라 하여 사헌부 관리를 지방으로 내려보내서, 현지 실정을 조사하게 했다. 또는 '중사(中使)'라 불리는 환관을 파견해서 지방관의 잘잘못을 조사했다. 세종 6년(1424) 3월 11일에는 충청도 아산의 호장 전근을 벌주었다. 그는 백성의 경작지를 빼앗아 대농장을 설치해놓고 선량한 백성을 붙들어서 마음대로 부렸기 때문이다.

고위 관리라도 탐관오리는 죄를 쉽게 용서하지 않았다. 전라도

경제:
사람을 살찌우는〔富民〕 길

관찰사를 지낸 장윤화가 그랬다. 그는 일찍이 충청도 서천과 전라도 순천 및 남원의 지방관을 역임하면서 관청의 물건을 마음대로 가져다 썼다. 특히 전라도 관찰사 시절에는 백성들에게 터무니없이 많은 세금을 걷어들여 일부는 권문세가에 뇌물로 바치고, 일부는 자신이 챙겼다. 그러다가 범죄 사실이 드러나자 이를 은폐하려고 전라감영의 창고에 불을 질렀다. 세종은 장윤화의 각종 비리가 드러나자, 그의 고신(임명장)을 빼앗고 충청도 부여로 귀양 보냈다 (세종 4년 5월 6일).

그런 일이 재발하지 않게, 왕은 철저한 근무 평가와 입체적인 감찰활동으로 관리들의 기강을 바로잡으려고 했다. 세종은 강온양면 전략을 구사해서 지방관을 효과적으로 통제하려고 했다.

드디어 함길도와 황해도에서도 풍년 소식이 오다

"어떻게 하면 한 사람의 백성도 굶주리지 않게 할 수 있을까." 세종의 머릿속을 떠나지 않은 화두였다. 그는 앞에서 살펴본 것과 같이 다각적이면서도 체계적인 리더십으로 차츰 문제를 해결하려 했다. 언젠가는 좋은 결과가 나타나는 것이 당연한 일이었다. 물론 흉년이 완전히 사라진 것은 아니었기에 재위 말년에도 큰 어려움이 있기는 했으나, 세종 16년부터 수년 동안 여러 지역에 풍년이 찾아오기 시작했다. 무엇보다도 농사일로 왕에게 늘 걱정을 끼치던 북도의 백성들도 드디어 풍작의 기쁨을 맛보았다. 함길도에서도 풍년 소식이 들려왔다(세종 21년 11월 12일). 그로부터 2년 뒤인 세종 23년(1441)에는 함길도에 또다시 풍년이 찾아왔다. 그해 황해도에서도 풍년 소식이 날아들었다(세종 23년 9월 1일).

풍년 소식에 기뻐하면서도 세종은 긴장을 늦추지 않았다. 세종 23년(1441) 윤11월 4일, 왕은 장래를 걱정하며 이렇게 말했다.

"금년은 다소 풍년이 들었다. 백성들이 놀고 마시느라 곡식을 탕진할까 두렵다. 이제 새 법을 집행하여 군량미를 미리 준비하는 것이 어떻겠는가."

어려울 때나 사정이 좋을 때나 왕은 더욱 밝은 앞날을 위해 지혜를 짜내기에 여념이 없었다. 위에서 설명했듯, 세종은 다각적인 노력으로 농업 생산성을 높이기 위해 노력했고 효과도 있었다. 그러나 15세기의 기술력으로 가뭄과 홍수 및 병충해를 완전히 극복하기란 사실상 불가능했다. 많은 백성은 여전히 궁핍과 질병에 시달릴 수밖에 없는 운명이었다.

경제:
사람을 살찌우는〔富民〕 길

강한 의지로
심각한 치안 문제를 해결하다

2

위기란 언제든 갑자기 찾아올 수 있다. 그럴 때면 서둘러 위기에서 탈출해야겠지만, 그런 일이 반복되지 않게 제도적인 장치를 마련하는 것이 더욱 중요한 일이다. 위기를 합리적으로 관리하는 능력, 이것이 왕에게 얼마나 소중한 자산인가. 그런 점에서 세종은 어떤 왕이었을지 궁금하다. 그는 과연 한 시대의 전범(典範)이었을까?

우리는 세종의 치세라면 안정과 평화의 시기라고 짐작하는 경향이 있으나, 사실은 그렇지 않았다. 앞에서 살폈듯 농사도 문제였고, 치안 역시 극도로 불안했던 적이 있었다. 서울에 도적이 들어 연달아 사건을 저질렀다.

세종 8년(1426)의 이야기를 해보자. 그때 연쇄 방화 사건이 일어나 도성 안에 2000채의 민가가 소실되었다. 숫자는 정확히 알 수 없으나 많은 인명 피해가 발생했다. 게다가 강도 사건이 줄줄이 이어져 민심이 흉흉해지자 역모를 꿈꾸는 사람까지 나타났다. 조선

건국 이래 유례가 없는 충격적인 사건이었다.

국정의 선두에서, 세종은 이 문제를 제대로 해결하려고 고심했다. 따지고 보면 화적(火賊)이 발생한 까닭은 흉년이 연이은 여파였다. 그러므로 종합적인 대책이 필요했다. 그러나 우선은 뜻밖의 비상시국을 당하여 어떻게 하면 화적을 하루빨리 퇴치하느냐가 현안이었다. 세종은 여러 신하들의 지혜를 모았다.

지도자의 중요한 역할이란 중지를 모아 효과적인 대책을 세우고 이를 차질 없이 실천하는 것이다. 세종은 자신이 할 일을 거기에서 찾았다. 그는 화적을 제압하는 과정에서 금화도감(禁火都監)이라는 기구를 만들었고, 이를 체계적으로 운영할 규칙도 정했다. 그 덕분에 얼마 후 위기를 무사히 극복했고, 화재와 도적의 위협으로부터 도성을 항구적으로 방어할 수 있는 훌륭한 해결책이 등장했다.

뜻밖의 불행한 사태가 왔는데도 세종이 당황하지 않고 이성적으로 문제를 푼 것은 후세에 귀감이 될 일이었다. 또 문제를 임시방편으로 적당히 무마하고 넘기는 것이 아니라, 구조적이고 체계적으로 극복하려는 노력을 기울인 점도 우리의 관심을 끈다. 끝으로, 한마디 더 붙인다면 모든 계획이 왕의 머리에서 나와야만 하는 것은 아니란 점이다. 많은 사람이 서로 협력하는 가운데 훌륭한 방안을 찾을 수 있다면, 그것으로 충분한 일이라 하겠다.

경제:
사람을 살찌우는 [富民] 길

병조를 앞세워 '화적'과 겨루다

《실록》은 세종 7년(1425) 1월 5일부터 한성(서울)에서 일어난 심각한 치안 문제를 자세히 기록했다. 이런 일은 보통 한성부에 맡겨 해결하는 법이었지만 사안이 워낙 중대해서 병조가 나섰다. 그들이 왕에게 아뢰었다.

"도적이 서울에 있는 산에 본거지를 두고 곳곳을 횡행하며 소와 말을 훔쳐다 죽입니다. 이 도적들은 소나무를 도벌해서 팔기도 합니다."

이 문제를 어떻게 풀 것인가. 병조는 한 가지 해결책을 내놓았다. 방어군을 요소요소에 배치해서 수상한 사람을 불심 검문하자고 했다. 인력을 어떻게 배치할지는 실무자인 진무(鎭撫, 중견 무관)의 판단에 맡기되, 초소마다 방패(防牌, 방어군) 3명에 오원(五員, 초급 지휘자) 1명을 배치하자고 했다. 이 방법을 썼더니 과연 효과가 있었다. 도성 안의 도적은 더 이상 활개 치지 못하고 잠잠해졌다.

그러나 그 이듬해(1426) 2월 하순이 되자 매우 심각한 문제가 발생했다. 때는 마침 춘궁기였는데 정체불명의 화적 떼가 도성에 나타났다. 그들은 여러 부잣집에 불을 지르고, 물건을 약탈했다. 조정에서는 대응책을 마련하기에 바빴다. 세종은 우선 화재 진압에 초점을 맞추어보자고 했다. 왕은 도성의 화재 진압을 신속히 실시하기 위해서 걸림돌이 무엇인지 조사하고, 그것을 제거할 방법을 찾았다. 세종은 다음과 같이 명령했다.

"서울에 있는 행랑(行廊, 길게 늘어선 건물)에는 방화장(防火墻, 방화벽)을 쌓아라. 또 성안의 도로를 넓혀 사방으로 통하게 하라. 궁궐이나 전곡(錢穀)을 보관하는 관청과 가까이 위치한 가옥은 거리를 고려해서 필요하면 철거하라. 행랑은 10간마다 우물 하나씩을 설치하고, 개인 집은 5간마다 우물을 하나씩 파라. 아울러 관청마다 우물을 2개씩 파서 소방수를 충분히 확보하라. 종묘, 대궐 및 종루의 누문(樓門)에는 소방 도구를 비치하고, 화재가 일어나면 곧바로 달려가서 불을 끄라. 군인과 노비가 일하는 관청에도 소방 시설을 갖추어, 인근에 화재가 발생하면 소속된 인원이 달려가서 화재를 진압하라."(세종 8년 2월 20일)

요샛말로 방화벽도 만들고 소방도로도 뚫고 소방수도 넉넉히 준비하게 했다. 여기에 임시 소방대까지 조직한 셈이었다. 이쯤이면 화재 진압에 필요한 조치는 상당히 체계적으로 갖춘 셈이었다.

그와 동시에 화재 발생 원인을 철저히 감시하게 했다. 화적은 미리 공격 목표를 정해두고 기습적으로 불을 지르곤 했으므로, 세종은 신하들과 함께 화재 감시 시스템을 만들었다. 즉 주민들이 밤낮으로 지붕 위에 올라가서 화재를 감시하게 하는 방법이었다. 만약 범인을 체포하면 현상금도 두둑이 주겠다고 약속했다.

그러나 이것만으로는 충분하지 않았다. 세종은 화적을 체포하기 위해 보다 효율적이고 조직적인 대책을 만들자고 했다. 세종 8년(1426) 2월 25일, 병조가 관련된 사항을 정리해서 왕에게 보고했다. 사건이 벌어진 지 닷새 만에 사고 대책의 구심점이 화재 진압

경제:
사람을 살찌우는〔富民〕길

과 화재 감시에서 방화범 체포 쪽으로 옮겨갔다. 이것은 적절한 조치였다고 생각한다.

병조의 보고서를 검토한 뒤에 세종은 즉각적인 시행을 명령했다. 그 대강은 아래와 같았다(세종 8년 2월 20일).

1. 서울 각 마을의 중심지에 사는 모든 주민이 집마다 인원을 차출해 초소를 만들고, 5명씩 교대로 지킨다. 두 시간[更]마다 순관(巡官, 경찰)과 별순(別巡, 특별 경찰)이 이를 검열한다.
1. 방화범을 체포한 양민에게는 관직을 내릴 것이며, 노비는 양민으로 신분을 올려주고 면포 200필을 지급한다.
1. 방화범이라도 자수하면 죄를 용서하며, 도둑이 서로 범죄 사실을 고발하면 그 죄를 용서하고 면포 200필을 상으로 준다.

치안 문제를 완벽하게 해결하려면 다른 관청들의 협력도 필요했다. 그때 가장 신속하게 관련 대책을 마련한 것은 예조였다. 세종 8년 2월 25일, 예조판서 신상은 화적의 처벌 수준을 높이자고 제안했다. 예조에서 중국 역사를 검토한 결과, 화적에게는 반란자에 준하는 극형을 내리는 것이 마땅하다는 의견이었다. 세종은 당시 상황을 일종의 국가 비상사태로 간주하고, 방화범에 대해서는 극형을 시행하라고 지시했다.

대신의 건의에 따라 금화도감을 만들다

그 이튿날인 2월 26일, 왕은 의정부와 육조의 신하들을 한자리에 불러서 요샛말로 국가비상대책회의를 열었다. 도둑을 퇴치하고 화재를 진압할 방법을 누구든지 허심탄회하게 건의하라고, 왕은 당부했다.

그날 회의에서는 여러 대신이 의견을 내놓았다. 그들의 견해는 두 가지 주제로 압축할 수 있을 것이다. 첫째, 민심 수습이었다. 좌의정 이원은 국법을 조금 완화하여 동전 사용을 백성들에게 강요하지 말자고 했다. 그 당시 조정에서는 동전 사용을 의무로 정해놓고 엄하게 단속했다. 그러나 국가 비상시기인 만큼 이재민들이 현물화폐를 이용해서 의복, 식량, 목재 및 기와 등을 구입할 수 있게 허용하자는 견해였다. 이조참판 성엄도, 지금 백성들에게 동전을 꼭 사용하라고 강요하면 그들이 원한을 품게 될 것이라며 우려를 표했다.

대제학 변계량은 동전 문제에 관해 가장 광범위하고 적극적으로 자신의 견해를 제시했다. 그는 화적이 발생한 원인이 국가가 동전 사용을 의무화한 것과 관련이 있을 것이라고 추측했다. 동전은 백성의 편의를 위해서 도입한 것이나, 현실적으로 백성들이 국가를 원망하는 원인이 되고 말았다고 진단했다. 이런 주장 끝에, 변계량은 백성이 동전이든 현물이든 마음대로 사용할 수 있게 허용해야 한다고 주장했다. 세종은 신하들의 견해를 경청했다. 왕은 시간을 두고 숙고한 끝에 대신들의 의견을 수용했다(화폐정책에 관해서는 6장에서 자세히 기술할 것이다).

회의의 두 번째 주제는 금화도감(禁火都監)이었다. 원로대신으로 영돈녕이던 유정현이 금화도감의 운영 방안을 매우 구체적으로 제안했다. 세종은 반색하며 즉시 유정현의 제안을 채택하는 기민함을 보였다. 훌륭한 지도자는 문제 해결에 도움이 되는 제안을 식별할 줄 아는 안목이 있어야 할 것이다. 유정현의 제안을 소개하면 다음과 같다.

1. 한양에 도읍한 지 33년째지만 지금처럼 재난이 심한 적이 없었다. 이번 사태의 핵심은 무뢰배들이 농업에 힘쓰지 않고 불을 질러, 남의 재산을 도둑질하려는 데 있다. 서울을 몇 개 구역으로 나눠서 금화도감을 두고 제조(提調, 고위 책임자)마다 1개의 부(部, 거주 구역)를 맡긴다. 제조는 관할 구역의 주민 가운데서 무위도식하는 수상한 사람들, 예컨대 밤이면 술을 마시고 낮에 잠을 자는 등 행적이 의심스러운 사람을 알아내서 각 마을(各坊)의 색장(色掌, 책임자)에게 붙잡아 오게 한다. 수상한 사람의 내력은 물론이고 그가 생활비로 사용하는 돈의 출처도 세밀히 추적한다면 도둑이 저절로 줄어들 것이다.

1. 외지에서 도성에 들어온 사람으로서 뚜렷한 생업이 없는데도 씀씀이가 큰 사람은 수상하다. 한성부에서는 집주인(主戶) 및 이웃들에게 수상한 사람을 관가에 고발하게 하되, 숨기고 고발하지 않는 사람이 있으면 법에 따라 처벌한다.

1. 절도죄를 세 번 이상 저지르면 자자(刺字, 범죄 사실을 문신)하고,

사면된 이라도 다시 조사하여 경기도 밖으로 쫓아낸다. 아울러
그들의 행동거지를 엄밀하게 살핀다.

1. 도성 안에 연못을 조성하여 물을 저장한다.
1. 소방수를 담은 독은 다섯 집마다 1개로 정해, 실제로 물을 저장
했는지를 조사한다.

세종이 유정현의 제안을 기쁘게 받아들인 까닭은 무엇일까. 이
유를 어렵지 않게 짐작할 수 있다. 그의 제안대로 금화도감을 철저
히 조직해서 운영하면 화적을 색출하는 것이 결국은 시간문제에
불과할 것이었다.

모든 일에 통용되는 지혜일 터인데, 결정된 사안이라면 신속히
시행하는 것이 좋다. 왕의 기대에 부응이라도 하듯, 이조는 금화도
감의 운영 세칙을 당일로 제정했다(세종 8년 2월 26일). 담당 관청인
이조가 왕에게 보고한 내용이 《실록》에 남아 있다. 글의 서두에는
도성 안에 화재 방지를 전담하는 기관이 없어, 백성들의 생명과
재산을 지키지 못한 점을 개탄했다. 그러고는 금화도감의 관직을
다음과 같이 언급했다. 맨 위에 제조 7명을 두고, 그 아래 사(使)를
5명, 부사(副使)와 판관(判官)은 각기 6명씩으로 정한다. 여기서 그
세부 내용을 일일이 언급할 필요는 없다. 중요한 사실은 금화도감
이 이제 하나의 상설기관으로 승격했다는 점이다. 또 이 관청은 병
조와 삼군부를 비롯해 의금부, 공조 및 한성부에서 파견된 관리들
이 합동으로 운영한다는 점이다. 여러 부서가 통합적으로 운영하
는 금화도감이라서 제대로 가동되기만 하면 화적이 발붙일 곳은

곧 사라질 것 같았다. 아마 세종은 이러한 규정을 보고받고 안도했을 것이다.

그해 3월 3일, 금화도감은 그간의 운영 경험을 토대로 소방 업무에 관한 시행세칙을 세종에게 보고했다.

1. 소방관이 인정(人定, 통행 금지 시간) 이후에 화재가 난 장소로 달려가다가 순관(巡官)에게 제지당하여 시간을 허비하는 경우가 있다. 이 점을 고려하여 소방관들에게는 신패(信牌, 비표)를 지급하여 밤중에 소화 작업을 할 때 문제가 없게 한다.

1. 화재가 발생하면 군인은 병조가 통솔하고, 관청의 종은 한성부에서 지휘하는 것이 좋다.

1. 먼 곳에서 화재가 일어나거나, 깊은 밤의 화재 사건이라서 제때 불을 끄지 못하는 수도 있다. 의금부에 명하여 밤낮으로 종루(鍾樓)에서 사방을 감시하고 화재가 발생하면 종을 쳐서 소리로 알린다.

이처럼 화적의 소요를 계기로, 세종은 신하들의 중지를 모아서 도성의 화재 감시와 소방관의 출동에 관한 세부 지침까지 일목요연하게 정리했다. 화적의 발생은 뜻밖의 재난이었으나, 이를 극복하려는 왕의 강한 의지 덕분에 결국에는 체계적이고 조직적인 문제 해결 방식이 정착되었다고 평하고 싶다.

왕은 반성하고, 화적은 벌을 받고, 백성은 상을 타다

금화도감의 운영은 과연 효과적이었다. 세종 8년 2월 28일자 《실록》에서 우리는, 다수의 화적이 체포되어 의금부에 갇힌 사실을 알게 된다. 왕은 금화도감의 제조 하연에게 이 사건의 수사 결과를 물었다. 하연은 화적들의 출신지가 함길도(함경도)로 파악되었다면서, 정확히 말해 북청, 길주 및 영흥 출신이라고 대답했다.

세종은 피의자들 가운데 함길도 출신 두지와 귀생은 범인이 아닐 수도 있다는 점을 지적하며 엄정하고 정확한 수사를 당부했다. 과연 그들 두 사람은 범인이 아닌 것으로 판명되었다. 아마도 세종에게는 수사 속보를 보고하는 다른 계통의 관리가 있었던 것 같다. 《실록》을 좀 읽어본 내 경험으로 미루어 보면, 왕은 승지들을 움직여서 중요 사안을 알아보곤 했다. 이 책의 다른 부분에서도 서술했는데, 세종은 승지나 환관 또는 사헌부 관리를 비밀리에 파견하여 일이 돌아가는 상황을 알아보곤 했다.

도적이 하나둘씩 체포되자 왕은 대신들과 함께 사건의 근본적인 이유를 캐기 시작했다. 왕은 중국 역사책을 인용하며 송나라 때에는 대화재 사건으로 5만 7000여 호가 소실된 적도 있었으나, 우리 역사에서는 이번처럼 큰 불난리가 없었다고 침통한 어조로 말했다. 대신(大臣) 고약해는 백성의 마음이 바르지 못해 이런 변고가 일어났는데, 그것은 자신을 포함한 대신들의 덕이 부족한 탓이라고 했다. 세종은 그 말이 옳다고 동의하고는, "나의 부덕(不德)"이

가장 큰 문제라고 스스로에게 책임을 물었다. 세종과 고약해는 백성의 고난은 지배층의 도덕적 결함에서 기인한다는 유교의 고전적 입장을 철저히 신봉했다. 오늘날의 상식으로는 이해하지 못할 이도 많겠는데, 지도자의 도덕적 품성은 어느 시대나 요구되는 미덕일 것이다.

그 후 세종 8년 3월 5일에도 화재가 발생하여 서울 중부에서 20호를 태웠다. 그러나 범인은 바로 체포되었고, 더 이상 서울에서는 화재 사건이 일어나지 않았다. 기승을 부리던 화적 떼의 준동이 두어 달 만에 사실상 종료되었다.

사건 직후에 체포된 화적 이영생과 장원만은 취조 과정에서 한 가지 중요한 정보를 제공했다. 그의 일당인 송오막지와 김불자 등 6~7명이 배를 타고 교동과 강화 방면으로 나갔는데, 그들이 거기서 불을 지르고 재물을 약탈할 계획이라는 첩보였다. 그에 따라 조정에서는 현지 군사를 동원해 도둑을 모두 체포하는 개가를 올렸다.

다시 열흘쯤 지난 세종 8년 3월 15일, 의금부는 화적 사건을 일단 마무리했다. 먼저 체포된 방화범은 장원만 등 7명이었다. 종[奴]이 3명으로 진내, 근내, 석이였다. 나머지는 백성으로 이영생, 김천용과 그 아비 김영기였다. 이들은 재물을 노리고 도성의 부잣집에 닥치는 대로 불을 질러 가옥 2000여 호를 불태우고, 인명 피해를 일으킨 것이었다.

의금부는 화적 일당에게는 능지처사가 마땅하다고 주장했다. 그러나 세종은 정상을 참작해 처벌을 낮추게 했다. 가산을 몰수하고 관청의 노비로 삼는 데 그친 것이다. 장원만 등의 자백으로 잔당을 소탕할 수 있었기 때문에, 왕은 사건 초기의 다짐과는 달리 극형을 피해 상당히 관대한 처분을 내렸다.

이후에는 강화도에서 체포된 또 다른 6명의 화적이 처형되었다. 세종 8년 6월 8일, 화적 여경에게 환열(轘裂, 수레에 매달아 찢어 죽임)형을 집행했다. 그달 6월 27일에는 그 일당인 종 벌응, 수이, 석을동 3인을 참형했다. 7월 8일에도 화적 이금도를 능지처사했고, 9월 12일에는 화적 송오마지에게도 환열형을 가했다. 요컨대 한성 화적 사건으로 모두 13명의 화적이 처벌되었다.

세종은 당초의 약속대로 화적 체포에 공을 세운 백성을 후하게 포상했다. 세종 8년 4월 13일에는 앞서 발생한 종루 화재 사건(그해 2월 16일) 때 공을 세운 봉상시의 종 흔장과 가각고(架閣庫)의 종 측금을 양민으로 올려주었고, 군기감 영사(令史, 구실아치) 최훈 등 34인에게는 약속대로 면포를 상으로 주었다.

같은 해 6월 2일에도 이 사건에 공을 세운 사노 도지를 비롯해, 장수(杖首) 이철, 제용감 권지직장(權知直長) 장의생과 마산역의 종 석구지에게 차등 있게 상을 주었다. 또한 그해 6월 9일에는 내자시의 종 서인보에게 양민의 신분을 부여하고 면포 200필을 지급했다.

요컨대 40여 명의 관리와 평민, 노비가 화적 포상의 혜택을 입었다. 옛말에 신상필벌(信賞必罰)이라고 했다. 상을 받아야 할 사람에게는 꼭 주어야 하고 죄 지은 사람도 반드시 벌해야 기강이 서는 법이다. 세종은 화적 사건을 계기로 백성들이 국가를 더욱 믿고 따르게 되기를 바랐다.

이제 수도 서울에서는 당분간 화적이 날뛰지 못했다. 워낙 방비

경제:
사람을 살찌우는[富民] 길

가 철저했기 때문이다. 그러나 치안이 느슨한 황해도 지방에서는 강도 사건이 일어났다. 아마도 한성 사건에 관여한 잔당이었을지도 모르겠다. 세종 10년(1428) 윤4월 10일자 《실록》을 살펴보면, 강도떼가 민가를 불사르고, 행상(行商)을 살해해 재물을 강탈했다고 했다. 그들의 무대는 상업이 활발한 재령과 평산 등지였다. 이 사실을 보고받은 조정에서는 우선 피해 사실부터 정확히 보고하라고 지시했다.

그런 다음에 세종은 신하들과 함께 대책을 철저히 마련했다. 같은 해 5월 6일, 병조를 통해 구체적인 해결 방안이 황해도에 전달되었다. 해당 지역 관리가 끝까지 도적을 추적하되, 상관인 감사와 절제사도 거느리고 있는 진무(鎭撫)를 출진하라는 것이었다. 만약 군사가 더 필요하면 진무는 알아서 충원해도 좋다고 했다. 이 방법은 큰 효과가 있었던 것 같다. 황해도에 출몰하던 화적이 곧 자취를 감추었다. 세상을 어지럽히던 화적들도 세종조의 조직적 대응에 무력화되었다. 물론 화적이 완전히 사라진 것은 아니어서, 세종 19년과 20년에도 전라도와 평안도 등지가 한때 무척 소란했다. 후대에도 화적의 소동은 간헐적으로 계속 이어졌는데, 흉년이 심하게 들면 더욱 심했다. 민생을 안정시키기란 퍽 어려운 일이었다.

3

세제 개혁으로 세 마리 토끼를 노리다

한 사람의 백성이라도 억울하게 재산을 빼앗겨서는 안 된다. 이런 마음으로 세종은 조세의 형평성을 추구했다. 즉위 초 세종은 조세 제도에서 심각한 결함을 발견했다. 그때는 아직 답험손실법(踏驗損失法)을 시행하고 있었는데, 이는 고려 말에 도입된 세제였다. 원칙적으로 경작지 1결(약 2000~4700평)마다 논에서는 현미(조미) 30두를 거두고 밭에서는 잡곡 30두를 받게 했으나, 실제로는 담당 관리가 현지 조사를 통해서 세금을 깎아주는 방식이었다(세종 18년 10월 5일). 그런데 관리의 판단도 부정확하고, 행실이 청렴하지 못한 이가 많아서 백성의 불만이 컸다.

그러자 태종은 한 가지 대책을 세웠다. 타도 출신 지방관을 위관(조사관)으로 삼아 조사에 객관성을 높였고, 그가 조사한 결과를 고을 수령이 다시 점검하게 했다. 마지막에는 조정에서 내려간 경차관(담당관)이 심사를 거쳐 세금을 최종 확정하게 했다(태종 15년).

경제:
사람을 살찌우는〔富民〕 길

그래도 백성의 불만은 수그러들지 않았다. 세종 즉위년(1418) 11월 29일, 강원도 관찰사 이종선은 백성들이 부당한 세금 때문에 조정을 원망한다고 보고했다. 왕은 김종서를 보내어 실태를 파악하게 했다. 2년 뒤에는 평안도 관찰사 김점도 답험손실법의 폐단을 지적하면서, 수확량에 대한 조사 권한을 관찰사에게 위임해달라고 요구했다(세종 2년 1월 12일; 세종 3년 7월 28일). 황해도 황주 목사 정효문도 현행 조세제도의 맹점을 하소연했다(세종 3년 8월 30일).

여러 해 동안 세금 문제로 고뇌한 끝에 세종은 세 가지 사실을 확신했다. 첫째, 중앙에서 파견한 관리가 짧은 조사 기간 내에 담당 지역의 수확량을 철저히 심사하는 것은 불가능하다는 점이었다. 둘째, 세금 감면을 노린 청탁과 비리가 난무하는 현실이 왕의 시야에 들어왔다. 셋째, 제도 운용이 그릇되어 대지주의 세금은 가벼우나 가난한 백성의 부담은 심각한 수준이라는 사실이었다. 드디어 세종은 이 사태를 정면 돌파하기로 결심했다(세종 10년 7월 5일).

세계 최초로 여론조사 실시

따지고 보면 가장 큰 폐단은 서울에서 내려간 관리에게서 비롯되었으므로, 왕은 우선 경차관의 비리를 방지하고자 했다. 한번은 경북 경주에 내려간 판관 금학이 서원(실무조사원) 박춘언과 공모해 풍작을 흉작이라 속이고 경작지를 묵밭이라 허위 보고한 사실이 드러났다. 그러자 왕은 그들을 엄벌해 일개 수군(水軍) 병사로 강등하는 강력한 조치를 취했다(세종 12년 12월 29일).

조세 문제의 해법을 찾고자, 왕은 중국의 역사도 검토했다. 거기서 한 가지 해결법을 찾았는데, 그것이 바로 '공법(貢法)'이었다. 한나라 때도 그러했고 당나라 이후에도 여러 왕조가 이 법을 따랐다. 명나라 역시 공법을 시행했다(세종 18년 10월 5일).

공법이란 무엇인가. 논밭의 평균 수확량을 정확히 파악해서 해마다 백성들이 일정한 곡물을 세금으로 바치게 하는 제도였다. 누구나 자신이 부담할 세액을 알기 때문에 미리미리 준비할 수 있어 편리했고, 국가도 재정 수입이 안정되어 일석이조였다. 물론 해마다 수확량의 변동을 고려해 약간 탄력적으로 운용하는 것이 보통이었다(세종 18년 2월 22일).

이러한 공법이야말로 답험손실법을 대체하기에 가장 적합하다고, 세종은 확신했다. 즉위 초부터 왕은 줄곧 그러한 견해를 가졌다(세종 21년 5월 4일, 왕의 회상). 하지만 세법을 함부로 바꾸었다가 백성에게 피해를 주는 일이 생겨선 안 된다고 여겼기에, 여러 해 동안 왕은 홀로 암중모색했다.

왕이 자신의 의지를 공개적으로 천명한 것은, 세종 9년(1427) 3월 16일이었다. 그날 시행된 문과 중시(문과에 합격한 신하들이 치르는 시험)에서 세종은 "공법을 시행했을 때 일어나는 폐단을 최소화할 방법을 논하라"는 시험 문제를 냈다. 중시에서 장원을 차지한 이는 정인지였는데, 그는 공법을 적극적으로 지지했다. 이후 세종은 공개적으로 공법을 도입하는 방안을 논의했다. 세종 11년 11월 16일에는 호조에 명하여 공법 초안도 작성하게 했다.

세법을 개혁하는 과정을 자세히 검토해보면, 그때 세종이 보여준 일련의 정치적 조치는 놀라울 만큼 '현대적'이었다. 왕은 여론을 광범위하게 청취했고, 이를 다각적으로 분석했다. 때는 15세기 전반이었는데, 왕이 전국 차원의 여론조사 또는 주민투표를 시행했으니 대단한 일이 아닌가 싶다.

호조가 왕에게 제출한 공법 초안은 단순했다. 논밭 구별 없이 경작지 1결에 벼 10말을 거두는 정액제를 시행하는 것이 좋겠다는 제안이었다. 세종은 이 법안을 가지고 우선 백성들의 뜻을 알아보기로 했다. 미흡할 수도 있는 새 법안을 무조건 시행하기보다는 많은 사람의 의견부터 들어보는 것이 좋겠다고 판단한 것이었다.

"육조는 물론 중앙의 모든 관청에 물어라. 도성에 거주하는 모든 전·현직 관리들, 그리고 각 도의 지방관들에게도 물어보라. 여염의 가난한 백성들에 이르기까지 모든 백성에게 새 법의 가부를 어서 확인하라."(세종 12년 3월 5일)

이후 5개월 동안 약 300명의 관리가 호별 면접을 통해 여론을 빠짐없이 청취했다. 역사상 최초의 본격적인 여론조사였다.

조사에 응한 이가 17만 명을 넘었다. 혹자는 《세종실록지리지》의 총 인구수가 69만 2477명이란 점을 근거로 25퍼센트가량이 참여한 주민투표였다고 말한다. 그런데 이 조사는 법적 구속력을 갖지 못했으므로, 여론조사라고 보아야 맞다고 생각한다. 또 그 시절의 인구 조사는 부실하기 짝이 없어 지리지에 나오는 숫자도 실제 인구수와는 거리가 멀었다는 점을 기억하자. 그러나 왕이 세법 초안을 제시하고 그에 관한 여론을 광범위하게 조사했다는 점에서는 세계사적으로 보아도 획기적인 사건이었다.

정교한 초안 위해 숙고 거듭

그해(1430) 8월 10일, 호조에서 여론조사에 관한 최종 보고서를 제출했다. 그 날짜 《실록》에는 1만 9000자에 달하는 장문의 보고서가 수록되었다. 총 17만 2806명에게 물어본 결과, 9만 8657명(57퍼센트)이 찬성했고 7만 4149명(43퍼센트)이 반대했다고 했다. 찬성률이 높은 지역은 경기·전라·경상 등 세 지역이었다. 특별 구역인 개성에서도 찬성이 절대다수였다. 이들 지역에서는 찬성률이 90퍼센트를 훨씬 웃돌았다(경기도: 찬성 1만 7106명, 반대 241명 / 전라도: 찬성 2만 9547명, 반대 269명 / 경상도: 찬성 3만 6317명, 반대 393명).

공법안에 반대표가 많이 나온 지역도 다섯 곳이나 되었다. 충청도의 찬성률은 3분의 1쯤이었고(찬성 6995명, 반대 1만 4039명), 황해도는 찬성자의 비율이 20퍼센트 정도였다(찬성 4471명, 반대 1만 5618명). 강원도는 찬성률이 10퍼센트가량이었고(찬성 944명, 반대 6898명), 평안도와 함길도는 반대가 대부분이었다(평안도: 찬성 1332명, 반대 2만 8510명, 함길도: 찬성 78명, 반대 7401명).

조정 관리들의 의견은 어떠했을까. 3품 이하 전·현직 관리들은 백성들과 비슷한 경향을 보였다(찬성 702명, 반대 510명). 그러나 조정의 중추적인 인사들, 즉 대신과 삼사(사헌부·사간원·홍문관)의 관원 가운데서는 반대 의견이 찬성보다 네 배나 많았다(세종 12년 8월 15일).

경제:
사람을 살찌우는〔富民〕길

공법에 반대하는 관리는 왜 그렇게 많았을까? 그 이유를 글로 제출한 관리도 많았는데, 그들의 견해를 요약해본다. 공법이 부자에게는 유리하지만 가난한 백성에게는 불리하기 때문이라고 했다(세종 12년 8월 10일). 즉 비옥한 경작지를 소유한 부자들에게 1결당 10두라는 세액은 무척 저렴한 것이었다. 관리들은 전라도와 경상도에서 찬성이 많이 나온 이유도 그 지역의 농업 생산성이 높기 때문이라고 해석했다. 반면에 토질이 나쁜 함길도 등지에서는 공법을 적용하면 세금이 도리어 올라가는 셈이라서 반대가 많다고 보았다. 만일 흉년에도 결당 10두씩을 거둔다면 북부 지방 사람들은 세금을 감당하지 못할 것이라고 분석했다.

세종은 신하들의 다양한 의견을 꼼꼼히 검토했다. 그들의 견해는 대체로 세 가지로 나뉘었는데, 첫째는 답험손실법을 유지하자는 것이었다(영의정 황희 등). 그들은 제도적 보완을 위해서 전문 지식을 갖춘 평가전담관을 양성하자고 제안했다. 둘째는 지역 특성을 고려해 공법과 답험손실법 가운데서 편리한 제도를 골라 쓰면 된다는 선택론이었다(전 병조판서 조말생 등). 끝으로, 공법을 잘 다듬어서 개혁을 완성하자는 의견도 있었다(봉상시 주부 이호문 등). 토질의 차이는 물론이고 해마다 작황을 따져 차등 과세를 하자는 주장이었는데, 특히 경기도와 전라도의 지방관 중에 이런 생각에 공감하는 이가 매우 많았다.

세종은 공법 개선안을 도입하고자 했으나, 한걸음 양보하여 영의정 황희 등의 의견을 일단 수용했다. 왕은 반대 여론이 만만치 않은 만큼 공법 초안을 정교하게 다듬을 시간이 필요할 것으로 판단했다. 백성을 위해 새로운 제도를 만드는 것인 만큼 함부로 서두를 일이 아니었다.

구(舊)제도인 답험손실법이 다시 한동안 시행되었으나 그 폐단이 사라질 리가 없었다. 세종 17년(1435), 충청도에서 큰 문제가 발생했다. 그해 농사는 풍작에 가까웠는데 서울에서 내려간 경차관들이 마치 흉작이 든 것처럼 보고했다. 이 사건에서 명확히 드러난 것처럼 세제 개혁으로 문제를 근본적으로 해결하지 못한다면, 이와 같은 잘못이 언제 어디서든 되풀이될 수 있다는 점이 입증된 것이었다.

이 문제로 세종의 근심이 더욱 깊어지고 있을 때, 충청도 관찰사 정인지가 의미심장한 상소를 올렸다(세종 18년 2월 22일). 그는 이제라도 공법을 시행하는 것이 옳다고 주장했다. 알다시피 정인지는 집현전 학사 출신으로 왕이 양성한 탁월한 인재 중 한 사람이었고, 앞에서 말한 대로 중시에서 공법을 적극적으로 지지하는 답안지를 제출했다.

시범 운영으로 대신들의 반대 돌파

훗날 세종은 공법의 역사를 회고하면서 이렇게 말했다. "경이 (중시) 책문(시험 답안지)에서도 그러했고, 충청도 관찰사로 있을 때도 공법을 추진하자고 상소했다. 그 덕분에 내가 결단을 내렸다."(세종 28년 6월 18일)

경제:
사람을 살찌우는[富民] 길

정인지의 상소문에 고무된 세종은, 그 이튿날 경연에서 자신의 심정을 솔직히 말했다. "공법은 좋은 제도인데 아직도 시행하지 못하고 있다. 앞으로 1~2년 동안만이라도 시험해보았으면 한다." (세종 18년 2월 23일)

그해 5월 중순, 왕의 성의에 감동한 의정부 대신들은 공법을 추진하는 쪽으로 방향을 바꿨다. 세종은 이를 호기로 판단하고, 대신들을 모아 공법상정소(貢法詳定所)를 설치했다(세종 18년 윤6월 15일). 그해 10월, 의정부는 왕의 뜻을 받들어 곧 공법을 시범 운영하자고 건의했다. 이렇게 해서 왕은 공법을 제대로 시험할 기회를 얻었다.

하지만 공법 시행이 순탄하지는 않았다. 새 법의 시행령이 선포되었으나(세종 19년 7월 9일), 황해도 관찰사는 흉년을 이유로 들며 법의 시행을 연기하자고 제의했다. 이에 세종은 아직도 조정에는 반대 기류가 거세다는 점을 거듭 알아차렸다. 그래서 왕은 우선 경상도와 전라도에서만 공법을 시험하자고 역으로 제안했다(세종 19년 8월 7일). 그런데 이번에는 경상도 관찰사까지도 흉년을 구실 삼아 반대했다(세종 19년 8월 22일).

실망한 왕은 공법상정소에 대책을 물었다. 대신들의 견해는 서로 엇갈렸다. 영의정 황희와 이조판서 하연은 답험손실법으로 되돌아가자고 주장했다. 의정부 찬성 신개와 중추부 판중추 안순은 공법을 유지하고, 흉작이 심한 지역에만 답험손실법을 적용하자고 했다. 왕은 의정부와 육조의 합석 회의를 통해 해결의 실마리를 찾고자 했는데, 회의 결과는 더욱 혼란스러웠다. "공법을 중단하고 종전대로 손실법을 쓰겠다."(세종 19년 8월 28일)

세종은 또다시 일보 후퇴했으나, 그 이듬해가 되자 세종은 공법의 불씨를 되살려냈다. "만약 경상도와 전라도 백성의 3분의 2 이상이 공법의 시행을 바란다면 시범적으로 운영하겠다."(세종 20년 7월 10일)

왕은 대신들과 기나긴 토론을 재개했다. 의견은 이번에도 여럿으로 쪼개졌다. 그 이튿날에도 세종은 치열한 토론을 이어나갔고, 결국에는 경상도와 전라도에서 이 법을 시범적으로 시행하기로 결론을 냈다.

그때 조정에는 왕의 판단을 믿고 힘껏 지지하는 신하도 있었다. 좌찬성 신개였다. 그의 〈졸기〉(사망 기록)에서도 확인되는 사실인데, 그는 공법을 비롯해 왕이 추진하는 많은 정책을 힘써 뒷받침했다. "그런 그를 당시의 여론이 비판했다"라며 《실록》 편찬자들은 그를 질책했다(세종 28년 1월 5일, 〈졸기〉). 그러나 신개야말로 세종의 본의를 깊이 이해한 충직한 신하라고, 나는 평가하고 싶다.

세종 20년(1438) 10월 12일, 전라도와 경상도가 홍수로 큰 피해를 입었다. 신개는 전라도 옥야와 경상도 낙동강 일대가 물에 잠겨 실농했으므로 면세 혜택을 주자고 건의했다. 세종은 그 말을 받아들여 변효문과 민공을 현지에 보내 진상 조사를 했다. 그리하여 경상도의 1800여 결과 전라도의 1570여 결이 면세 혜택을 입었다(세종 20년 11월 20일). 이처럼 신속하고 효율적으로 홍수 피해를 처리했기 때문에 공법에 대한 비판이 수그러들었다.

공법이 시범 운영되자 조세 수입이 증가했다. 그러자 공법 때문에 백성의 부담이 늘어났다며 새 법을 비판하는 대신들이 있었다.

경제:
사람을 살찌우는〔富民〕길

우의정 신개는 이로 인해 공법에 대한 저항이 커질까 봐 걱정했다. 그때 전라도에서는 세입이 50퍼센트 이상 늘어났고 경상도에서는 70퍼센트 이상 증가했다(세종 23년 7월 5일).

하지만 오래전부터 세종은 그 문제를 예의 주시했다. 세제 개혁의 근본 목적은 민생을 살리는 데 있었기 때문에, 왕은 공법으로 인해 백성의 실질적인 부담이 어떻게 변하는지를 자세히 살폈다. 과거에는 수확량을 평가하는 관리를 접대하느라 백성의 지출이 많았으나, 이제 공법 덕분에 불필요한 비용이 사라졌다. 세금을 전보다 조금 더 징수해도 백성의 부담은 오히려 줄었다는 것이 왕의 판단이었다.

"그동안 백성들이 억울하게 지출한 비용 일부가 국가 세입으로 흡수된 것이다."(세종 21년 5월 4일)

제도적 결함 보완 위해 54등급 과세 기준표 신설

처음에는 짐작하지도 못했던 제도적 결함이 시범 운영 과정에서 하나씩 발견됐다. "취지가 아무리 좋은 제도라도 정성껏 다듬은 뒤라야 민생에 유익한 것이다." 세종은 그런 신념으로 대신들과 토론을 거듭하며 공법을 정교하게 다듬었다.

시범 운영을 시작한 지 3년이 되자(1440) 세종은 세율의 차등화가 필요하다는 점을 더욱더 절감했다. 왕은 의정부에 개선책 마련을 지시했는데, 대신들은 고을 단위로 경작지의 등급을 3개로 나누는 것이 좋겠다고 말했다. 그 이듬해, 우의정 신개는 중북부 지방에는 토질이 나쁜 하등전이 많은 점을 상기하며, 하등전을 다시 세분하여 3등급으로 나누자고 제안했다(세종 23년 7월 5일). 그해 7월 7일, 공법은 충청도까지 확대 시행되었으나 임금과 신하들이 수긍할 만한 합리적인 과세지표는 아직 작성되지 못했다.

세종 23년 11월 2일, 왕은 호조에 지시해 과세지표의 완성을 당면 과제로 제시했다. 그에 따라 다양한 의견이 쏟아져 나왔는데, 토질에 따라 경작지를 9등급으로 나누자는 주장이 많았다. 하지만 그로부터 2년이 지난 세종 25년(1443) 9월까지도 이 문제는 합의점을 찾지 못한 채 설왕설래를 거듭했다. 세종은 이 문제를 반드시 해결해야 한다면서 관련자들을 독려했다. 두 달 뒤 수확량에 따라 해마다 9등급(연분 9등)의 과세지표를 만들면 좋겠다는 주장이 나와 많은 지지를 얻었다. 토질을 기준으로 기왕의 하등을 셋으로 세분하여 모두 5등급(전분 5등)으로 나누자는 견해도 관심을 끌었다.

그러는 사이 왕은 정확한 양안(토지대장) 작성이 공법 시행의 선결과제라는 점에 주목했다. 이 문제를 해결하기 위해서, 그해 11월 13일에 '전제상정소(田制詳定所)'라는 임시 특설기구를 두었다. 왕자들 가운데서 행정에 가장 뛰어난 진양대군(나중에 수양대군으로 이름을 바꾼 훗날의 세조) 이유를 이 기관의 우두머리인 도제조로 삼고, 의정부 좌찬성 하연, 호조판서 박종우, 지중추원사 정인지를 제조(최고위원)로 임명해 전국의 토지대장을 일제히 정리하게 했다. 이처럼 세종은 신하들의 의견이 분분해 세제 개혁이 속도를 내지 못하면, 직접 논의에 뛰어들어 나아갈 방향을 제시하고 활력을 불어넣었다.

드디어 많은 토론 끝에 세종 26년(1444) 11월 13일, 전제상정소는 역사에 길이 남을 중요한 결정을 내렸다. 전국의 경작지를 토질에 따라 전분 6등(6등급)으로 나누고, 수확량을 기준으로 해마다 연분 9등(9등급)의 차등 세율을 정했다. 요컨대 총 54등급으로 차별화된 과세 기준표가 완성된 것이다.

국가 재정은 충실해지고 후대는 칭송을

왜, 하필 전분 6등이고 연분 9등인가. 이것은 왕과 대신들이 모여서 아무렇게나 결정한 수치가 아니었다. 실로 오랜 토론 결과를 집약한 합리적인 결정이었다. 세종은 최종 결정이 내려지기 몇 달 전에 시범 운영지구인 충청도 청안현에 예조판서 김종서와 우참찬 이숙치 및 대제학 정인지를 파견했다(세종 26년 8월 1일). 거기서 그들은 벼의 수확량을 자세히 조사했다.

그때 남부 지방에는 국가가 특별히 관리하는 시범 운영지구가 모두 6곳에 달했다. 충청도의 청안과 비인, 경상도의 함안과 고령, 그리고 전라도의 고산과 광양이었다. 왕은 전제상정소에 명하여 이들 지역의 토지대장(양안)부터 바로잡았고, 각 등급의 수확량도 파악했다(세종 26년 8월 24일). 이처럼 구체적인 자료를 바탕으로 전분 6등과 연분 9등이란 과세지표가 탄생한 것이었다.

6개 시범 지역의 수확량을 조사한 결과, 세종이 평소 궁금하게 여기던 사실 하나가 저절로 밝혀졌다. 세종은 정인지에게 보낸 비밀 서한에서 다음과 같이 말했다.

"과거에는 관리들이 현지에서 손실을 판정할 때 지나치게 소홀했다. 수확량의 수십 분의 1만을 세금으로 징수하였구나. 이런 풍습이 굳어진 결과, 오늘날 공법은 그 세율이 선왕들이 이상적으로 여긴 10분의 1세 정도이건마는 백성들이 좋은 줄도 모르게 되었다."(세종 26년 8월 24일)

15세기의 백성 가운데는 공법의 이점을 잘 모르는 사람들도 많았다. 조정의 신하 중에서도 세제 개혁을 끝끝내 반대하는 이가 있었다. 세종 28년 5월 3일, 집현전 직제학 이계전은 상소를 올려 공법을 신랄하게 비판했다. 그는 "수확이 없는데도 세금을 내야 하다니, 어찌 이런 법이 있습니까?"라며 흥분했다. 성균 주부 이보흠도 공법이 시행된 지 8년이 되었으나 원망하는 사람이 많다며 공법의 폐지를 주장했다(세종 28년 7월 2일). 그는 공법의 맹점으로 10결의 경작지가 모두 큰 피해를 보아야만 손실을 인정하는 나쁜 폐단이 있다고 지적했다. 이처럼 쏟아지는 비판 때문에 마음이 무척 불편했을 것이다. 세종은 참고 견디며 그들의 의견 중에 참작할 점이 있는지를 열심히 점검했으나 도움이 될 만한 의견을 발견하지는 못했다.

왕자 시절 전제상정소를 이끈 세조는 공법의 우수성을 확신해, 이를 《경국대전》에 수록했다(세조 6년). 이후 공법은 더욱 확대 시행됐다. 성종 2년(1471)에는 황해도로, 4년 뒤(1475)에는 강원도로 뻗어 나갔다. 성종 17년(1486)에는 평안도까지 포함됐고, 성종 20년

경제:
사람을 살찌우는〔富民〕 길

(1489)에는 함경도까지도 시행돼 명실상부한 조선의 세제로 자리 매김하게 됐다. 그런데 19세기의 실학자 정약용은 세종의 공법, 즉 전분 6등과 연분 9등을 골자로 하는 세법이 조선 전기에 시행된 적이 없다고 주장했다(19장 참조). 앞으로 많은 연구가 필요한 대목이다.

어쨌든 시간이 한참 흐르자 공법에 대한 평가도 호전됐다. "공법은 영원토록 바꾸지 말고 시행해야 할 법입니다."(성종 5년 7월 24일) 대신 조석문의 주장이었다. 공법에 힘입어 국가 재정도 충실해졌다. 명종 6년(1551) 7월 4일, 영의정 이기는 이 법 덕분에 성종 때 국가의 창고에 쌀이 가득 찼다며 옛일을 회상했다. 세종은 온갖 어려움을 이기고 공법을 관철했다. 그러고도 이계전 등으로부터 못할 말을 많이 들었다. 그러나 그로부터 다시 30~40년이 흐른 뒤에 후손이 마음껏 그 혜택을 누렸으니 얼마나 다행인가.

4 북방 영토 확립한 '파저강 정벌' 100일의 기록

평안도 북부와 함길도(함경도)는 여진족이 수백 년 동안 살아온 땅이었다. 그들로서는 귀중한 삶의 터전이었으나, 고려 말 이후 그들은 심하게 분열되었다. 조선 왕조에게는 호기였다. 고구려 때 우리 영토였던 만큼 어느 누구에게도 절대로 양보할 수 없다고 생각한 조선의 왕들은 그 땅을 되찾았다. 태조 이성계가 화주(함흥) 출신이었던 만큼 북쪽 땅을 고수하겠다는 왕조의 방침은 더욱더 지지를 받았다. 돌이켜보면, 태종과 세종의 강한 신념과 지략 그리고 무력이 있어서 가능한 일이었다.

한반도 북부 지방을 둘러싼 여진족과의 줄다리기는 고려 때부터 계속되었다. 12세기 초 윤관은 여진족을 정벌하고 9성을 쌓았다. 하지만 1년 만에 다시 내주고 말았다. 상대가 만만치 않았다는 뜻이다.

그러나 이성계가 조선 왕조를 세우자 판세가 변했다. 태종도 부왕의 뜻을 계승해, 우리 수중에 들어온 북방 영토를 한 뼘도 포기

경제:
사람을 살찌우는〔富民〕길

하지 않았다. 한때 명나라가 여진족에게 접근해서 문제를 복잡하게 만들었으나, 태종은 강온 양면 작전을 적절히 구사하며 여진족을 압박했다. 한성에 북평관을 설치해 그들과 친선을 유지했고, 국경에 무역소를 두어 그들에게 경제적 이익을 줬다. 그러면서도 막강한 군사력을 통해 여진족의 침략을 막았다.

세종은 거기서 한 발짝 더 나아갔다. 왕은 4군과 6진을 설치하고는 압록강과 두만강의 여진족을 철저히 통제했다. 자기네 변경을 침략해도 엄포만 놓을 뿐인 명나라보다는 실력으로 응징하는 세종을 여진족이 더 두려워했다고 한다. 왕은 국경 지방을 노략질하는 파저강(婆猪江, 압록강의 중국 쪽 지류인 혼강의 옛 이름)의 여진족을 끊임없이 공격했는데, 특히 두 차례에 걸친 '파저강 정벌'을 단행한 것이 압권이었다.

이 사업으로 조선의 군사적 우세가 거듭 확인되자 여진족은 한반도 북부 지방을 포기했다. 이때 비로소 우리는 북방 국경선을 압록강과 두만강 이남으로 확정할 수 있었다. 그런 점에서 파저강 제1차 정벌은 역사적으로 매우 중요한 사건이었다. 이 사건을 들여다보면, 세종이 국방 분야에서 얼마나 강한 의지를 가졌는지를 뚜렷이 알 수 있다.

발해 멸망 이후 공지(空地)였던 북방 영토

세종 때도 조정에는 문신이 대부분이었고, 그들은 변방에서 전투를 벌이는 데 무척 소극적이었다. 그들은 항상 현상유지에 만족하는 경향을 보였다. 그러나 세종은 생각이 달라서, 파저강의 여진족을 강하게 응징해야만 문제가 근본적으로 해결된다는 확신을 가지고 있었다.

즉위 초부터 왕은 북방 문제에 적극적으로 대응했다. 세종 4년(1422) 10월 8일, 왕은 삼정승과 육조의 참판(종2품) 이상을 소집했다. 함길도에서 침략을 일삼는 올량합(兀良哈) 부족을 어떻게 통제할지를 논의했다. 훗날 청 태조라 불린 누르하치의 6대조인 맹가첩목아도 그때 그 방면에서 활동했다. 그는 오도리 또는 알타리의 추장이었다. 대신들은 올량합 문제는 함길도에 주둔하는 군사들에게 맡기면 된다는 안이한 생각에 머물렀다.

그러나 세종은 그들의 주장을 꺾고 용맹한 지휘관을 현지로 파견했다. 상호군(정3품) 김효성을 조전첨절제사(助戰僉節制使)로 임명해 함길도의 군사기지 경원으로 보낸 것이다. 왕은 그에게 친위부대인 내금위와 내시위에 근무하는 함길도 출신의 정예 무사 23인도 데려가게 했다.

그들이 출발하기 직전, 세종은 대궐로 불러들여서 친히 격려하고 선물도 하사했다. 김효성에게는 이렇게 당부했다.

"그대는 여진족이 재침하지 못하게 단단히 조치하고 오라. 그대가 데려간 정예 군사는 변경을 완전히 안정시킨 다음, 내년 봄에 돌아오게 하면 된다."

왜, 왕은 이처럼 적극적이었을까. 하루빨리 북방을 온전한 우리 영토로 만들고 싶어서였다. 그런데 압록강 방면은 문제가 더더욱

경제:
사람을 살찌우는〔富民〕길

심각했다. 의주와 창성 등지에 사는 백성은 식량이 부족했다. 그들은 해마다 압록강을 건너가 여진 땅에서도 농사를 지어야 했다. 세종 14년(1432) 1월 4일, 왕은 대신들과 함께 이 문제를 검토했다. 대신들의 견해는 제각각이었다. 그러자 세종은 망설임 없이 확고한 지침을 주었다.

"압록강 건너편 10리까지는 우리 백성이 경작해도 좋다. 단, 그 땅의 조세는 평안도의 반액으로 정한다."

처음부터 조선과 여진족은 이해가 상반됐고, 시간이 갈수록 서로 원한과 갈등이 쌓여갔다. 마침 임합라는 추장이 문제를 일으켰다. 그는 명나라에서 '지휘'라는 벼슬을 받았는데, 어려울 때는 꼭 조선의 경제적 지원을 받았으나 연거푸 말썽을 피웠다. 그 당시 임합라는 기장을 수확하러 압록강을 넘어간 박강금이란 조선의 백성을 억류하고는 자신의 종 김소소를 조선 측이 돌려주지 않기 때문이라고 억지를 부렸다(세종 14년 8월 28일).

여진족 도발이 정벌 계기

어찌 보면 사소한 문제일 수도 있었다. 하지만 북방에 대한 세종의 관심이 컸기 때문에, 변방에서 일어난 사소한 사건까지도 중앙에 즉시 보고됐다. 왕은 대신들을 소집해 대책을 검토했다. 대신들의 의견은 양분됐다.

황희 등 10명은 즉각 박강금을 돌려보낼 것을 요구하는 사신을 보내자고 했다. 그러나 권진 등 3명은 임합라의 요구부터 들어주자고 했다. 세종은 강경파의 견해를 수용했다. 단 한 명의 백성도 결코 적에게 빼앗겨서는 안 된다는 입장이었다. 그런데 이 문제는 박강금이 적의 소굴을 무사히 탈출해 돌아옴으로써 저절로 풀렸다.

하지만 이 사건을 계기로, 세종은 파저강에서 강력한 군사활동이 필요하다고 생각했다. 왕의 뜻을 읽은 명장 최윤덕은 몇 가지를 건의했다. 그는 4군의 한 곳인 여연에 견고한 성을 쌓아 침략에 대비하는 한편, 무예가 뛰어난 관리를 파견해 응징할 기회를 엿보자고 말했다. 왕은 이 제안을 기쁘게 받아들여, 지신사(도승지) 안숭선에게 적합한 장수를 찾아보라고 지시했다(세종 14년 12월 13일, 안숭선은 세종이 직접 나서기 어려운 일을 도맡아서 처리했다. 자세한 내용은 12장 참조).

그해가 다 지나가기 전이었다. 뜻밖에도 여연과 강계에서 큰 사건이 일어났다. 파저강 여진족이 기습해 엄청난 피해가 발생했던 것이다. 왕은 몇 가지 대응 조치를 즉각 주문했다. 우선 피해 현황부터 정확히 조사하게 했다. 세종 15년(1433) 1월 9일, 평안도 관찰사가 발송한 사건 조사보고서가 도착했는데, 우리 군사 48명이 전사하고 백성 27명이 끌려갔다고 했다. 사흘 뒤 왕은 의금부 진무(정3품) 조서강을 현지로 보내 피해 상황을 상세히 조사하도록 했다.

확인된 바에 따르면, 파저강 여진족은 400여 필의 말을 몰고 여연과 강계 지방으로 쳐들어왔다. 침략군의 360명은 파저강 여진족이었고, 나머지는 그들의 사주를 받고 합류한 홀라온과 올적합 부족이었다. 그런데 파저강 여진족은 조선의 책임 추궁이 두려웠던 나머지, 평소 조선과 내왕이 없는 홀라온의 침략 사건으로 위장했다. 당초에 이런 목적을 가졌으므로, 파저강 여진족은 자신들의 얼굴에 먹으로 홀라온의 문신을 그려 넣었다.

다시 조사한 결과, 그들은 53명의 조선 군사와 백성을 살해했다. 심지어 어린아이들을 눈밭에 내던져 얼어 죽게 하는 만행도 저지른 것으로 밝혀졌다. 퇴각할 때가 되자 77명의 우리 백성을 끌고 갔다. 가축도 수백 마리나 빼앗아갔다(세종 15년 4월 2일).

사태의 전모가 드러나자, 세종은 파저강의 여진족 추장 이만주 등에게 문서를 보내어 책임을 따져 묻고 우리 백성과 가축의 즉각적인 송환을 명령했다.

이어서 현지 민심을 수습하고 사태의 재발을 막기 위한 대책도 서둘러 마련했다. 세종 15년(1433) 1월 13일, 왕은 삼정승(황희, 맹사성, 권진)과 이조판서 및 호조판서(허조와 안순)를 불러서 이 사안을 검토하고 몇 가지 결정을 내렸다.

정벌사업, 반대 10명 vs 찬성 11명

첫째, 지난해 피해 지역 백성들에게 빌려준 곡식은 상환을 면제하고 새해에 납부하기로 예정된 조세도 감면해주었다. 둘째, 향후 3년간 피해 지역의 부역과 조세를 폐지하기로 결정했다. 셋째, 불행히도 부모를 잃은 어린이들에게는 관청에서 옷과 음식을 즉시 제공하고, 차후에 마땅한 친족을 골라서 양육을 위임하기로 결정했다. 넷째, 이번 기회에 변경에 대한 군수물자 공급을 대폭 늘렸다.

즉 압록강변의 요지마다 망루를 설치하며, 평안도와 함길도에서 군사들이 사용할 화살을 한성의 군기감이 공급하고, 함흥·길주·평양 및 영변에서 필요한 무기를 제작해 변경 지역에 보급하기로 했다.

이와 동시에 세종은 군사작전을 치밀하게 준비했다. 왕은 최윤덕과 김효성을 현지로 보내면서 최윤덕에게 비상조치권을 허락했다. 여진족의 침략을 저지할 목적으로 목책을 새로 만들고, 군사를 차출하는 일도 알아서 결정하라고 했다. 병력 운용도 상황에 따라 먼저 시행하고 사후에 보고해도 좋다며 폭넓은 재량권을 허락했다.

이후 여진족에 대한 문제로 회의가 열릴 때마다 대신들의 의견은 항상 분분했다. 그들은 왕의 눈치를 보지 않고 자유롭게 의견을 내놓았는데, 세종은 그들의 다양한 의견을 신중하게 청취했다. 그런 다음, 왕은 시간을 오래 끌지 않고 신속하게 결정을 내렸다. 곧 시행해야 할 사안을 모두 확정했는데, 왕의 신속한 결정 덕분에 정벌사업이 속도를 냈다.

자세히 들여다볼수록 세종은 용의주도한 왕이었다는 생각이 든다. 그가 기획한 1차 파저강 정벌사업은 6단계로 진행됐다. 첫째, 정벌의 사유를 명확히 정의했고, 둘째, 적진을 상세히 정찰했다. 셋째, 정벌 계획을 세부적으로 세웠고, 넷째 군사행동 계획도 미리 짰다. 다섯째 포고문까지도 미리 작성해놓았고, 마지막에는 작전 통제 계획도 세웠다. 이 모든 준비가 끝나자 왕은 번개처럼 신속하게 정벌사업을 실천에 옮겼다. 각 단계마다 약간의 설명을 덧붙여야 독자들의 이해가 쉬울 것 같다.

경제:
사람을 살찌우는〔富民〕길

첫째, 세종은 파저강 여진족을 정벌해야 하는 이유를 문서로 만들었는데, 지신사(도승지) 안숭선이 그 글을 작성했다. 그가 초안한 문서에는 파저강 여진족의 대표격인 이만주, 심타납노 및 임합라의 죄상이 구체적으로 언급되었다. 세종 15년(1433) 1월 18일, 안숭선은 왕명에 따라 요샛말로 관계기관 회의, 즉 의정부와 육조 판서 및 삼군 도진무 합석회의를 열어 문안을 확정했다.

둘째, 세종은 그해 2월 10일에 전 소윤(정4품) 박호문과 호군(정4품) 박원무를 3명의 추장에게 보내어 침략 행위를 꾸짖었다. 그때 박호문 등은 왕의 밀명으로 여진족의 소굴을 샅샅이 정탐하고 앞으로 원정군이 이용할 진격로를 알아보았다.

셋째, 정벌 계획을 확정하기에 앞서 세종은 다시 관계기관 회의를 열었다. 비밀회의 형식으로 대신들의 목소리를 모두 청취했다(세종 15년 2월 15일). 이 회의는 왕이 추진하는 정벌사업의 정당성을 검토하는 과정이면서, 동시에 정벌사업에 도움이 될 전문가의 견해를 수집하는 시간이었다.

회의 참석자는 총 21명이었는데, 가장 중요한 안건은 정벌사업을 언제 어떤 방식으로 할 것인가였다. 즉각적인 정벌을 반대하는 신중론이 10명의 입에서 나왔다. 우의정 권진과 이조판서 허조 등이 대표적이었다. 그들이 보기에는 여진족의 거주 지역이 지형도 험악하고, 수목이 무성한 데다 성곽도 없이 흩어져 거주하는 형태라서 효과적인 공격이 불가능하다는 것이었다. 만약 아군이 쳐들어갔다가 크게 누르지 못하면 도리어 비웃음을 사게 될 테고, 우리 군사가 움직이면 두만강 방면의 맹가첩목아까지 놀라서 반격

할 가능성도 있다는 견해였다.

그러나 즉각적인 정벌을 지지하는 대신도 11명이나 됐다. 그들은 이 기회에 여진족을 소탕하지 않으면 장차 후환이 될 것이라며, 속전속결을 강조했다. 또 이 정벌은 끝까지 기밀을 유지해 적의 허를 찔러야 한다는 견해가 많았다.

세종은 안숭선에게 회의 내용을 자세히 기록하고 단단히 밀봉해두라고 지시했다. 아울러 대신들의 다양한 견해를 꼼꼼히 검토한 뒤 다시 보고하라고 당부했다. 안숭선은 한 달 동안 회의 기록을 철저히 분석했다. 그 결과를 살펴본 다음, 세종은 이번 기회에 정벌사업을 반드시 시행하기로 결심을 굳혔다.

넷째, 왕은 군사작전을 세부적으로 수립했다. 세종은 지신사 안숭선을 평소에도 수족처럼 여겼는데, 이 사업에서는 그의 역할에 더욱 큰 기대를 걸었다. 안숭선은 정벌사업에 필요한 군수물자를 종목마다 하나씩 확정하고, 수량 및 조달 방법도 구체적으로 정했다(세종 15년 2월 19일; 2월 21일).

그 뒤 세종은 관계기관 회의를 재소집해 정벌사업의 세부 내용을 하나씩 재검토했다. 이번에도 대신들의 의견은 엇갈렸다. 임금은 그들의 의견을 충분히 들은 다음, 자신의 견해를 확정했다. 왕은 그 결과를 안숭선에게 알려주면서 비밀리에 삼정승을 만나 절충안을 만들어보라고 했다. 이처럼 여러 단계를 거쳐 세종은 정벌사업에 필요한 모든 사항을 하나씩 마무리했다. 그러고는 안숭선에게 명해 결정된 사항을 〈사목(事目)〉(시행세칙)의 형식으로 정리하게 했다(세종 15년 2월 29일).

경제:
사람을 살찌우는〔富民〕 길

왕이 일을 추진하는 방식이 흥미롭다고 생각한다. 언제나 대신들과 전문가의 의견을 광범위하게 청취했고, 필요하다고 판단하면 몇 번이고 절충할 기회를 만들었다. 그러나 최종적인 결정은 항상 왕 자신이 내렸다. 또 사업의 중요성을 고려해 비밀을 유지했으며, 안숭선이라는 믿음직한 신하를 통해서 비밀 기록도 작성 보관하고, 대신들과 왕을 대신하여 협의하도록 했다.

여진족 정벌은 조선의 내정 문제

〈사목〉의 내용을 일부만 적어둔다.

1. 이번에 출동할 군사는 3000명으로 하고. 그 대부분은 평안도에서 선발한다.
1. 압록강을 건너기 위해 두세 곳을 선정해 필요할 때 그곳에 부교를 설치한다. 기밀 유지를 위해 부교는 이웃 고을의 선군(船軍)을 데려다 짓는다.

이 사목은 극비리에 최윤덕에게 전달되었다. 정벌을 공식적으로 논의한 지 열흘 만에 세부 지침이 일선 지휘관에게 시달되었다. 왕은 파저강 정벌사업을 이렇듯 신속하게 추진했다.

다만 4월 10일부터 시작된 실제 작전에 투입된 병력은, 원래 계획보다 다섯 배나 많았다. 평안도에서 기병과 보병 각기 1만 명,

황해도에서 기병 5000명을 동원했다. 작전 시작 한 달여 전인 3월 15일 이미 대신들과 논의한 끝에 결정한 사항이었다. 그만큼 세종이 정벌에 거는 기대가 컸음을 시사하는 대목이다.

다섯째, 포고문도 미리 작성했다. 이 문서는 정벌을 시작할 때 도절제사 최윤덕의 명의로 발표할 것이었다. 세종은 안숭선과 김청(판승문원사)에게 명령해, 그동안 여진족이 저지른 만행을 일일이 열거하고, 어떤 이유에서든 아직도 적지에서 머물고 있는 조선 사람은 즉시 귀순하라고 촉구했다(세종 15년 3월 10일).

끝으로, 작전 통제 계획까지도 완성했다(세종 15년 3월 16일). 이 정벌사업의 총사령관은 최윤덕인데 그에게 일임한 권한은 막중했다. 장차 발생할지도 모르는 사령관의 실수를 막기 위해서는 보완책이 필요했다.

아울러 정벌사업이 눈앞에 다가오자, 세종은 명나라에도 사신을 보냈다. 지난 10여 년 동안 파저강 여진족이 저지른 만행을 상세히 적은 보고서였다. 장차 우리 군대가 압록강을 건너가 적진을 강타할 계획이었으므로, 혹시라도 명나라가 오해할까 봐 미리 양해를 구하는 뜻을 담았다(세종 15년 4월 2일).

그러나 세종은 그 문서에서도 파저강 정벌 계획에 대해서는 끝내 함구했다. 왕은 정벌사업을 조선의 내정으로 간주했다. 명나라 측에 우리의 정벌 계획을 미리 알릴 이유가 없다는 당당한 태도를 보인 것이었다. 짐작하건대, 명나라에서 우리의 정벌 계획을 반대할 경우에 입장이 난처할 수도 있을 테고, 혹시라도 우리의 계획이 사전에 여진 측에 알려질 가능성도 염두에 두었을 것이다. 세종

경제:
사람을 살찌우는[富民] 길

의 일처리가 매우 용의주도했다고 평가하고 싶다.

곧이어 세종은 최윤덕에게 작전 계획을 엄수하라고 명했다(세종 15년 3월 24일). 혹시라도 정벌사업을 방해하는 불의의 변수가 숨어 있을 가능성도 왕은 미리 점검했다. 대신들과 함께 두만강 방면의 여진족이 행여 파저강의 여진족을 도울 가능성을 살핀 결과, 문제가 일어나지 않을 것으로 확신했다.

그러고는 정벌작전을 전개했다. 결과는 아군의 일방적이고 압도적인 승리였다. 전투 상황은 아래에 소개하는 보고서에 나오는 바와 같은데, 승전보가 들려오자 다들 기뻐했다. 이어서 평안감사 이숙치 역시 중군절제사 이순몽이 승리를 거두었다며 소식을 급히 알려왔다(세종 15년 4월 25일). 며칠 뒤 조정은 그간에 받은 보고서를 종합한 결과, 우리의 승리를 공식적으로 확인했다. 세종은 근정전에서 신하들의 하례를 받고, 특사령을 내렸다(세종 15년 5월 3일).

나흘 뒤에는 상세한 내용을 담은 최종적인 승전 보고서가 도착했다(세종 15년 5월 7일). 도절제사 최윤덕이 올린 것이었다. 그에 따르면 우리 측 군사는 그해 4월 10일 강계에 집결한 다음, 7명의 장수가 공격 목표를 나누어 한꺼번에 쳐들어갔다(세종 15년 4월 19일). 이후 수일 만에 작전은 성공리에 종료되었다고 했다.

총사령관 최윤덕의 직할부대는 98명을 사살하고 62명을 생포했으며, 말 25필과 소 27마리 등을 노획했다. 작전에 참가한 우리 측 장수 7명이 사살한 여진족은 총 183명, 포로는 236명이었다. 노획한 말은 67마리, 소는 110마리였으며, 이밖에도 셀 수 없이 많은 무기를 노획했다. 물론 이런 숫자도 중요하겠으나, 여진족이 조선군과 맞서 싸우지도 못한 채 사방으로 뿔뿔이 달아났다는 사실이 더욱 의미심장했다. 그들은 완전히 전의를 상실한 채 사방으로 도주했다.

총사령관 최윤덕, 정승에 오르다

세종은 정벌사업의 결과에 매우 만족했다. 즉위 초에 진행된 대마도 정벌보다도 더 큰 승리라고 공언한 것만 보아도, 왕의 기쁨이 어느 정도였는지 알 수 있다. 참전한 장수들에 대한 포상도 이어졌다. 세종 15년(1433) 5월 16일, 최윤덕은 우의정으로 발탁됐고, 이순몽은 판중추원사, 이각과 이징석은 중추원사가 됐다. 평안도 관찰사 이숙치도 공조 좌참판을 겸하게 됐다. 김효성과 홍사석은 중추원 부사로 승진했다.

이후 최윤덕을 정승으로 기용한 것은 파격적이었다. 세종은 무관 최윤덕의 배움이 부족한 줄 알면서도, 그러면 정성스럽게 자신의 임무를 완수할 것이라며 정승으로 삼았던 것이다.

군사들이 도성으로 되돌아오자, 왕은 근정전에서 승전 기념으로 큰 잔치를 베풀었다(세종 15년 5월 26일). 최윤덕이 개선장군으로서 군사를 거느리고 돌아왔을 때 세종은 직접 대궐 밖에 나가서 맞이하려고 했다. 그러나 황희 정승이 임금의 체통을 지켜야 한다며 만류했다고 한다(자세한 내용은 19장 참조). 잔치에는 우의정 최윤덕을 비롯해 이순몽·이징석·김효성·홍사석 등 유공자가 모두 참

경제:
사람을 살찌우는[富民] 길

석했다. 왕세자와 종친 등도 빠짐없이 참석하여 축하했다. 주흥이 오르자 최윤덕은 자리에서 일어나 춤을 추었고 임금에게 술잔을 바쳤다.

곧이어 이만주와 심타납노 등 파저강의 여진족이 대궐로 찾아와서 공식적으로 항복했다. 이에 세종은 그들의 죄를 용서하고 포로와 가축도 되돌려주었다.

그러면서도 여진족의 재침에 대비해 세종은 군사훈련을 더욱 강화했다. 북방에 배치된 군사들이 연습에 쓸 화살도 지원을 확대했다. 앞으로 해마다 평안도와 함길도에는 각기 3만 개의 화살이 보급될 터였다. 또 무신 하경복의 도움을 받아《진서》를 편찬했다(세종 15년 7월 18일). 실전에 유용한 책자였다. 그밖에도 후방의 날쌘 신백정을 뽑아서 여연으로 보내, 군사적 억지력을 강화했다(세종 15년 윤8월 16일).

세종의 파저강 정벌 작전을 조사하면서, 나는 세 가지 특징을 발견했다. 첫째, 왕에게는 북방 영토를 수호하겠다는 강력한 의지가 있었다. 그 때문에 귀에 솔깃한 현상유지론에 마음을 빼앗기는 일이 없었다. 둘째, 왕은 복안을 가지고 있으면서도 신하들의 의견을 존중했다. 덕분에 그들의 의견을 종합하여 물샐틈없는 정벌 계획을 세울 수 있었다. 셋째, 일단 정한 계획은 끝까지 밀고 나가는 추진력이 대단했다.

뒷이야기도 있다. 1차 정벌이 끝나고 4년쯤 지나자 세종은 다시 군대를 일으켜 파저강 여진족을 토벌했다. 한 번의 정벌로는 여진족의 침략이 사라질 리가 없었기 때문이다. 2차 정벌 때는 1차 정벌 때보다 훨씬 강도 높게 여진족을 공격했다. 세종은 그들을 강도로 규정하고 엄벌을 시행했다. 그때도 정벌을 시작하자마자 승전보가 올라왔다(세종 19년 9월 22일).

이후에도 평안도와 함길도를 온전한 우리 영토로 만들기 위한 노력이 계속되었다. 세종은 사민정책을 장기적으로 펼쳐서 조선의 인구를 늘리고 농업 생산도 증대할 목적을 가졌다. 이를 위해 '토관직'이란 제도를 만들었다. 현지 백성들에게도 어느 정도 출세할 기회를 마련한 것이었다. 우리 영토가 압록강과 두만강까지 확장된 데는 세종의 공이 가장 컸다고 생각하는데, 훗날 실학자 정약용도 그와 같은 의견을 제시했다(19장 참조).

경제:
사람을 살찌우는〔富民〕길

남쪽 백성 이주 '사민정책', 조선의 북방을 지키다

5

세종은 사민정책을 종합적으로 설계하고, 백성을 함경도와 평안도로 옮겼다. 역사 기록에서는 그들을 입거인(入居人)이라고 부른다. 그런데 이주를 자원하는 백성이 거의 없었기 때문에 주로 죄인과 그 가족을 들여보내는 강제 이민이 대다수였다. 요컨대 내 식으로 표현하면, 그것은 강요된 '내부 식민' 활동이었다.

유럽 역사를 보면 중세 가톨릭교회와 봉건 제후들이 그와 유사한 방법으로 오지를 개발했다. 우리 역사에도 그런 자취가 남아 있다. 고려 때도 여진족의 침략을 막기 위해 남부 지방 백성을 함경도 영흥과 평안도 평양 이북으로 이주시킨 적이 있었다. 역사를 누구보다 잘 알고 있던 세종이었다.

"백성들은 대대로 살던 땅에 편히 살기를 좋아한다. 그들은 다른 곳으로 이주하기를 싫어하는데, 이것은 사람의 본성('常情')이니라."(세종 24년 1월 10일)

이 말에서 보듯, 왕은 이주하는 백성의 고통을 깊이 이해했다. 그럼에도 불구하고 국가의 미래를 위해서 사민정책을 추진했다. 이주의 고통이 심하나 백성들이 새 터전에서 풍족하게 살 날이 오기를 꿈꾸며 힘을 쏟았다.

따지고 보면, 세종의 할아버지였던 태조 이성계도 '입거인'의 후손이었다. 이성계의 고조부가 고향 전주를 떠나 멀리 함흥(함경도)으로 이주했다.《용비어천가》에 펼쳐진 화려한 영웅담을 걷어내면, 그들의 힘겨웠던 이주 역사가 시야에 들어온다.

나는 세종의 사민정책을 검토한 결과, 그 핵심은 다음의 네 가지라고 확신하게 되었다. 첫째, 세종은 여진족의 침략에 대비하여 항구적인 방어망을 구축하려 했다는 사실이다. 그 당시 여진족은 압록강과 두만강을 건너 조용히 북쪽으로 떠난 것이 아니었다. 그들은 수시로 강을 건너 우리를 괴롭혔다. 그러므로 새로 얻은 국경 지역에 백성을 많이 살게 하여 효율적으로 방어해야 했다.

둘째, 왕은 사민정책이 성공하기 어려운 일임을 통찰했다. 그 때문에 적임자를 찾기 위해 오래 고심했다. 특히 취약 지역인 함경도는 개척이 어려웠다. 왕이 유능한 문신이었던 김종서를 파견한 배경이었다. 그런데 조정에서도 사민정책을 슬기롭게 뒷받침할 신하가 꼭 필요했다. 왕은 신개를 최적의 인물로 판단해, 그를 고위직에 기용했다. 적절한 인사정책이 있었기에 사민정책은 열매를 맺었다고 볼 수 있다.

셋째, 이 정책은 단기간에 승부가 나기 어려웠다. 왕도 그 점을 충분히 인식해, 장기적인 안목으로 차근차근 밀고 나갔다. 난관이

경제:
사람을 살찌우는[富民] 길

많았으나, 세종이 이 정책을 제도적으로 뒷받침함으로써 조선 왕조는 장기간 이 정책을 유지했다. 왕의 냉철한 판단력과 정책적 일관성이 역사에 빛났다.

끝으로, 북방으로 이주한 백성들에게 많은 혜택을 제공했는데, 역시 정책을 성공으로 이끈 중요한 요인이 되었다. 왕은 백성에게 세제 특혜를 주었고, 농업 생산성 향상을 위해 기술도 보급했다. 의료 시설도 정비했고, 백성을 위해 학교도 지었다. 이처럼 세종은 백성의 마음을 어루만지고, 실질적인 혜택을 줌으로써 그들을 격려했다. 다각적이고 끈질긴 노력이 있었기에 사민정책도 성공한 것이었다.

요새를 지키려면 사민을 해야 한다

왕의 사민정책은 부왕 태종의 사업을 계승한 것으로 보아도 무방하다. 태종은 경원(함경도) 지방을 개척할 때 도내의 인력을 조직적으로 동원했다. 태종 17년(1417) 가을, 왕은 도내에서 백성 1000호를 징발해 경원으로 옮겼다. 그 대부분은 경원에서 살다가 다른 고을로 도망한 사람들이었다. 이에 더해 태종은 이주를 원하는 300～400호를 찾아서 경원으로 보냈다(태종 17년 9월 15일). 세종은 부왕의 정책을 토대로 더욱 체계적인 사민정책을 실행했다.

그때는 북방 여진족이 온 나라의 골칫거리였다. 여진족은 한반도 북부를 자신들의 땅으로 여겼는지 틈만 나면 쳐들어왔다. 또 무리를 끌고 무작정 우리 영토로 들어와서 식량을 요구하며 눌러앉았다. 조정은 그런 문제로 자주 골치를 앓았다(세종 7년 1월 20일).

고심 끝에 세종은 사민정책을 대대적으로 시행할 생각이었다. 이런 결심을 굳힌 것은 재위 10년(1428)경이었다. 그는 우선 평안도 변경 지방을 대상으로 사민정책을 펴려고 했다. 하지만 대신들의 반대에 부딪혔다.

세종 11년(1429) 가을, 왕은 의정부 대신들에게 물었다.

"남부 지방(하삼도)의 백성을 평안도로 옮겨 여진족의 침략에 대비하고 싶다. 원망과 비판의 목소리가 클까 염려되어 실행하지 못하고 있는데, 그대들은 어떻게 생각하는가?"

우의정 맹사성은 우회적으로 반대하며, 범죄자를 이주 대상으로 삼자고 했다. 병조판서 최윤덕도 사민정책을 반대했다. 그는 백성을 강제로 옮기면 안 된다고 말했다(세종 11년 8월 21일).

그런데 변방의 사정은 시간이 흘러도 여전히 위태로웠다. 훗날 김종서는 함경도(함길도) 관찰사에 임명되자, 현지의 절박한 사정을 다음과 같이 아뢰었다.

"적의 기습이 염려되기 때문에, 15세 이상의 장정은 밭을 갈거나 땔나무를 구하러 나갈 때도 활과 화살을 휴대하도록 하겠습니다."(세종 16년 4월 26일)

강성한 적이 눈앞에 있어, 언제 어디서 전투가 벌어질지 모르는 상황이었다. 하지만 우리에게는 훈련된 군사가 부족했다. 왕은 쓸 만한 장수를 모두 북쪽으로 보내어 수비 태세를 갖추게 했으나 마음을 놓지 못했다. 그래서 그는 사민정책과 같은 근본적인 대책을

경제:
사람을 살찌우는〔富民〕길

세워야겠다고 여러 차례 다짐했던 것이다.

김종서를 보내어 복안을 실천하다

왕은 결단을 내려 총애하는 신하 김종서를 파견했다. 김종서는 수년간 승지로 세종을 최측근에서 보필했으므로, 왕과 마음이 잘 통하는 사이였다. 김종서는 체구도 작고 무술을 배운 적도 없었다. 그러나 워낙 주도면밀하고 굳센 성격의 재사였다. 세종 15년(1433) 12월 9일, 김종서는 관찰사로 임명되어 곧 함경도로 떠났다.

웬만한 일은 스스로 결정할 수 있는 특권을, 세종은 김종서에게 허용했다. 그는 임지에 도착하기가 무섭게 몇 가지 중요한 계획을 작성하여 왕에게 보고했다. 첫째, 도내에서 2200호의 백성을 골고루 차출하여, 전략적 요충지인 경원부와 영북진(부령)으로 이주시키겠다고 했다. 왕은 기쁜 마음으로 허락했다(세종 16년 1월 6일). 과연 얼마 후에는 체구도 건장하고 용감한 청년들이 요지를 방어하게 되었다.

둘째, 경원부와 영북진을 물샐틈없는 요새로 만들기 위해, 김종서는 성벽도 새로 쌓겠다고 보고했다. 왕은 이 작업에 6100명의 장정을 동원하게 했고, 부족한 식량 6000석도 지원했다.

셋째, 김종서는 현지인을 그곳의 벼슬에 임명하는 제도, 즉 '토관직'을 설치하자고 건의했다. 조정 대신들은 관직을 함부로 주면 안 된다는 원칙론으로 이 제도에 반대했다. 그러나 세종은 김종서의 제안에 찬성했다. 왕은 이렇게 말했다.

"토관을 임명하여 백성의 사기를 북돋우는 것이 급선무다. 김종서가 건의한 벼슬자리를 단 한 개도 줄이지 말라."(세종 16년 1월 6일)

김종서가 함경도에 부임한 뒤에 세종은 자신이 꿈꿔온 사민정책을 하나씩 펼쳤다. 여러 해가 지난 다음, 김종서는 왕에게 올린 글에서 그 시절을 회상했다.

"갑인년(세종 16, 1434) 봄에 저는 수만 명의 백성을 수개월 동안에 걸쳐 변경으로 옮겼습니다. 풀밭을 전답으로 바꾸어 백성의 식량을 확보하기도 했습니다. 이어 회령과 경원 및 경흥에 성을 쌓았고, 여러 지역에 작은 보루(小堡)도 만들어 변경을 지켰습니다."(세종 22년 1월 17일)

김종서가 이런 사업을 벌일 수 있었던 것은, 두말할 나위도 없이 세종의 아낌없는 지원 덕분이었다. 그런데 여러 해가 지나가자 김종서에 대한 백성의 불만이 커졌다. 그는 지나치게 엄격한 관리였다. 그가 백성을 함부로 다룬 것은 아니었으나, 변경의 기강을 세우기 위해 누구보다 법을 엄격히 집행했는데, 이것이 말썽이었다. 김종서를 원망하는 병사와 백성이 점점 많아졌다.

"백성들이 변경으로 이주할 때 어디선가 헛소문을 듣고 신(김종서)을 원망하옵니다."

김종서 자신조차 왕에게 하소연했다(세종 22년 1월 17일). 어전에서 김종서를 비판하는 관리도 있었다. 여진족 추장 홀라온이 김종서의 기생첩에게 뇌물을 바쳤다는 둥, 김종서가 원칙도 없이 백성들에게 경작지를 주기도 하고 빼앗기도 했다는 둥 그의 불법과 비

경제:
사람을 살찌우는(富民) 길

행을 고발하는 이가 있었다.

김종서에 대한 비난이 쏟아지자 세종은 깊이 우려했다. 오랜 생각 끝에 왕은 그것이 터무니없는 무고임을 알아차렸다. "종서의 공이 크다!" 이렇게 말하면서 왕은 김종서를 위로했다.

"경은 마음이 흔들리는 일이 없어야 한다."(세종 22년 1월 17일)

그러나 얼마 후에는 김종서에게 다시 글을 보내 그의 과실을 조용히 타일렀다. "우리가 오랑캐보다 병력도 많고 세력도 월등히 강해서 마음대로 쉽게 제압할 수 있다면 여진족을 엄하게 다루어도 좋다. 그러나 사정이 그러하지 못하다면 적을 부드럽게 어루만지는 것이 도리어 낫겠다."(세종 22년 7월 19일) 여기서도 보듯 여진족은 여전히 강성했고, 우리에게는 녹록하지 않은 상대였다. 김종서의 용기와 충성심을 높이 평가하면서도, 왕은 그가 유연하지 못한 점을 걱정했다.

함경도에 파견한 지 7년 만에 왕은 그를 서울로 돌아오게 했다. 그의 노고를 칭찬했고, 이후 변경에 문제가 발생하면 항상 그의 의견부터 물었다. 사민정책이 성과를 내려면 김종서의 풍부한 현지 경험을 살려야 한다는 것이 왕의 판단이었다. 세종 28년(1446) 초봄, 왕은 최북단인 6진(당시는 5진)에 백성을 계속 들여보내야 할지를 잠시 망설였다.

왕의 물음에, 김종서는 그곳은 이미 인구가 충실하다고 말했다. 그러자 왕은 과거에 함경도에서 근무한 정갑손(예조판서)도 불러서 의견을 청취했다. 현지 사정을 충분히 검증한 다음, 왕은 앞으로 이주하는 백성은 용성(청진)과 경성 이남에만 배치하라고 명령했다

(세종 28년 2월 11일).

매사에 신중하고 엄격한 김종서, 왕은 그를 함경도 관찰사로 보내 사민정책의 기틀을 다졌다. 그리하여 강병도 양성하고 성도 쌓아 국방력이 점점 충실해졌다. 그러나 김종서의 단점이 부작용을 낳기 시작하자, 왕은 그를 조정에 귀환하게 해서 사민정책을 측면 지원하도록 했다. 누구든지 인재를 제대로 기용하려면 세종에게 배워야 한다.

강제 이주에 대한 저항

조정에는 세종을 도와 사민정책을 적극적으로 추진한 대신이 한 명 더 있었다. 바로 신개였다. 세종 28년(1446), 《실록》에는 그가 좌의정으로 작고했다는 기사가 보인다. 세종 18년(1436)부터 신개는 왕의 측근으로서 중요한 역할을 도맡았다. 세종은 현안이 발생할 때마다 그를 깊숙한 '사적 공간'인 내전으로 불러들여 논의했다.

세종이 그에게 주목한 시기는 세종 15년(1433)이었다. 왕은 여진족을 무력으로 응징하려 했으나 대신들이 모두 반대했다. 신개는 달랐다. 그는 여진족을 정벌하자며 상세한 토벌 계획서를 작성해서 올렸다. 그때부터 세종은 그의 능력을 믿고 중용했다.

《실록》을 편찬한 사관들은 신개를 질투했던 것 같다. 그가 재상의 지위에 있으면서도 아부를 일삼아 사민정책('入居')과 세제 개혁(공법) 등 백성에게 불편한 정책을 건의했다고 거세게 비판했다(세

경제:
사람을 살찌우는[富民] 길

종 28년 1월 5일).《실록》의 기사라고 무조건 맹신하면 곤란하다. 신개는 10년 동안 의정부 대신으로서 세종이 궁리한 여러 가지 정책을 헌신적으로 뒷받침했다. 훗날 그는 세종의 묘정(廟庭)에 배향되어 군신의 의리가 사후까지 이어졌다.

남쪽 백성을 함경도로 옮기는 일은 세종 19년(1437)에 시작되었다. 신개가 의정부 대신으로 활동하던 시기였다. 그런데 사민정책의 배경에는 남부의 과도한 인구를 줄이려는 목적도 있었다(세종 24년 2월 6일). 북으로 떠나는 이주민 행렬은 매년 계속되었다. 평범한 백성만이 아니라 행정을 담당할 향리들도 이주했다. 어느 해에는 향리와 그 가족이 5400명이나 함경도로 들어갔다(세종 20년 7월 25일).

조정에서는 함경도로 이주할 백성을 해마다 지역별로 할당했다. 예컨대 세종 24년(1442) 가을에는 이듬해에 함경도로 갈 백성 750호를 다음과 같이 정했다. 경상도에서 350호, 전라도와 충청도에서 각기 200호씩으로 결정했다. 그런데 하필 그해에 함경도에 흉년이 드는 바람에 이주민을 받아들이기 어려웠다. 대신 신개 등은 이주민 수를 대폭 줄여, 경상도에서 100호, 전라도와 충청도에서는 각각 50호씩만 들여보내자고 건의했다. 왕은 그들의 제안을 허락했다(세종 24년 9월 5일).《실록》을 자세히 검토해보면 그 무렵 해마다 700~3000호, 즉 3000명에서 1만 2000명쯤이 북쪽으로 떠나갔다. 세종 재위기간에 해마다 1만 명씩 대략 15만 명이 이주한 것으로 보인다.

어떤 사람을 북쪽 지방으로 보낼지도 중요한 문제였다. 세종 20년(1438) 겨울, 사간원에서는 백성을 괴롭히는 토호들, 특히 도덕적으로 물의를 일으킨 양반을 강제 이주 대상에 포함하자고 했다.

세종은 그것이 비현실적인 제안이라며 비판했다(세종 20년 11월 23일). 그러나 시일이 좀 흐르자 왕도 생각이 바뀌었다. 결국은 범죄를 저지른 향리와 관리를 북으로 보내기에 이르렀다. 가령 세종 24년(1442) 겨울, 천안(충청도)의 어느 양반이 지방관에게 대놓고 욕설을 퍼붓자 그와 그 가족을 모두 함경도 경원으로 이주시켰다(세종 24년 10월 8일). 한편 신개 등 의정부 대신들은 시골의 서리와 향리 중에도 토지대장을 속여서 세금을 도둑질한 사람이 많다며, 그들 일가를 함경도로 보내자고 했다. 왕은 그 의견에 동의했다(세종 27년 7월 24일). 강제 이주의 규칙은 훗날 《경국대전》에 명시되었다.

사민정책은 함경도에서 시작해 평안도로 확대되었다. 신개 등이 주장한 것이었다. 세종 24년(1442) 봄, 그들은 3000호를 평안도로 보내자며 왕의 허락을 구했다. 되도록 잘사는 백성('富實戶')으로 고르되, 1차로 황해도에서 550호, 충청도에서 630호, 전라도에서 820호, 경상도에서 1000호를 선발하기로 했다(세종 24년 2월 6일).

그런데 사민정책에 저항하는 백성도 많았다. 극단적인 행위까지 연출되어, 개령(경상도 김천)의 향리였던 임무는 강제 이주를 반대하며 자해했다. 그는 팔뚝을 끊어 스스로 장애인이 되었다. 이 소식을 듣고, 세종은 "내가 무척 측은하게 여기노라"며 안타까움을 표시했다(세종 19년 1월 4일). 그러면서도 그런 불상사로 사민정책을 중단하거나, 당사자를 이주 대상에서 제외하지는 않았다. 뒷날 비슷한 일이 또 일어났을 때도 왕이 대응하는 방식은 변하지 않았다(세종 26년 윤7월 18일).

강제 이주에 대한 백성의 저항은 계속되었다. 세종 28년(1446) 초

경제:
사람을 살찌우는[富民] 길

여름, 사간원에서는 강제 이주에 불만을 품은 백성들이 농사도 짓지 않은 채 탄식하고 억울해한다며, 부디 사민정책을 폐지해서 민심을 위로하라고 요청했다(세종 28년 4월 30일). 그 무렵에 이계전 등 집현전 학사들도 사민정책을 비판했으나, 왕은 요지부동이었다.

북방 이주민 중에는 도망자도 많았다. 세종은 그들을 붙잡아서 북방으로 되돌려보내라고 명했다(세종 21년 7월 9일). 평안도에서도 비슷한 일이 일어났다. 세종 25년(1443) 4월, 대신 황보인이 평안도를 둘러보고 대궐로 돌아왔다. 그는 아뢰기를, 바닷가 백성 중에 도망친 사람이 591호나 된다고 했다. 본래 그곳에 살던 백성인데도 어디론가 도망친 사람이 321호요, 이주민 중에서 달아난 사람은 270호라고 보고했다(세종 25년 4월 14일).

심지어 여진족에게 투항한 백성도 있었다. 함경도 변경에 처음에는 4진을 설치했고, 나중에는 5진, 6진으로 확대 개편했다. 그곳으로 이주한 사람 중에는 힘든 노역을 피해 여진족에게 투항하는 자들이 있었다. 세종은 백성의 고통을 헤아려 너그러이 용서해주었다. 그러나 세종 28년(1446) 봄부터는 처벌을 강화하기로 했다. 이미 그전에도 투항했다가 붙들리면 목을 베겠다고 엄포를 놓은 적은 있었으나(세종 27년 12월 8일), 백성의 생명을 존중하는 왕이라 처벌을 제대로 하지는 못했다.

이주민을 위로하고 보살핀 효과적인 통치술

세종은 이주민의 곤란한 처지를 염려해 여러 가지 대책을 세웠다. 세종 22년(1440) 봄, 왕은 박근을 평안도로 보내 현지 사정을 면밀하게 조사하게 했고, 이를 토대로 이주민의 생계대책을 마련했다. 그곳에 살던 원주민의 좋은 밭('熟田')을 떼어 이주민에게 제공하자는 것이었다. 인구에 비하면 해마다 경작할 수 있는 좋은 밭이 많으므로, 좋은 밭 10결 이상을 소유한 농가는 3결을 바치게 하여, 그것을 이주민에게 나눠주자는 것이었다(세종 22년 3월 3일). 세종은 북방 이주민을 부유한 자영농으로 양성하고자 했다.

북쪽 변방의 군인과 백성에게 왕은 의료 혜택을 골고루 제공했다. 세종 17년(1435) 김종서가 함경도의 열악한 의료 상황을 알리자, 의학을 가르칠 교유(敎諭)를 선발하여 현지로 보냈다. 이로써 의생(醫生)도 양성하고, 그곳에서 자라는 약재도 적당한 시기에 채취하게 했다(세종 17년 9월 25일).

백성의 생업인 농업을 힘써 권장한 것은 물론이다. 함경도와 평안도의 백성은 농업에 서툴렀다고 한다. 왕은 그 점을 근심하여 북방의 관리에게는 농사 현황을 더욱 자세히 물었고, 농업 서적도 나눠주었다(세종 10년 윤4월 11일). 그 과정에서 최초의 농업 서적인 《농사직설》이 탄생했다(세종 10년 7월 13일, 1장 참조). 이로써 벼농사의 북방한계선이 중부에서 북부 지방으로 차츰 올라갔다.

그러나 왕은 조금도 서두르지 않았다. 세종 19년(1437) 봄, 함경도와 평안도의 관찰사에게 특명을 내려 《농사직설》을 친절하게 가

경제:
사람을 살찌우는[富民] 길

르치라고 말하면서도, 백성을 함부로 억누르지 말고 시간을 두고 천천히 달래라고 당부했다(세종 19년 2월 15일). 이것이야말로 백성을 아끼는 세종의 변함없는 특징이었다.

이주민 가운데는 고향에서 양반으로 행세하던 사람도 많았다. 왕은 그들이 한꺼번에 고향과 지위를 잃고 낙망하지 않도록 세심하게 배려했다. 세종 24년(1442) 세종은 신개 등에게 명하여, 이주민 가운데 원래 관직에 종사하던 사람을 찾아서 그 품계를 높여주라고 했다. 관직이 전혀 없었던 이라도 처음 벼슬에 나갈 때는 특별히 8품직에 임명하라고 당부했다. 왕은 고향에서 쫓겨난 양반까지도 위로한 것이었다. 조정 대신 중에는 왕이 벼슬을 이용해서 민심을 유혹한다며 은근히 비웃는 이들도 있었으나, 왕은 뜻을 꺾지 않았다(세종 24년 1월 10일). 나라의 장래를 생각해서 시작한 사민정책인 만큼, 백성의 마음을 위로해가며 반드시 성공으로 이끌고자 했다.

또 세종은 변경 지역인 회령과 종성 및 공성(경흥)에도 향교를 두었다. 특히 경원과 회령에는 교육을 전담할 교원('敎導')을 파견했다(세종 19년 7월 17일). 어디 사는 누구든지 학문에 힘쓰면 반드시 출세할 기회를 보장하겠다는 왕의 의지는 확고했다.

이처럼 세종은 다방면으로 북쪽으로 이주한 백성들을 보살폈다. 단기적으로 보면 백성의 마음을 잠시 위로하는 데 그쳤을 것처럼 보이기도 했다. 하지만 장기적으로 상당한 효과를 얻은 통치술이었다. 세조 때부터는 북쪽 지방으로 이주한 백성들의 생계도 점차 안정되었고, 그 지역의 농업 생산력도 높아졌다. 그러자 여진족도 우리 영토를 함부로 넘보지 못했다.

세월이 흘러 18세기가 되었을 때는 서북 지방에서 과거에 합격한 인재들이 쏟아져 나왔으니, 평양의 전주김씨(김정은 조상)와 정주의 수원백씨(시인 백석의 조상) 등이 대표적이었다. 압록강과 두만강을 경계로, 우리와 중국의 국경선도 완전히 고정되었다. 또 조선 8도의 백성들이 언어와 풍습뿐만 아니라 혈통상으로도 혼연일체가 되었다. 이것은 모두 세종이 시작한 사민정책이 성공한 결과였다.

세종은 국가의 지도자로서 먼 미래를 내다보는 선견지명이 있었다. 그때 만약 세종이 일부 백성의 불만과 대신들의 반대에 마음을 빼앗겼더라면 어떻게 되었을까. 여진족이 우리나라를 자주 침략해 늘 백성의 안위를 걱정하지 않을 수 없었으리라. 먼 길을 가는 사람은 작은 일에 흔들리지 말아야 한다는 생각이 든다.

시대를 앞서간 화폐정책의 교훈

세종이 시도한 모든 개혁이 당장에 성과를 내지는 못했다. 백성의 불평도 많았고, 식자들의 비판이 쏟아질 때도 많았는데, 오랜 시간이 흐른 뒤에야 진가를 인정받은 정책이 대부분이었다. 그 가운데서 가장 대표적인 것은 동전 사용에 관한 세종의 정책이었다.

왜 하필 세종은 동전에 주목했고, 어떤 방법으로 동전을 보급하려 했을까. 또 그것이 소기의 목적을 이루지 못한 이유는 무엇일지도 궁금해진다.

왕은 즉위 초부터 저화(楮貨, 종이돈)를 널리 보급하려고 힘썼다. 세종 2년(1420), 왕은 이제 저화로 모든 물품을 거래하라고 지시했다(세종 2년 윤1월 9일). 그런데 6년째가 되자 왕은 동전 중심으로 정책을 바꾸었다(세종 8년 2월 28일). "이것은 옛날부터 백성의 생활을 편리하게 하였다"라며, 동전에 거는 기대감을 표시했다. 역사에 정통했던 왕이라, 오래전부터 중국에서 화폐가 편리하게 사용되고 있다는 사실을 정확히 알았다.

그러나 화폐정책의 결과는 모두에게 실망스러웠다. 세종 13년 (1431), 동전 사업이 난항에 빠졌음을 왕도 인정할 수밖에 없었다.

"동전을 수납한 것은 국가가 이익을 보려고 한 일이 아니다. 동전이 원활하게 돌아가게 하려고 한 조치였다. 그러나 관리들이 취지를 이해하지 못해, 정한 수만큼 동전을 거두는 데만 신경을 쓰고 백성들에게 쌀을 제때 주지 않았다. 그래서 백성들이 동전을 싫어한다."(세종 13년 3월 14일)

실무관리가 정책을 왜곡했기 때문에 동전에 대한 신용이 떨어졌다는 한탄이다. 그런데도 동전을 살리려는 세종의 의지는 쉽게 꺾이지 않았다. 그것이 민생과 국가 경제에 도움이 된다고 확신했기 때문이다. 세종 27년(1445) 2월 29일에도 왕은 이렇게 말했다.

"동전을 보급하면 재물이 널리 유통되며, 무거운 짐을 힘겹게 운송하는 수고도 사라진다."

현대인의 눈으로 보면 틀림없는 주장이었다. 그러나 그 시절에는 왕의 혜안을 인정하는 신하가 드물었다. 동전을 반기는 백성은 찾아보기가 더욱 어려웠다. 시대를 너무 앞서가는 지도자는 외롭다.

저화를 넘어 동전의 시대로 나아가다

15세기까지도 한국 사회에서는 현물 화폐만 사용했다. 쌀과 베, 즉 미포(米布)를 가지고 모든 물건을 사고팔았다. 고대부터 서양 사람

경제:
사람을 살찌우는〔富民〕길

들은 금속 화폐를 널리 애용했고, 이웃 나라 중국에서도 그러했다. 우리 역사에도 금속 화폐가 수차례 등장했으나 뿌리내리지 못했다. 조선의 왕들 가운데서 화폐에 관심을 보인 이는 태종이었다. 그는 재위 2년(1402)에 저화를 발행했다.

대신 하륜의 건의를 수용한 것이었는데, 그 주장은 이러했다. "국가에서 백성에게 보상할 것이 있으면 저화로 하시고, 백성은 세금을 쌀과 곡식으로 내게 하십시오. 그러면 나라가 부유해집니다. 흉년에는 저화를 받고 백성에게 국가의 곡식을 나눠주시고, 풍년에는 저화를 풀어 곡식을 사들이십시오."(태종 4년 12월 4일) 태종은 그의 말을 옳게 여겨 6년 후인 재위 10년(1410)에 저화를 정식 화폐로 선포했다.

하지만 저화는 단점이 많았다. 종이라서 실물가치가 없었고 쉽게 손상되는 데다 위조하기도 쉬웠다. 이런 이유로 백성이 저화를 외면하자 곧 무용지물이 되었다.

세종은 부왕인 태종의 화폐정책을 발전적으로 계승하려 했다. 왕은 3명의 정승과 통화정책을 논의했는데 의견이 제각각으로 나뉘었다. 계속해서 저화를 사용하자는 의견이 있는가 하면, 동전을 선호하는 이도 있었다. 물론 현물 화폐 베를 고집하는 정승도 있었다(세종 4년 10월 16일).

내심 동전 사용을 결심한 세종은, 그 이듬해 늦가을 고위 관료 연석회의를 열었다(세종 5년 9월 16일). 의정부와 육조의 관리들이 열띤 토론 끝에 동전 사용을 결정했다. 그 무렵 저화는 가치가 더욱 추락해 한 장으로 겨우 쌀 한 되를 살 수 있었다. 본래는 쌀 한 말

(10되)의 구매력을 가져야 마땅했으나, 가치를 완전히 잃고 말아 동전 사용론이 더욱 힘을 얻었다.

그때 호조가 동전 사업을 주도했는데, 호조판서 이지강은 당나라 초기의 동전, 즉 개원전(開元錢)을 모범으로 삼아서 조선의 동전을 만들자고 했다. 38그램을 1전(10문)으로 정하고, 그 명칭을 '조선통보(朝鮮通寶)'로 했다. 제작처는 사섬서로 정해 동전의 시대를 열었다.

동전을 유통하기 위한 노력

왕은 즉위 초부터 장차 동전을 쓸 생각이었다. 세종 7년(1425) 4월 14일 왕은 자신의 속마음을 털어놓았다.

"저화를 처음 사용한 것은 송나라였다. 원나라 때는 저화와 동전을 함께 쓰려 했으나 사업이 완성되기 전에 나라가 망했다. 지금의 명나라도 두 가지 화폐를 다 사용하지는 않는다. 그래서 나는 두 화폐를 동시에 사용하지 못할 줄 알았다. 그러나 동전을 쓰기 전에 저화부터 경험하지 않으면 백성들이 동전을 더욱 싫어할까 봐 염려했다."

저화를 디딤돌 삼아서 동전으로 넘어가는 것이 왕의 계획이었다는 말이다. 그런 뜻에서 세종은 동전을 풀어서 저화를 거둬들이라고 명령했다.

왕의 한 가지 근심은 저화의 총액에 비해 준비된 동전이 부족하다는 점이었다. 그 시절 최고의 화폐 전문가는 호조참판 목진공이었다. 그는 시중에 유통되는 동전이 3000관(1관은 100전)이고, 국고에 보관된 동전이 2만 4000여 관이라고 보고하면서, 보유량이 통화량보다 훨씬 많아서 동전 부족을 염려할 단계가 아니라고 말했다.

최초 단계에서의 통화정책은 적절했다고 본다. 동전의 가치를 시세에 맡기는 한편, 백성이 보유한 저화는 동전 1000관을 제공하고 유상 회수했기 때문이다. 교환 비율도 저화 10장에 동전 1전으로 정했으므로 국가에 손해가 되지 않았다.

전국에 흩어진 저화를 매입하는 비용은 목진공의 판단처럼 소액으로 거뜬히 해결되었다. 가령 충청도의 저화는 1만 3328장으로 동전 133관이 지급되었다(세종 7년 4월 21일). 조선 8도의 저화를 회수하는 데 1000관의 동전으로 충분했을 것이다. 그해 가을, 소리 없이 저화의 시대가 막을 내렸다(세종 7년 7월 20일).

목진공 등의 헌신적인 노력 덕분에 초기의 동전 정책은 큰 차질이 없었으나, 세종 8년(1426) 2월에 참판 목진공이 사망했고, 그 이듬해에는 전 판서 이지강까지 세상을 등졌다. 두 사람이 남긴 빈자리는 예상보다 컸다. 이후 조정의 동전 정책은 표류했다. 전문가가 필요한 이유가 이런 점에 있다.

세종 9년(1427) 10월 12일, 왕은 동전 정책의 실패를 염려하는 발언을 했다. "동전을 만들어 사용하면 저화처럼 무용지물이 되지 않을 것이요, 저화처럼 가격이 폭락하는 일이 없을 것이라고 그대들이 모두 말했다. 내가 그 말을 믿었으나 이제 동전 가치가 몹시 떨어졌다." 동전은 실물가치도 있고 위조하기도 어려워, 왕은 화폐개혁이 성공할 것으로 내다보았으나 곤경에 빠졌다. 유능한 실무자가 없으면 무슨 정책이든지 실패한다.

더욱 본질적인 문제도 있었다. 동전 원료는 구리인데 수급이 어려웠다. 사섬서에서 주조용 화로 30개를 갖추고 동전 제작을 시작하자, 날마다 구리 135근이 필요했다. 연간 수요는 4만 8060근이었는데, 세종 6년(1424) 정월 호조가 확보한 구리는 4011근이었다(세종 6년 1월 18일). 그러자 세종은 국내의 놋그릇을 모두 수집하게 했다. 이에 전국의 자원을 모두 끌어 모으자 구리가 3만 6348근, 생동(가공되지 않은 구리)이 6만 4077근으로 집계되었다(세종 6년 3월 20일).

그런데 동전 제작에는 해마다 수만 근의 구리가 필요할 것으로 보였다. 궁여지책으로, 세종은 구리 그릇의 사용을 전면 금지하고 전국의 구리 광맥을 탐사하게 했다. 또 사람을 보내 일본의 광산 탐지 및 제련 기술도 배우게 했다(세종 6년 3월 20일; 8년 12월 6일). 이 분야를 지휘한 이는 중군 총제 이천이었고, 실무관리는 대호군 백환과 사직 김윤하와 김유지 등이었다(세종 6년 9월 2일; 11년 12월 23일). 그들은 강원도 김화를 비롯해 경상도 고성, 창원, 김해, 밀양, 함안, 의성, 인동, 고성 및 대구(하빈) 일대를 누비며 광맥을 찾아 나섰다(세종 11년 12월 23일). 그러나 자원 개발의 성과는 별로 없었다.

그런 악조건 속에서도 동전 제작량은 계속 확대되어야 했다. 백환의 건의로 경상도의 합포진과 울산진에 새로 주전소(동전 제조국)가 마련되어 총 30개의 풀무를 설치했다(세종 6년 2월 7일). 이는 사섬서와 같은 생산 규모였다. 또 호조의 주장에 따라 전라도 군영 내에도 주전소를 두었다.

세종 6년(1424) 한 해 동안 전국에서 주조한 동전은 1만 921관이었다(세종 6년 12월 5일). 그 이듬해에는 경상도에서만 1만 관의 동전이 제작되었을 것으로 추정된다. 그중 경상좌도에서 5326관 578문이 생산되었다(세종 7년 9월 3일).

목진공이 화폐정책을 주관하던 시절, 동전 보급을 위한 시행 규칙도 마련되었다. 도성의 부유한 상인('부상대고')과 수공업자('공장')가 상거래에 동전을 사용하지 않으면 곤장 100대를 때리고 재산을 몰수하기로 했다. 또 동전 거래가 빨리 정착하도록 매달 100석의 관청 쌀을 민간에 팔았다(세종 7년 2월 8일). 화폐의 신용을 높이기 위해서 강제 유통까지도 불사한 것이었다. 호조의 초기 동전 보급 정책은 이처럼 엄격하고 단호해, 감히 법을 무시하는 사람이 없었다고 한다(세종 7년 2월 18일). 여기까지는 성공적이었다.

하지만 화폐정책을 위협하는 강력한 복병이 있었다. 그것은 통화 팽창, 즉 인플레이션이었다. 애초 쌀 한 되 가격을 동전 1문(10문은 1전)으로 정했다. 동전 가격을 정할 때 세종은 도성의 부자들에게 널리 의견을 청취했다. 민의를 수렴해 가격을 결정한 것이었다. 18개월쯤 지나자 쌀 한 되가 3문에 거래되었다(세종 7년 5월 8일). 초여름이라 쌀값이 이만큼 오른 것은 그래도 큰 문제가 아니었다. 그러나 4년 뒤에는 쌀 한 되 가격이 동전 12~13문이 되었다(세종 11년 9월 23일). 가을철인데도 흉년을 만나자 동전 가치가 여지없이 폭락하고 말았다.

동전 가치의 하락은 처음부터 우려하던 일이었다. 세종 7년(1425) 가을, 면포와 동전의 교환 비율에 변동이 커졌다는 소식이

들려오자, 신하들은 화폐제도를 자주 바꿔서 이런 일이 생겼다면서 걱정했다(세종 7년 7월 18일). 호조참판 목진공은 사태를 두 가지 측면에서 예리하게 분석했다. 첫째로 초기에 민간에 뿌린 동전, 즉 통화량이 너무 많은 것이 문제요, 둘째로는 여러 대신이 동전의 폐지를 자꾸 주장하여 민심이 혼란해졌다는 지적이었다. 대신들은 동전의 성공을 확신하지도 못했다. 만약 화폐정책이 성공을 거두면 자신들과 같은 지주보다는 상공업자들에게 더 큰 이득이 있을 것으로 보아서 반대했을 것이다.

왕은 목진공의 분석에 귀를 기울이면서도, 통화량이 적으면 동전이 화폐로 자리 잡기 어렵다고 했다. 그럼 적정한 통화량을 어느 수준에서 결정할 것인지가 중요했다. 이지강의 후임이었던 판서 안순은 2만 관(2000만 문) 한도 내에서 동전을 시중에 풀자고 했다(세종 8년 11월 1일). 사섬시에서 2년 동안 제작한 모든 동전을 한꺼번에 시장에 내놓자는 주장이었다. 다른 기록이 보이지 않는 점으로 보아 그대로 관철된 것 같다. 도성의 총 통화량이 갑자기 두 배로 늘었을 테니, 가치가 떨어지는 것은 불가피했겠다.

동전으로 인한 부작용과 사회적 저항

동전 유통을 위해 호조가 제정한 시행령도 상당한 반발을 불러왔다. 가죽신 장인 이상좌는 쌀 1말 5되를 받고 신 한 켤레를 팔았다(동전 1전 5문 상당). 그가 법령을 어긴 사실이 드러나자 경시서(물가 담

경제:
사람을 살찌우는(富民) 길

당 기관)는 벌금으로 동전 8관(800전)을 부과했다. 8섬(80말)의 쌀에 해당하는 거액이라 이상좌는 겨우 1관만 구해 바쳤다. 관리들이 남은 벌금을 독촉하자 그는 자살했다.

소식을 들은 세종은 통탄했다.

"법으로 규제한 것은 동전을 널리 이용하려 한 것이었지 백성을 죽음으로 내몰려는 뜻이 아니었다. 내 마음이 아프다. 너희는 실정을 조사하여 아뢰어라. 해당 관리가 가혹하였다면 그 죄를 용서하지 않겠노라."(세종 7년 8월 23일)

왕은 유족에게 쌀 3섬을 주고 이미 낸 벌금도 되돌려주었다.

민심이 어수선하자 동전을 반대하는 대신들의 목소리가 더욱 커졌다. 세종 8년(1426) 도성에 연쇄 화재 사건이 발생했을 때, 왕은 의정부와 육조의 신하들을 불러 대책을 협의했다. 그 자리에서 대제학 변계량이 세종의 동전 정책을 비판했다. 흉년으로 백성이 시달리고 있는 때에 동전 사용을 강요하는 것은 잘못이라고 했다. 그는 동전을 싫어하는 백성이 남몰래 물물 교환을 하는 경우가 많다며, 백성을 가혹하게 다루면 민심이 떠난다고 경고했다(세종 8년 2월 26일. 2장의 관련 사항 참조).

그 말끝에 세종은 "화폐제도를 또다시 변경할 수 없다"고 못 박았으나, 정책의 실패에 대한 두려움이 고개를 들었다. 이틀 후 왕은 "백성이 모두 동전을 싫어하고 있다"라고 탄식하며 동전의 사용 중단도 고려하겠다며 근심을 나타냈다(세종 8년 2월 28일). 호조판서 안순은 세종을 위로하고, 앞으로도 동전은 계속 사용되어야 한다고 말했다.

"아무리 생각을 해봐도 저화보다 동전이 나은데 백성들이 왜 싫어하는지 모르겠다." 실용과 합리성을 기준으로 매사를 판단하는 세종으로서는 대신들과 백성이 동전에 거부감을 느끼는 이유를 좀체 이해하지 못했다.

호조판서 안순이 통화량을 갑자기 늘린 것도 문제였으나, 나중에는 전혀 다른 문제가 발생했다. 훗날 집현전 직제학 이계전이 그 점을 정확히 지적했으므로, 그 주장을 잠시 소개한다.

"구리는 타국(일본)에서 생산되는 물건이라 꾸준히 공급하기 어려운데, 이미 제작한 동전('전문')을 기술자들이 녹여서 일본에 다시 팔아버립니다. 그 결과 통화량이 계속 줄었습니다. 그밖에 다른 문제점이 있어서 동전을 사용하지 못하게 된 것은 아닙니다."(세종 27년 10월 11일)

그 무렵 이계전은 세종이 기왕에 시행한 모든 정책을 흠잡았는데, 동전 문제에 관한 분석은 예리했다고 생각한다. 다만 이러한 분석이 너무 늦게 나온 것이 유감이었다. 그때는 동전의 가치가 훼손되어 화폐로서의 기능을 완전히 상실한 뒤였다. 세종은 동전을 사용하고 싶었으나 정책을 제대로 수행할 인물이 없어 난감했다. 그 당시 호조와 의정부 대신들은 재정 적자만 유발하는 동전의 제작을 중지하고, 저화의 시대로 되돌아가자고 주장했다(세종 27년 12월 4일).

통화 문제를 다각적으로 분석한 끝에 이계전은 대안을 내놓았다. 재료 확보에 비교적 어려움이 적은 철전, 즉 쇠로 만든 화폐를 쓰자는 것이었다. 그는 중국의 역사적 사례를 언급하며 두께도 얇

경제:
사람을 살찌우는(富民) 길

고 모양도 아름다운 철전을 사용하자고 말했다.

　세종은 세자(문종)에게 명령하여 대신들과 함께 이계전의 견해를 검토하게 했다. 좌의정 신개, 우의정 하연, 좌참찬 이숙치, 우참찬 정인지, 호조판서 정분과 집현전 직제학 김문과 이계전이 토론을 벌였다. 대신들은 부작용을 염려해 변화를 반대했다. 어설프게 철전을 사용하면 또다시 폐단이 일어난다며 그들은 철전도 거부했다(세종 27년 10월 11일). 이때는 모든 개혁이 대신과 집현전의 반대로 사실상 불가능해진 때였다. 결국 화폐정책은 재위 중에 좋은 성과를 내지 못하고 종결되었다(세종 29년 7월 29일).

동전 정책이 무위에 그친 까닭

세종의 화폐정책이 좌초한 이유를 연구자들이 몇 가지로 설명했다. 첫째, 15세기에는 상업과 수공업이 취약했다는 점이다. 농업 중심의 자급자족 사회라서 동전이 제대로 유통되지 않았다는 주장이다. 일리는 있으나 의심스러운 점도 없지 않다. 그 당시에도 서울과 개성 등에는 부유한 상인이 많았고, 수공업자들도 상당수여서 동전을 수용하지 못할 만큼 조선 경제가 후진적이었다고 단정하기는 어렵다.

　둘째, 동전 가치가 너무 높게 책정되어 백성이 일상생활에 사용할 화폐가 없었다는 지적이다. 정확한 평가는 아닌 것 같다. 동전한 닢(1문)으로 쌀 한 되를 사게 했는데, 실제로는 그보다 몇 배 낮은 가격으로 거래되었다. 그러므로 동전이 고가 화폐였다고 보기 어렵다.

셋째, 정책이 신뢰를 잃어 화폐제도가 실패했다는 설명이다. 이 것은 올바른 분석일 것이다. 직제학 이계전도 지적했듯, 물가 상승으로 인한 손해를 모면하려고 관청에서는 백성에게 동전 대신 현물을 요구했다(세종 27년 10월 11일). 관청의 이러한 불법 행위는 동전에 대한 불신을 더욱 조장했다. 이계전의 고발을 들어보자.

"형조와 의금부에서 벌금을 받을 때 동전과 베를 함께 요구했고, 관공서에서 노비와 장인들에게 벌금을 물릴 때도 여러 가지 물품으로 받았습니다. 도성에서도 이러한데 시골은 어떠하겠습니까."

곰곰 생각해보면 몇 가지 다른 악재도 겹쳤다. 앞에서 말했듯 목진공처럼 유능한 관리가 사망한 뒤에, 적절한 후임자를 찾지 못한 점이 안타깝다. 또 동전 원료인 구리를 수입에 의존하여 공급이 불안정했던 점도 문제였다.

게다가 가격 변동이 극심한 쌀값을 동전으로 고정하려고 노력한 것은 치명적인 실수였다. 이 문제도 이계전이 정확히 지적했다. "쌀값의 오르내림과 동전의 수급 상황이 한결같지 않아 고정할 수는 없는 일"이었다(세종 27년 10월 11일). 그 당시 쌀 가격은 변동 폭이 컸는데 동전으로 가격을 묶으려 했으니 파탄을 피할 수 없었다.

끝으로, 동전을 유일무이한 거래 수단으로 선포한 것도 잘못이었다. 역시 이계전의 분석이 옳아 보인다. "동전만 고집하면 수백 필의 면포를 사기 위해 수백 관이 필요합니다. 부유한 상인이라도 쉽게 마련할 수 없는 분량인데, 다른 사람은 어떠하겠습니까."(세종 세종이 한창 동전 정책을 추진할 때는 이계전 같은 인재가 조정에 없었다. 누군가 일찍이 그처럼 정확한 분석으로 화폐 문제의 어려움을 파헤쳤더라면 대안을 세울 수 있었을 텐데, 아쉬운 일이었다. 그러나 이제는 백성도 동전을 전혀 신뢰하지 않았고, 세종도 병이 깊어 다시 회복할 수 없는 상태로 보였다.

사실은 이계전의 종합적인 평가서가 제출되기 몇 달 전, 세종은 이미 현물 화폐로 되돌아가기로 결심했다. 충청, 전라, 경상도의 관찰사에게 지시하여 목면과 정포(질 좋은 5승포)의 가격을 자세히 알아보라고 지시했다(세종 27년 3월 17일). 이계전의 날카로운 진단은 사실상 뒷북이었다.

세종의 계승자들

왕자 시절 세조는 부왕의 화폐정책을 꼼꼼히 관찰한 결과, 화폐의 효율성을 믿게 되었다. 그는 재위 10년(1410)에 쇠로 전폐(화살촉 모양의 돈)를 만들었다. 유사시에는 화살촉으로 쓰고, 평시에는 돈으로 사용하기로 했다. 그러나 원료가 되는 철의 공급이 불안정했고 일을 맡길 만한 신하도 없었다. 참고로, 이계전은 세조 5년(1459)에 이미 사망했다. 그래서였는지 세조의 화폐정책도 좌충우돌 끝에 실패하고 말았다.

한국에서 동전이 본격적으로 사용된 것은 임진왜란이 끝난 뒤였다. 광해군 말기(1640년대)가 되자 개성에서 백성들이 스스로 동전을 구해서 사용했다. 이를 목격한 대신 김육은 화폐에 관한 연구를 한 끝에 동전 사용을 조정에 적극적으로 건의했다. 드디어 숙종 4년(1678)부터 나라에서 상평통보를 만들어 보급하기 시작했다. 상평청과 호조 등 중앙의 관청은 물론이고 여러 군영과 지방관청에서도 동전을 제작했고, 점차 동전이 민간에 널리 퍼져나갔다. 세종이 동전을 공식 화폐로 정한 지 200년도 훨씬 지난 뒤의 일이다.

뒤늦게나마 세종의 선견지명이 통하는 시대가 된 것이다. 동전이 국가와 민생에 적잖은 도움이 되었으니 그나마 다행한 일이라고 해야 할지 모르겠다. 한국 사회에 화폐 사용이 이처럼 뒤늦은 것은 실로 기이한 현상이었다. 장차 본격적인 연구가 필요할 것이다.

제 2 부

정치:

인재를 발탁하는〔擇賢〕 길

왕은 깊은 궁궐에 홀로 앉아 있는 사람이다. 그가 어떻게 혼자서 만기총람(萬機總攬)을 하겠는가. 현장의 문제를 직접 경험한 적이 한 번도 없는 왕이 모든 일을 홀로 처결한다면, 그 결과가 과연 백성에게도 나라에도 득이 될 수 있을까. 세종은 그 점을 깊이 헤아렸던 것 같다. 왕이 그러한 통찰에 이르게 된 데는 평일의 학습이, 특히 역사와 성리학에 관한 독서가 많은 도움을 주었다.

현실적으로 왕은 궁궐이라는 특정한 공간에 갇혀 지내다시피 했고, 그가 다스리는 조선이란 나라에는 생계를 잇지 못해 사방으로 떠도는 가난한 백성이 헤아릴 수 없이 많았다. 이처럼 비참한 사회 현실은 왕이 도저히 피할 수 없는 운명의 굴레 같은 것이었다.

왕은 현실의 무게를 엄중히 받아들였으나 지레 겁부터 먹고 물러서지는 않았다. 현실이 어렵고 참담했기 때문에, 왕은 누구보다도 더 나라를 잘 다스리겠다는 의지를 불태웠다. 어려서부터 되풀이해서 읽은 책 속의 현왕(賢王)처럼, 자신도 후세의 기림을 받고 싶다는 포부와 의지가 무척 강한 사람, 그가 바로 세종이었다.

30여 년의 재위 기간에 왕은 자신의 꿈을 이루었을까. 엄밀히 말하면, 당초의 목표에 도달한 사업은 하나도 없었던 것 같다. 나라 안에는 병들고 굶주린 백성이 여전히 많았고, 관리들의 부정부패도 사라지지 않았다. 그의 형 양녕대군을 비롯해서 왕의 가까운 친족이며 고위급 신하들도 실망스러운 사건의 주인공일 때가 적지 않았다. 북쪽의 여진족은 여전히 강성했고, 조선을 깔보는 일본 사람들이 언제 또 쳐들어올지 아무도 모르는 상황이었다.

재위 초반에 왕의 개혁 의지는 모든 방면에 걸쳐 하늘을 찌를 듯했으나, 후반이 되면 동력이 많이 떨어진 것도 명백한 사실이었다. 새로 제정한 법들도 10년, 20년이 지나면 새로운 폐단을 낳는다는 사실을 피부로 절감했던 데다, 왕의 건강도 나빴다. 이래저래 개혁의 동력이 떨어진 것은 피할 수 없는 일이었다.

그런데 재위 기간을 통틀어 세종의 정치에는 특별한 점이 많았다고 생각한다. 아래에서는 그 점을 하나씩 짚어볼 생각이다(7장부터 13장까지). 여기서 내가 가장 강조하고 싶은 점은, 세종이 다양한 전문가를 양성했다는 것이다. 우선 그가 왕이 되었을 당시 이 나라에는 전염병이 크게 유행했으나 마땅한 의료 전문가가 거의 없었다. 게다가 우리가 만든 의약에 관한 전문서적이 한 권도 없었다. 왕은 이것을 중대한 문제로 인식하고, 장기간에 걸쳐 체계적으로 의료인을 양성했다. 심지어 가축을 치료할 수의사도 키웠다.

조선 초기에는 여진족 내부에 분열이 일어났고, 그 틈을 노려 북쪽에 많은 땅을 확보했다는 점은 이미 서술했다. 그 땅을 지키기는 쉬운 일이 아니었는데, 여진족의 전투력은 아군보다 강할 때도 많았다. 아군의 전통적인 무기로는 대적하기 어려웠다. 세종은 김종서에게 보낸 서신에서 적이 우리보다 강하다는 사실을 직시하라고 꾸짖은 적도 있었다.

하지만 새로 얻은 땅을 그냥 포기할 수는 없었다. 왕은 그 당시의 전략 무기인 화포와 총통, 신기전 등의 개발에 박차를 가했는데, 화약 제조 기술이 일본으로 유출될까 봐 환관들에게 화약 제조의 임무를 맡기기도 했다.

왕이 양성한 전문 인력은 조정 안에 더욱 많았다. 다 아는 대로 집현전은 다양한 인재의 산실이었다. 나는 이 책에서 집현전의 기능이 점차 달라져간 사실에 주목했다. 왕이 개혁을 왕성하게 추진하던 재위 초반에는 새로운 정책을 개발하는 핵심 역할을 했는데, 나중에는 조정에서 추진하는 개혁의 타당성을 심사하는 쪽으로 방향이 바뀌었다는 점을 강조했다. 점차 국정 개혁 자체가 불가능하게 되었고, 그러자 집현전은 대간과 함께 국정을 비판하는 역할을 자임했다. 내가 보기에 그들의 비판은 거의 맹목적인 수준이었다. 그런 점에서, 훗날 세조가 집현전을 폐지한 것도 그 나름으로는 충분히 일리가 있는 결단이었다. 나는 그렇게 생각한다.

세종이 보기에, 그 당시 조정에는 인재가 크게 부족했다. 선비로 자처하는 사람은 많았으나 성리학에 관한 이해 수준도 높지 않았다. 그때는 글공부가 싫어서 무과로 방향을 바꾸는 선비도 많아서 사회문제가 될 정도였다. 지방관 중에는 자격이 미달하는 사람이 허다해, 과연 이러고도 나라가 제대로 운영될 수 있을지, 왕은 마음을 놓지 못했다. 그리하여 왕은 교육제도와 과거제도를 정비했고, 관리들의 근무 및 평가 규정도 대대적으로 손질했다.

한 가지 다행이라면 세종의 곁에는 믿음직한 조력자들이 있었다는 사실이다. 황희, 맹사성, 허조, 최윤덕 등 재능이 있고 충직한 대신이 세종을 보좌했다. 물론 그들에게도 저마다 장단점이 있었는데, 왕은 그 점을 정확히 알고 있었다. 그 덕분에 각자는 장점을 충분히 살릴 수 있어서, 국정 운영이 순조로운 편이었다. 신하들 사이에서는 갈등이 끊이지 않았으나, 당파싸움으로 악화된 적은 없었다.

세종이 조정 대신을 감독하고 설득하는 방법은 특이했다. 그 시대의 특징을 선명하게 보여주는 것이 바로 안숭선의 일생이다. 재위 전반기에는 왕의 총애를 가장 많이 받았던 안숭선의 행적을 면밀하게 검토하는 이유가 바로 거기에 있다. 안숭선과 세종의 관계에 특별히 주목해주기를 부탁드린다. 세종의 통치 스타일을 이해하는 데 도움이 될 것으로 믿는다.

세종은 이른바 성군도 아니었고, 완벽한 인격체도 아니었다. 그에게도 실수는 있었고 판단 착오도 없지 않았다. 우리의 지레짐작과는 달리 왕은 가정을 화목하고 공평하게 다스리지도 못했고, 정실에 끌려 오류를 범하기도 했다. 여러 대군을 조정에 함부로 끌어들여 훗날의 분란(세조의 왕위 찬탈)을 자초한 점도 허물이라면 허물이었다. 우리는 이런 사실을 직시할 필요가 있다.

세종도 우리와 마찬가지로 결함이 있는 인간이었다. 다만 그에게는 범인이 흉내 내지 못할 큰 포부가 있었고, 웬만해서는 중도에 포기하지 않고 끝까지 노력하는 성실함이 있었다. 우리가 그에게서 배울 점이 있다면 바로 그런 것이라고 생각한다.

전염병,
의약 전문화로 대응하다

7

2020년 초부터 신종 코로나 바이러스로 세상이 요란했다. 그런데 역사를 뒤돌아보면 문명의 전환기마다 전염병이 크게 창궐하곤 했다. 중세가 막을 내릴 때도 세계 곳곳에 흑사병의 공포가 만연했고, 20세기 초에 대도시를 중심으로 한 현대문명이 크게 일어설 때도 콜레라와 폐렴 등이 기승을 부렸다.

성리학을 토대로 한국에 새로운 문명이 기지개를 켜던 시절에도 전염병이 크게 유행했다. 《실록》에 따르면, 조선 건국 첫해인 1392년부터 세종 재위 마지막 해인 1450년까지 59년 동안에 전염병이 97건이나 발생했다. 연평균 1.64회나 발병한 셈이었다.

그로 인해 피해자가 속출했다. 세종 21년(1439) 윤2월, 황해도 지방에서 발생한 악질(惡疾, 난치병)로 235명이 사망했다는 기록이 나오기도 한다. 세종 25년(1443)에는 함길도(함경도) 지방에서 1~9월 사이에 1752명이 질역(疾疫, 유행병)으로 사망했다는 장계가 올라오기도 했다.

당시 조선의 의료 수준으로는 전염병의 유행을 원천적으로 차단할 수가 없었다. 그러나 세종은 속수무책으로 당하지만은 않았다. 백성의 생명을 지키기 위해, 왕은 병마와 맞싸울 대책을 마련했다.

전염병과 싸우는 오랜 과정에서 왕은 의료제도를 정비했다. 우수한 전문 인력도 키워냈다. 또 의약에 관한 조선의 학문적 수준을 끌어올리는 데도 성공했다. 물론 그 당시의 치료법으로는 전염병 자체를 물리치기가 어려웠으나, 세종이 만든 의료시설과 관련 법령, 그리고 사회적 약자를 보호하는 데 역점을 둔 그의 통치 철학은 후세의 귀감이었다. 의료 분야야말로 세종의 통치 철학과 리더십이 큰 성과를 거둔 또 하나의 영역이었다.

방역의 시작은 공무원 기강

15세기에도 조선의 기후는 매우 불안정했다. 보통 같으면 추울 때 덥고, 더울 때 서늘한 냉기가 깊이 파고들었다. 16세기부터 본격적으로 시작될 소빙하기의 전조였다. 그 때문에 흉년이 거듭되었고 굶주리는 백성이 많았다.

나라 곡창을 열어 일일이 구휼할 수 없을 정도로 굶주림이 깊은 해가 있었는데, 그때마다 반드시 전염병이 돌았다. 《향약집성방》(1433) 등 당대에 편찬된 의서를 분석한 연구에 따르면, 이(리케치아균)가 옮기는 발진티푸스와 사람의 분변에 오염된 물(살모넬라균)에

정치:
인재를 발탁하는 [擢賢] 길

서 발생하는 장티푸스가 백성을 심하게 괴롭힌 것으로 추정된다. 요즘에도 욕설에 자주 등장하는 '염병'은 장티푸스를 가리키는 말이었다.

세종 19년(1437) 2월 9일의《실록》은 전염병에 시달리던 그 시대의 풍경을 적나라하게 보여준다.

전년에는 봄부터 여름까지 비가 오지 않았다. 시냇물도 마르고 우물도 말라붙었다. 국가의 요충인 중부와 남부 지방이 모두 흉작에 시달렸다.

겨울이 되자 혹한이 몰아쳤다. 서울의 마전포(송파구 삼전동)는 물살이 급해 평년이라면 한겨울이라도 강물이 얼지 않는데, 날씨가 워낙 추워서 꽁꽁 얼어붙었다. 무려 20여 일 동안 그 상태가 이어졌다. 겨우내 나라 안에 굶어 죽은 백성의 시체가 즐비했다. 그러다가 봄이 되자 역질이 유행했다. 영양이 부실한 사람들은 병에 걸리기만 하면 곧 죽었다. 백성들은 애지중지 기른 소와 말을 도살했고, 나무껍질도 벗겨 먹었다. 밭에 심은 보리를 파헤쳐 뿌리까지 캐 먹을 정도였다. 가족을 부양하지 못해 식구를 버리고 도망하는 사람도 많았다. 어린 자녀를 길에 버리고 달아났다가 아이들이 따라오면 나무에 묶어놓고 어디론가 떠나가는 이도 있었다.

전염병이 횡행하자 관리들의 기강도 해이해졌다. 병이 옮을까 봐서 출근조차 거부하는 이들도 많았다(세종 6년 2월 4일). 그러자 왕은 국법을 엄격히 집행해 관리들의 기강을 바로잡았다.

전염병으로 백성들이 한꺼번에 죽자 함부로 버려진 시체도 많았다. 환자의 시신을 산속에 버리고 풀로 살짝 덮어두거나 짚으로 싸서 나무에 매달아두는 이도 있었다. 힘없고 가난한 사람들은 가족의 시신을 매장하지 못해 산불에 훼손되는 일도 있었고, 여우와 늑대가 뜯어 먹는 일도 벌어졌다(세종 5년 12월 20일).

서울 근교에서도 이처럼 안타까운 일이 연달아 일어나자, 세종은 한성부에 엄명을 내려 불행을 당한 사람을 도와서 가족의 시신을 반드시 매장하게 했다(세종 9년 7월 9일).

왕의 강력한 의지를 반영해 조정에서는 개선책을 신속하게 마련했다. 세종 9년(1427) 7월 22일, 한성부의 건의로 시신을 매장하라는 법을 정하고 어긴 사람에게는 최고 사형의 벌을 집행한다고 했다. 그러자 감히 시신을 함부로 내버리는 사람이 없어졌다.

전염병이 창궐하자 그 틈에 남의 논밭을 가로채는 이도 있었다. 전염병에 걸려 제때 경작을 하지 못하면, '주인 없는 땅'이라면서 빼앗아가는 고약한 사람도 나왔다. 세종은 가난한 백성의 생계를 위협하는 이러한 탈법 행위를 중대 범죄로 인식했다. 왕은 법을 마련해 가난하고 억울한 백성을 보호했다.

"특별한 사정으로 말미암아 남의 전답을 경작한 경우에는 이유 여하를 막론하고, 5년 이내로 주인에게 반드시 돌려줘야 한다."(세종 3년 1월 19일)

애써 백성을 보호하고, 즐거움도 슬픔도 그들과 함께 나누는 것이 왕의 책무였다. 성리학을 신봉하는 조선의 국왕으로서, 세종은 전염병에 시달리는 백성을 구하려는 의지가 유독 강했다.

일단 전염병이 돌기 시작하면 왕은 피해 규모를 정확히 조사하는 데 일차적인 관심을 가졌다. 또 구제 요령을 법으로 정해 그것을 제대로 지키지 않는 관리가 없게 했다. 궁지에 내몰린 백성이 안타까워, 모든 백성에게 약방문을 알려주려고도 노력했다. 그뿐이 아니었다. 전염병에 걸린 가족을 성심껏 간호한 효자, 효부 또는 열녀를 찾아내 표창하는 일도 빠뜨리지 않았다. 전염병으로 인한 사회경제적 피해를 최소화하려는 왕의 뜻이 다양한 방법으로 표현되었다.

"노비라도 병이 나은 다음에 일을 시켜라"

백성에게 약을 보낸 이야기부터 해보자. 의료 체계가 미비했던 세종 초년의 일이었는데, 왕은 전염병이 유행하자 다음과 같은 포고문을 발표했다.

　　"지방관들은 환자의 치료에 노력하라. 만일 노력이 부족하면 많은 사람이 젊은 나이에도 죽고 말 것이다. 내가 이를 매우 안쓰럽게 여기노라."(세종 1년 5월 1일)

　　그러면서 향소산(香蘇散), 십신탕(十神湯), 승마갈근탕(升麻葛根湯), 소시호탕(小柴胡湯) 등의 약을 각 지방의 관찰사에게 나눠줬다. 향소산은 보통 감기약으로 사용한다. 전염병 초기에 사용할 수 있는 약이었을 것이다. 십신탕은 두통과 오한을 물리치는 효과가 있다. 승마갈근탕은 고열과 두통에 듣는 약으로 홍역에도 효과가 있다고 한다. 끝으로, 소시호탕은 오한과 구토에 쓰는 약이다. 세종이 이런 약을 각지로 내려보냈는데, 그 시절에는 시골에 믿을 만한 의원이 거의 없었기 때문이다. 나중에는 지방에도 의료기관이 어느 정도 갖춰졌다. 그러자 왕은 효과가 있다는 약방문을 기록해 백성들에게 일러주었다. 대표적인 것이 성혜방(聖惠方)이었는데, 열병을 치료하는 한약의 제조 방법을 기록한 것이었다.

어떻게 하면 환자를 제대로 관리할 수 있을지에 대해서도 왕은 관심을 가졌다. 도성 안의 환자들은 왕이 직접 관리들을 독려해서 지휘할 수 있었으나, 지방은 그렇게 할 수가 없었다. 그러므로 지방관에게 맡기는 수밖에 없었다. "각 지방의 관리는 성의껏 환자를 치료해, 사망자가 발생하지 않게 하라."(세종 2년 3월 28일) 이러한 왕의 명령은 일회적인 것도 아니었고, 형식적인 발언으로 치부할 일은 더더욱 아니었다.

백성은 나라의 근본이요, 하늘의 뜻을 전하는 신령한 존재다. 이것이 성리학의 가르침이었는데, 성리학자나 다름이 없던 세종에게는 전염병의 구제란 국가의 책무였다. 전염병이 발생할 때마다 왕은 신하들과 함께 머리를 맞대고 대책을 진지하게 숙의했다. 그런 가운데 효과적인 조치들이 하나둘씩 만들어져, 나중에는 법으로 정리되었다. 재위한 지 10여 년이 지나자 말하자면 보건 관련 법규가 상당히 충실해졌다.

그렇게 되자, 왕은 전염병이 유행하면 조정에서 이미 정한 법을 그대로 지키라며 지방관들을 채근했다.

"올해는 전염병이 더욱 심하므로 (…) 일찍이 내가 정한 여러 해

정치:
인재를 발탁하는 (擢賢) 길

동안의 조항을 자세히 살펴라. 병든 백성을 치료해 꼭 살리도록 마음을 다하라."(세종 14년 4월 21일)

실제로 전염병에 지방관이 어떻게 대처해야 할지를《육전(六典)》에 모두 실었다(세종 16년 6월 5일). 도성 안의 일도 왕은 무심히 지나치는 법이 없었다. 관리들이 과연 제대로 일을 하고 있는지를 알기 위해서, 왕은 은밀히 사람을 보내 시내 곳곳을 살펴보게 했다.

간혹 전염병의 피해 상황을 제대로 보고하지 않은 관리들이 있어 말썽이 일어나기도 했다. 가령 세종 18년(1436) 1월 15일의《실록》에 보면, 함길도(함경도)의 피해 상황에 관한 신하들의 보고가 엇갈렸다. 찬성사 하경복은 현지에서 보고하기를, 전염병으로 사망한 백성이 도내의 전체 인구인 8만 명의 절반도 넘는다고 했다. 깜짝 놀란 왕이 조수량을 함길도에 보내어 사실을 철저히 조사하게 했다. 넉 달 뒤, 조수량은 이번 전염병으로 인한 사망자는 총 3262명이라고 보고했다. 조정 대신들은 허위 보고를 올린 하경복을 엄벌하라고 주장했다.

그러나 왕은 그를 관직에서 쫓아내는 데 그쳤다. 이 일이 발생할 때까지 무려 15년간이나 변방에서 고생하며 백성을 보살핀 공적을 잊을 수 없다고 했다(세종 18년 5월 12일). 신하의 잘못을 따질 때, 세종은 그가 혹시 과거에 잘한 일이 무엇이었는지를 먼저 떠올렸다. 왕의 균형 잡힌 사고 덕분에, 그 시절에는 신하가 억울하게 큰 벌을 받는 일은 거의 없었던 것 같다.

왕은 전염병을 차단하기 위해서 부단히 노력했다. 재위 초기에는 잘 알지 못했으나 전염병에 관한 지식이 점차 축적됨에 따라,

세종은 한 가지 중요한 점을 깨달았다. 영양이 부실한 백성이 날씨가 추울 때 비위생적인 곳에 집단 거주한다면, 더구나 그들이 고된 육체노동에 종사할 수밖에 없다면, 전염병이 발생하기가 정말 쉽다는 사실이었다(세종 12년 12월 5일). 이후 왕은 춘궁기에는 절대로 백성을 동원하지 못하게 했다.

그런 점에서 내가 특별히 강조하고 싶은 사항이 있다. 전염병이 유행할 때 세종은 최하계층인 노비들의 안위를 가장 염려했다는 사실이다. 왕의 배려는 매우 특별했다.

"공노비와 사노비를 막론하고 그들이 두진(痘疹, 모든 발진성 질환)이나 전염병에 걸렸을 경우는 병세가 심하지 않더라도 완전히 다 나은 뒤라야 일을 시키라. 병이 다시 도져서 목숨을 잃는 일은 절대 없어야 한다."(세종 16년 1월 19일)

왕은 형조에 이와 같은 특별 명령까지 내렸다. 의지할 곳이 전혀 없는 노비들을 위해서, 왕 스스로 부모 역할을 떠맡았다. 감동적인 이야기라고 생각한다.

그런데 말이다, 전염병으로 인한 사회적 손실을 줄이는 데는 가족의 충실한 간호만큼 좋은 것이 없었다. 세종은 그 점을 잘 알았고, 그래서 가족을 구완하는 데 정성을 쏟은 효자, 효부 및 열녀를 발굴해 표창했다. 충청도 천안의 전직 관리 진원달과 영동의 관리 정소 및 서울의 선비 복숭로가 그런 경우였다. 왕은 그들의 효행을 칭찬하고 관직에 임용했다(세종 16년 2월 3일).

의료 사각지대도 찾아내다

실로 다양한 경로를 통해, 세종은 전염병을 조기에 물리치고자 노력했다. 그런 점에서 정말 꼭 필요한 것이, 의료제도를 정비하는 작업이었다. 의료 사각지대를 없애는 것이 세종의 관심사였다. 당시 핵심 의료기관인 삼의사(三醫司, 전의감·혜민국·제생원)는 왕실과 도성의 환자를 맡는 데 그쳤다.

어느 지방이든 유능한 의원이 필요했다. 세종이 지방 의생(醫生)의 교육에 주목한 이유가 그 점에 있었다. 왕은 예조와 논의해, 각지의 의원과 의생들이 오직 본업에만 전념할 수 있는 환경을 만들었다. 또 해마다 각 도에서 유능한 의생을 2~3명씩 선발해 서울의 전의감과 혜민국에 오게 했다. 전문 교육을 받게 하려는 것이었다(세종 9년 11월 2일). 한편 육지에서 멀리 떨어진 섬, 제주도에는 의학 서적을 보내어 의생들이 스스로 전문 지식을 쌓도록 도왔다(세종 11년 1월 29일).

지방에 설립된 군사시설이나 도서지방에는 의원을 별도로 배치했다. 세종 16년(1434) 5월 이후의 일이었다. 왕은 옥에 갇힌 죄수들의 건강까지도 염려했다. 섬에 의원을 파견하는 일은 별로 효과를 거두지 못하고 수년 만에 중지했으나, 각지에 들어선 의료기관이 내실을 갖춘 것은 어김없는 사실이었다.

이런 노력이 축적된 결과, 세종 20년경이 되면 서울과 지방 모두 의원의 근무 평정과 승진에 관한 법규가 완비됐다. 당시 각 지방에 배치된 의생의 정원은 알려져 있지 않다. 하지만 세조 12년

(1466) 기록을 통해 그 규모를 대강은 짐작할 수 있다. 지방 행정 단위의 크기 순으로 부(府)는 10명, 대도호부(大都護府)와 목(牧)은 8명, 도호부·군(郡)·현(縣)은 6명이었다. 《경국대전》에 기록된 지방 행정조직을 기준으로 종합해보면, 지방 의생은 총 2038명이었다고 생각한다.

지방은 도성과는 달라서, 훈련받은 의녀까지 갖추기는 어려웠다. 의녀 대신에 환자 보호에 유능한 무녀(巫女)를 보조인력으로 삼았다. 세종 6년(1424)에 전국에 전염병이 창궐했을 때에도, 세종은 그 지방에서 활동하는 무녀들을 데려다 환자가 먹을 죽을 끓이고, 병상도 살피게 했다.

간혹 전염병이 강해질 기미를 보이면, 왕은 대책 마련에 더욱 더 고심했다. 왕명으로 한성부를 비롯해 동서 활인원(活人院)·전의감·혜민국·제생원 등 관련 부처가 치료 방법을 공동으로 논의하기도 했으며, 장차 사용할 약재도 미리미리 준비했다(세종 15년 6월 15일). 전염병이 심한 곳에는 도성의 우수한 의원을 보내서 현지의 의생을 지도하게 했다. 세종 23년(1441) 1월 14일, 황해도에서 큰 업적을 이룬 이복이란 의원에게 왕은 옷 한 벌을 상으로 내렸다.

의료제도가 온전히 정비될 때 세종은 백성과 천민을 구제하는 데 역점을 두었다. 그러자 관리들이 역차별을 받는다고 하소연하는 상황이 연출되었다. 세종 14년(1432) 7월 30일, 성균관 사성(종3품) 김최가 전염병에 걸려 사망했다. 그의 아들과 딸도 죽었고 집안의 노비들도 여럿이 숨을 거두었다. 그런데 법에 명시한 규정이 없어서 장례도 제대로 도와주지 못했다. 평민이 전염병으로 죽으면 장례를 돕는 규정이 마련되어 있었으나, 관리를 도울 방법은 아직 정하지 못했다. 왕은 이 문제를 즉각 처리했다. 그다음 달에는 전직과 현직을 망라해 3품 이하의 관리가 병을 앓으면 의원을 보내어 치료하도록 법에 명시했다.

누구라도 최소한의 의료 및 복지 혜택을 기대할 수 있는 나라, 그런 나라를 만드는 것이 세종의 염원이었다. 여러 가지 현실적 제약은 있었고, 그 때문에 시대적 한계를 벗어나지 못했다. 그러나 왕이 결코 포기할 줄 몰랐다는 점이 내게는 감동적이었다.

《향약집성방》, 15년 노력의 결실

왕은 의료의 질을 높이려고 다각적인 노력을 기울였다. 그 핵심은 의원의 자질을 개선하고 우리나라 의학 지식의 폭과 깊이를 더하는 작업이었다. 이 방면에 대한 세종의 노력은 몇 가지로 요약할 수 있다고 본다. 의원의 전문 지식을 강화하는 문제, 여성 의료인인 의녀를 양성하는 문제, 그리고 조선의 실정에 알맞은 의학 전문서적을 편찬하는 문제가 핵심이었다. 왕은 실용을 추구하며 이 모든 문제를 하나씩 풀어나갔다.

먼저 의학 전문 지식에 관한 것부터 알아보자. 즉위 초부터 왕은 의원의 자질을 향상하려고 노력했는데, 예전과는 달리 한문으로 된 의학 서적을 학습하게 했다(세종 3년 4월 8일). 세종 대 이전에는 한문에 능통한 의원이 거의 없었다. 그들은 주로 직접 또는 간접 경험에 의존했다. 또 특기할 점은 의녀에게도 한문 학습의 기회를 똑같이 제공했다는 점이다(세종 5년 3월 17일). 의녀들은 제생원에 출근해 전문서적을 공부하고, 환자를 진료했으며, 침구(鍼灸, 침과 뜸)도 시술했다(세종 16년 7월 25일). 우리가 잘 모르고 있었던, 놀라운 변화였다고 생각한다.

왕은 우수한 의원을 선발해 중국에 보내어 새로운 지식을 습득하게 했고, 중국에서 귀한 약재도 매입하고, 거기서 전문서적도 사오게 했다. 세종 7년부터 해마다 의생을 뽑아서 중국에 가는 사신 편에 따라가게 했다. 요샛말로 단기 유학인 셈이었는데, 그 효과가 매우 컸다. 결과적으로 해가 갈수록 유능한 의원이 많아졌다. 세종이 길러낸 명의로는 양홍달이 으뜸이요, 조청, 박윤덕, 노중례도 무척 유명했다.

그리고 드디어 그들이 직접 편찬한 의학 서적이 간행되었다! 세종 15년(1433) 6월 11일, 《실록》은 《향약집성방(鄉藥集成方)》의 완성을 알렸다. 집현전 학사 권채가 쓴 서문을 보면 이것은 예삿일이 아니었다. 왕의 특별한 배려에 힘입어 의원들이 해마다 북경에 가서 서적을 널리 구하고, 또 명나라의 대의원(大醫院)에서 최고 전문가들과 약초에 관해 토의한 결과이기도 했다. 이 편찬 사업의 중심에 세종이 양성한 노중례 등이 있었다.

《향약집성방》은 총 959가지 증세를 기술하고, 1만 706가지 처방전을 수록했다. 침구법도 1476조를 언급했으며, 조선에서 자라는 약초('鄉藥本草')의 특징과 약제법까지 기록했다. 《향약집성방》은 무려 85권이나 되는 거질이었다. 노중례와 박윤덕이 편자로서 결정적인 역할을 한 것으로 보인다. 그들은 이 책을 간행하기에 앞서, 국내에 자생하는 약초를 조사했다. 왕명에 따른 것이었다. 그들은 그 결과를 정리해《향약채취월령》을 만들었는데, 그 사본이 왜란 중에 일본으로 건너가 아직 남아 있다.

세종은 이러한 업적에 만족하지 않고, 노중례와 박윤덕 등을 독려해《의방유취》(266권 264책)도 완성했다(세종 27년). 중국에서 간행된 의학 서적을 총망라해 키워드 중심으로 정리한 방대한 의학 백과사전이었다. 이 책을 편찬할 때 집현전 학사들과 협력했는데, 그들의 깊은 학식과 유려한 문장이 필요했기 때문이다(9장 참조).

돌이켜보면, 세종이 즉위할 당시에는 의학 서적이라고는 아무 것도 없었는데 불과 20여 년 만에 조선은 굴지의 의학 강대국이 됐다. 이것이야말로 세종의 지도 아래 일어난 지식혁명이었다.

이 책의 주인공인 세종은 지금부터 무려 600년 전인 15세기의 지도자였다. 현대인의 눈으로 보면 부족한 점이 없지 않았다. 당시 사람들에게는 합리적으로 해결할 수 없는 난제들이 많아서 미신에 의존할 때가 많았다. 세종도 예외가 아니었는데, 한번은 도성에서만 457명이 전염병으로 사망했다. 그때 동서 활인원에는 1000여 명의 환자가 입원해 있었으니, 사태가 정말 심각했다. 의정부 좌찬성 황보인은 귀신에게 제사를 지내면 나을 수도 있다고 말했고, 세종은 그 의견을 수용했다(세종 29년 5월 1일). 오늘날의 관점에서 보면 허무맹랑한 일이었다. 그러나 백성의 마음을 위로하는 하나의 방편은 되었을 것이다.

전염병과의 싸움은 여러 해 동안 계속되었고, 왕의 질병 관리

능력은 갈수록 향상되었다. 재위 20여 년쯤 되었을 때, 왕은 이 분야에서도 꽤 자신감을 가지게 됐다. 경험 많은 왕의 한마디가 내 귓전에 남아 있다.

"만일 한 사람의 백성이라도 죽게 하면 죄를 물을 것이다. 절대로 용서하지 않겠다!"(세종 26년 3월 16일)

우수한 의약 전문가를 양성한 결과, 왕의 자신감도 높아진 것이다. 문제가 발생하더라도 현장에 투입할 우수한 인력이 다수 확보됐으니 말이다. 세종은 재위 중에 의료 체계를 완비했다고 평가해도 좋을 듯하다. 그 시기 세계의 의학 수준과 비교해보아도 전혀 손색이 없었다고 생각한다. 물론 중세 이슬람 세계에는 의학이 발달하고 진료체계도 잘 갖춰진 줄 알고 있으나, 그밖에는 세종 때의 조선과 비교할 만한 나라가 별로 없었다고 생각한다.

국가가 의원을 체계적으로 양성하고, 전국 어디든 의료시설을 갖춘 것도 대단했으며, 신분과 계층 및 젠더를 초월한 의료복지를 구현한 점은 쾌거라 하겠다. 세종에게는 국가의 근본이 백성이라는 투철한 신념이 있었기 때문에, '민본'이란 두 글자는 그저 허망한 지적 허영심의 표현이 아니었다. 나는 그 점을 강조하고 싶다.

어느 시대라도 한계는 있기 마련이다. 그런데 이해관계가 뒤얽힌 복잡한 현실 속에서도 세종처럼 유능한 지도자가 있다면, 그는 결국 무에서 유를 이룰 수 있다.

유난했던 화포 사랑

화약의 힘으로 발사하는 여러 종류의 무기, 화포를 유난히 사랑한 왕이 우리 역사에 있었다. 바로 세종이었다. 세종 6년(1424) 2월 30일의 《실록》에는, 왕이 군기감에 지시하여 경복궁에서 대포를 쏘게 했다는 기사가 있다. 그로부터 석 달 뒤에도 왕은 대궐에서 포를 발사하게 했다. 그런 줄도 모르고 서운관의 관리들이, "새벽에 북쪽에서 대포 소리 같은 것이 들렸다"며 변괴라고 아뢰는 웃지 못할 일이 있었다(세종 6년 5월 16일). 그해 섣달에도 한밤중에 창덕궁 광연루 아래서 화포에 불을 댕겼다(세종 6년 12월 14일). 세종은 어쩌자고 새벽에도 한밤중에도 궐내에서 콩 볶듯 화포를 쏘아댔을까.

섣달 그믐밤 폭죽을 터뜨리는 것은 귀신을 쫓아내기 위해서라고 한다. 그러나 세종이 잡귀 걱정에 화포를 쏜 것은 아니었다. 자나 깨나 왕은 국방을 염려했고, 그래서 화포의 성능을 개선하려 애쓴 것이었다.

연원을 소급해보면, 그의 화포 사랑은 부왕 태종에게서 비롯되었다. 훗날 세종은 대신들에게 이런 설명을 했다. "태종께서 자주 화포 쏘는 것을 살펴보셨느니라."(세종 27년 3월 30일) 외적을 물리치려고 태종은 최해산에게 화포 개발의 임무를 맡겼다. 그로 말하면 고려 말 화포를 가지고 왜구를 무찌른 최무선의 아들이었다. 부왕의 그 일을 본받아 세종은 화포와 화약의 제조법을 개량했고, 전술적인 쓰임도 더욱 확대했다.

요샛말로 왕은 기계화부대를 양성하려는 야심을 품었다. 호시탐탐 침략의 기회를 엿보는 여진족을 단번에 격퇴하려면 기동성이 있고 화력도 뛰어난 소형 신무기가 필요하다고 판단했다. 왕은 병조에 이렇게 명령했다.

"화포를 잘 다루는 함경도의 별군(특수부대원군) 중에서 한 명을 뽑아, 그에게 소화포(휴대용 작은 화포) 120자루를 주어 경원과 경성 등지로 보내라. 현지에서 총명하고 민첩한 관노들에게 그 기술을 가르치라."(세종 8년 7월 2일)

왕은 대포의 중요성도 놓치지 않았다. 대포를 능숙하게 운용하는 기술을 방방곡곡에 널리 보급할 생각이었다. 그 기미를 알아챈 충청도 병마도절제사가 보고서를 올려서, "군사용 기계 가운데 화포가 가장 중요한 것이오나 제 진영에는 다룰 줄 아는 군사가 겨우 한 명뿐입니다"라며 근심을 털어놓았다. 왕은 병조와 상의하여 충청도 본영에 10명의 화포 전문가를 양성하기로 했다. 그밖에도 도내의 모든 수군 및 포진(육군기지)에도 화포 기술자를 기르기로 했다(세종 12년 6월 20일). 그 시절 북쪽 변방은 물론 전라도와 경상도의 군사기지에는 이미 화포가 운용되고 있었다.

세종의 화포 사랑은 끝이 없었다. 부왕의 영향으로 왕자들도 화포에 큰 관심을 가졌다. 세종 26년(1444) 10월 11일, 왕명으로 진양대군(훗날의 세조) 이유는 광평대군 이여, 금성대군 이유 그리고 여러 대신과 함께 한강의 양화진에 나아가 함포사격을 지켜보았다. 세종은 화포야말로 국방의 열쇠라 생각해, 후세가 자신의 방침을 유지하기를 바랐다.

기술 혁신을 위한 끝없는 노력

다른 일도 그랬듯, 화포에 관한 정책에서도 세종은 빈틈없는 계획을 세워 차근차근 꾸준히 밀고 나갔다. 또 그의 화포 정책은 다방면에 걸쳐 입체적으로 펼쳐졌다. 고려 말부터 화포는 왜구를 물리치는 신무기였다. 세종은 그 점을 중시해, 전함을 새로 건조하고 배위에 대포를 장착했다. 왕은 세자(문종)를 양화진에 보내어 화포의 사정거리를 시험하기도 했다(세종 26년 10월 20일). 또 가상의 왜선을 상대로 화포를 이용한 모의 전투를 벌이게 했다. 그 이듬해에는 귀순한 일본인 도쿠로(藤九郎)가 제공한 정보를 가지고 왜의 전선을 만들어, 실전을 방불케 하는 훈련도 했다. 그것은 대규모 전투훈련이었다. 왕은 의정부와 육조의 대신들도 모두 참관하도록 지시했다(세종 27년 9월 22일).

사실 화포 개발은 어려운 일이었다. 우리에게는 원천기술이라고 할 만한 것이 없었기 때문에, 세종은 고심이 많았다.

"명나라 태조가 화약을 보내주었으나, 아직도 우리는 화포를 제대로 사용하지 못한다. 중국 화포는 한 번에 여러 개의 화살을 발사한다. 우리 화포로는 어림없는 일이다. 태조와 태종 때에는 화포 한 발로 10개의 화살도 날리지 못했다. 최근까지도 화살 7, 8개를 한 번에 쏘는 것이 불가능했다."(세종 26년 10월 12일)

15세기의 화포는 우리가 막연히 짐작하는 대포와는 거리가 멀었다. 여러 개의 화살을 한꺼번에 날리는 방식이 주류였다. 세종은 조선의 화포 기술에 근본적 한계가 있다는 점을 걱정했고, 그래서 명나라에 화포에 관한 기술 이전을 요청할까도 십분 고려했다. 화포를 수입해오는 것도 한 방법이요, 화약 기술자를 데려오든가, 그도 안 된다면 화약이라도 사오든가, 유학생을 파견해 중국 기술을 배워오게 할 궁리까지 했다.

이 문제에 관해 왕은 정승들과 토의했다. 신하들은 명나라의 도움으로 기술을 배운다면 나중에 무리한 요구를 해올 수 있다는 이유로 왕을 만류했다. 그 말에 일리가 있다고 생각해, 왕은 제아무리 어렵고 힘들더라도 자력으로 화포 기술을 향상하는 것이 옳다는 결론을 내렸다.

새로운 각오로 기술 개발에 전념하자 곧 성과가 나타났다. 세종의 회고담에 잠시 귀를 기울여보자. 세종 27년(1445) 3월 30일,《실록》에 아래와 같은 기록이 있다.

"태종 때의 지자 화포와 현자 화포는 화약은 많이 들었으나, 화살은 채 500보도 나가지 못했다. 한 번에 여러 개의 화살을 쏘려고

정치:
인재를 발탁하는 [拔擢] 길

했으나 아무리 연구해도 방법을 몰랐다. 나중에 중국의 화포를 구해서, 내가 군기감에 그대로 만들어보라고 명했다. 그랬더니 화약은 적게 들어도 화살은 더 멀리 나갔다. 이것이 이른바 황자 포였다.

임자년(세종 14년)에는 두 발의 화살을 동시에 장전하는 쌍전 화포도 만들었다. 화살이 200보를 나가자 의정부와 육조의 신하들이 모두 '좋다!' 며 탄성을 질렀다. 과연 파저강 토벌(세종 15년) 때이 무기로 큰 전과를 거두었다."

세종이 설명한 것처럼 재위 중에 개발한 화포 가운데는 성공한 것도 많았다. 물론 실패한 것도 없지 않았다. 신무기의 성능을 둘러싸고 전문가들의 의견이 서로 엇갈리기도 했다. 설왕설래하는 중에도 세종은 화포의 중요성을 거듭 강조했고 성능을 향상시키기 위해 백방으로 노력했다.

화약의 힘으로 화살을 쏘는 화포, 그 이점은 너무도 명백했다. 한 방으로 적을 서너 명씩 살상할 수가 있지 않은가. "공격전에는 천하에 화포만큼 유리한 것이 없다."(세종 27년 3월 30일) 세종의 이런 주장은 틀린 말이 아니었다.

끈질기게 노력한 결과, 조선의 화포 기술은 날로 새로운 경지에 이르렀다. 왕은 매우 흐뭇해했다.

"나는 군기감에 명령하여 행궁(行宮) 옆에 대장간을 설치하고 화포를 제작하여 사정거리를 늘리도록 연구하게 했다. 과거에는 천자 화포가 겨우 400~500보도 나가지 못하더니, 이제는 화약이 훨씬 덜 들어도 무려 1300여 보를 나간다. 한 번에 화살을 4개나 쏘는데, 모두 1000보를 나간다."(세종 27년 3월 30일)

그동안 고생한 보람이 충분했다고 하겠다. 세종은 화포가 무한히 발전할 가능성을 내다보며 여유만만한 결론을 내리기도 했다.

　　"재위 28년 동안 나는, 화포에 관하여 신하들과 토론도 자주 하는 한편, 제도를 뜯어고치기도 했다. 신하들은 신무기가 나올 때마다 칭찬했다. 전에는 이와 같은 신식 무기가 있을 줄 모르고, 그 시절의 무기가 최상인 줄로 생각했다. 이제 와 돌이켜보면 그것은 우스운 일이었다. 하면 훗날에는 지금의 기술을 무어라 평가할까. 마치 오늘날 우리가 과거의 무기를 대수롭지 않게 여기는 것과 마찬가지가 아닐까."(세종 27년 3월 30일)

　　앞으로 혁신적인 기술 발전을 이루려면 인적 쇄신이 필요했다. 세종은 이 점을 확신했기에, 화포 제작에 관여하는 당상관들('제조')이 모두 늙었다고 주장하며 이제 적어도 한 사람쯤은 40세 미만의 젊은 관리를 새로 뽑아야 한다고 말했다. 만일 신임 당상관이 평생 중단 없이 군기감의 사무를 기획한다면 효과가 클 것이라며, 세종은 인사 혁신을 소망했다.

　　의정부 대신들은 왕의 뜻을 따랐다. 그들은 숙의를 거쳐 대호군 박강을 천거했다. 그로 말하면 옛 정승 박은의 아들로 전도유망한 중견 관리였다. 왕은 박강을 군기감의정(책임자)으로 삼고, 화포에 관한 정책을 진두지휘하게 했다.

화약 개발 위해 궁중에 사료국을 두다

화포의 성능에 결정적으로 중요한 것이 화약이었다. 그 성능을 개선하고 품질을 유지하는 것은 막중한 과제였다. 또 우리가 개발한 화약 생산기술이 외부로 새어나가면 안 될 일이므로, 보안 유지도 철저히 해야만 했다. 기술이 적의 수중에 들어간다면 그동안 노력해 얻은 성과가 물거품이 되는 셈이었다.

보안 유지를 염려한 끝에 왕은 특이한 결론에 도달했다. 화약 전문가를 궁중의 환관으로 제한하기로 한 것이었다. 지난날 대신 허조는 이런 충고를 했다.

"염초(화약)를 제조하는 곳이 일본에 가까우면 비밀이 누설되지 않을까 염려되옵니다. 마땅히 삼가고 비밀리에 전수해야 합니다."

오랫동안 왕은 이 말을 심중에 깊이 간직하고 있었다. 마침내 왕은 자신의 말과 수레를 관리하는 내사복이란 궁중의 한 관청에 화약 제조를 맡겼다(세종 27년 5월 9일).

제도 개편을 단행하자 국내의 화약 생산량은 두 배 가까이 늘어났다. 정확히 말해 합약소(화약공장)는 내사복의 남쪽에 설치되어 있었고, 환관이 운영을 전담했다. 화약의 생산성이 개선되자 왕은 기뻐하며 군기감의 화포장, 약장, 그리고 그들을 돕는 노비들에게도 쌀과 베를 주어 그동안의 노고를 위로했다(세종 27년 6월 13일).

환관들이 궐내에서 화약을 능숙하게 생산하자 군기감에 상당한 변화가 일어났다. 기존의 화약장(화약 기술자)은 화포장(화포 기술자)으로 직책을 바꾸어, 향후에는 화포의 제작과 수리만 맡아보게 했다(세종 27년 8월 26일). 후속 조치로, 궁중의 합약소는 사표국(司豹局)으로 개편하고 임무 수행에 필요한 여러 관직을 두었다(세종 27년 9월 27일).

그밖에도 왕은 무기 제작에 관한 전문 지식을 갖춘 전직 관리들을 엄격히 관리했다. 그 당시 군기감의 전직 관리 중에는 화약 제조법을 아는 사람이 많았다. 그들이 퇴직하고 고향에 내려가서 살면, 소재지 관청에 명하여 그들의 동태를 정확히 파악하라고 했다(세종 28년 1월 26일). 이런 식으로 군사기술이 적에게 유출되지 않게 막았고, 국가가 필요하면 언제든 다시 불러들일 수 있게 만반의 준비를 했다.

왕은 화약 생산법을 비밀리에 전수하기를 바랐고, 그에 부응하여 병조에서는 다음과 같은 제안을 내놓았다.

"지방에서 화약을 제조할 때는 화약 전문가 2명, 즉 염초장 1명과 취토장 1명을 현지에 파견합니다. 그들을 도울 보조 인력 5명도 함께 보냅니다. 그들은 은밀한 관청 건물에 들어가 문을 걸어 잠그고 화약을 만들 것입니다. 외부 사람은 절대로 보지 못하게 보안을 철저히 유지합니다."(세종 29년 2월 26일)

이러한 방침에 따라 화약은 극비리에 생산되었다. 그래도 행여 화약 기술이 일본이란 잠재적 적국에 알려질까 봐, 왕은 조바심을 냈다. 기술 유출을 방지하려고 병조 및 의정부의 대신들과 함께 상의를 거듭했다. 그러려면 화약의 사용은 공적 용도에 국한되어야 한다는 결론이 나왔다.

그 당시 화약 기술자 몇몇은 화약을 이용해 몰래 구슬을 만들었고, 이를 민간에 팔아서 이익을 취했다. 군사용 화약을 가지고 상업 행위에 종사한 것이었다. 세종은 이 문제를 근원적으로 막으려고 금지 규정을 마련하게 했다. 곧 새로 법이 제정되어, 구슬을 매입한 사람은 곤장 80대의 엄벌에 처했고, 구슬을 만들어 판 화약 기술자는 곤장 100대에 3000리의 유배형까지 추가되었다(세종 29년 4월 8일). 왕은 화약 생산 기술이 외부에 유출되는 것을 차단하기 위해서 심혈을 기울였다.

그러나 뜻밖의 사고가 일어나서 기술 인력을 잃기도 했다. 한번은 화약 창고에 불이 나서 기술자 22명이 한꺼번에 중화상을 입었다. 왕은 대궐의 어의들을 파견해 그들을 치료하게 했다. 그러나 무려 11명의 기술자가 사망하고 말았다(세종 29년 10월 3일). 엄청난 대형 사고로 귀중한 기술자가 집단으로 사망한 안타까운 참화였다. 하지만 이러한 피해에도 불구하고 세종은 더욱 안전하고 신속하게 고품질의 화약을 대량으로 생산하기 위해 계속 노력했다.

총통의 개발과 총통위의 확대

세종 때는 다종다양한 화포가 등장했는데, 일일이 다 소개하기에는 지면이 부족할 정도다. 그 가운데서도 전술적인 측면에서 가장 중요한 무기가 무엇일까. 개인 화기라고 말하는 것이 좋겠다. 병사들이 휴대하는 화살 발사기, 그 당시에는 총통이라고 불렸던 무기가 특히 중요했다. 왕은 총통을 이용하여 전투력을 비약적으로 끌어올릴 수 있다고 믿었다. 심지어는 이렇게 말할 정도였다.

"올해 농사는 실패했다. 그러나 총통은 나라를 지키는 중요한 무기인 까닭에 부득이하게 새로 제작해야 한다. 그 제작에 필요한 몇 가지 자재를 바꾸어 백성의 부담을 줄이도록 할 것이다."(세종 27년 11월 15일)

제작비를 절감하기 위해 왕은 군기감에 대안을 마련하게 했다. 마침내 화살의 깃〔箭羽〕도 가죽을 빼고 대나무와 나무로 대체하는 데 성공했다. 화살대도 구하기 어려운 자작나무를 쓰지 않고, 느릅나무와 참나무 등 구하기 쉬운 나무를 이용했다.

왕은 총통을 능숙하게 다루는 특수부대가 필요하다고 보아, '총통위'를 편성해 중앙군에 소속시켰다. 근무조는 모두 800명으로 3총통이 300명이요, 사전 총통과 팔전 총통이 각각 250명이었다. 총통위 병사는 날마다 사격 훈련을 하여 곧 정예부대가 되었다(세종 28년 1월 22일). 2년 뒤 왕은 총통위의 정원을 4000명으로 증편하고, 이를 5개 조로 나누어 800명이 넉 달마다 교대로 근무하도록 규칙을 바꾸었다(세종 30년 1월 28일).

요즘 말로 기계화부대에 해당하는 것이 바로 총통위였는데, 지방에도 총통부대가 주력으로 떠올랐다. 그러자 병사들이 총통에 넣어 발사하는 화살의 규격을 통일하여, 군수물자의 보급과 관리에 효율성을 높였다. 전국의 육군 및 수군 기지에서는 중앙에서 병조가 보낸 견본에 따라 화살의 규격과 품질을 일정하게 관리했다. 왕은 총통과 화살을 제작·수선하는 기술자들의 근무시간도 법으로 규정했다. 각 부대는 월말이 되면 해당 지역 관찰사에게 기술자

정치:
인재를 발탁하는〔擢髮〕 길

들의 실적을 보고했다. 연말에는 서울의 군기감에서 감찰관을 내려보내 각 부대의 근무 실적을 현장에서 점검했다. 이처럼 왕은 총통위의 군수물자 관리를 철저히 관리·감독했다.

세종은 총통부대의 훈련을 강화해 최고 수준의 전투태세를 유지하고자 했다. 사격 솜씨가 우수한 총통군은 상을 주어 표창했는데, 실전에서 총통부대의 위력이 입증되었다. 그러자 일반 군인들까지도 총통 사용법을 보고 익히라고 명령했다. 그만큼 총통에 거는 왕의 기대가 컸다.

일본인들이 출입하는 서남해안의 여러 지역에서는 농번기 중에도 군수물자를 계속 제작하게 했다. 총통에 사용할 화살을 충분히 만들어 비축함으로써 만약의 사태에 대비하게 했다. 총통은 북방의 여진족을 제압하기 위해서도 매우 소중한 무기였다. 세종은 군인들이 총통 사격술에 능숙하기를 바라며 평안도와 함길도의 도절제사들에게 다음과 같이 지시했다.

"총통을 가진 병사가 화약을 마음껏 사용하기 어려워 연습이 충분하지 못할까 봐 내가 걱정이다. 어떻게 하면 모든 병사가 사격술을 제대로 익힐 수 있을지 모르겠다. (…) 5명으로 오(伍, 분대)를 편성해, 한 사람은 장약을 전담하고 나머지 넷이 돌아가며 사격하면 어떨까 한다. 한 사람이 재빨리 화약을 장전할 수 있다면 그편이 나을 것 같다. 병사들의 완력이 어떠한지를 잘 살펴서 각자 힘에 알맞은 크고 작은 총통을 배우게 하라."(세종 29년 11월 16일)

세종이 다양한 화포를 개발한 것은 이미 우리가 아는 사실이다. 그런데 하필 왜, 왕은 총통에 그처럼 세심하게 마음을 기울였을까.

병사들은 대부분 농민이었고, 그래서 평소 칼 쓰기를 제대로 배우지 못한 데다 활도 능숙하게 다루는 이가 드문 편이었다. 그러나 그들도 총통을 사용하는 법은 비교적 쉽게 익힐 수 있었기 때문이다. 화약의 힘으로 화살을 발사하는 무기라서 조준하는 법만 숙달하면 실전에서 좋은 성과를 낼 수 있었다. 세종은 우리 군대의 실정을 정확히 알았으므로, 총통 중심의 전투가 가장 효율적인 것으로 판단했다. 참으로 시대를 앞선 혜안이 있었다고 하겠다.

훗날 공조판서 양성지는 세종 때의 군사제도에 관하여 귀중한 증언을 남겼다. 그때는 총통을 제작하고 다루는 법을 상세하게 기록한 《총통등록(銃筒謄錄)》이란 책자가 민간에 널리 퍼져 있었다고 말했다. 또 그 시절에 간행된 《오례의》에는 화포를 제작하는 방법이 정확하게 세부적으로 기술되어 있어, 행여 누군가 이 책을 왜국에 제공하기라도 하면 후환을 걱정해야 할 정도라고도 했다(성종 9년 10월 13일). 과연 세종의 시대에는 총통을 포함한 여러 가지 다양한 화포의 제작이 놀랄 만큼 활발했다.

놀라운 신무기들

집현전 학사 출신인 신숙주는 세종 때 다양한 신무기가 개발되어 효과적으로 사용되었다는 점을 성종에게 보고했다.

"세종께서는 명나라 영락 황제(성조)가 야인을 정벌하다가 포위되자 화차(火車) 덕분에 무사했다는 사실을 알고는 화차를 만들어

정치:
인재를 발탁하는 (拔擢) 길

여러 부대에 보내셨습니다."(성종 6년 4월 18일)

화차란 수레 위에 수십 개의 총통을 장치한 것으로, 이동도 편리하고, 한꺼번에 많은 화살을 발사할 수 있는 신무기였다. 알고 보면 세종 때는 그보다 더 효과적인 화약 무기도 있었다. 주화(走火)라고 불리는 일종의 로켓탄이었다. 신기전의 원형이라고도 할 수 있다. 왕은 북방의 여러 고을에 다양한 규모의 주화를 배치했다. 화포 전문가 박강은 왕명을 받고 평안도 각 부대에 중주화(중간 크기) 866병, 소주화(작은 크기) 4666병을 골고루 배치했다. 아울러 그는 현지에서 조립해 사용할 수 있는 다양한 화약 무기도 많이 가져갔다(세종 29년 12월 2일). 왕은 함길도에도 같은 무기를 다량으로 배치했다.

주화는 여러 해가 지난 다음 신기전으로 발전했다. 다양한 규격의 신기전이 전국의 군사기지에 빠짐없이 배치되었는데, 여진족의 침략 위협이 존재하는 북쪽에서는 해마다 1회의 사격 훈련을 실시했다. 나머지 지역에서는 2년에 한 번씩 사격 훈련 기간이 있었다(세종 30년 12월 6일). 신기전은 성과가 입증되었기 때문에, 세조 때에는 더더욱 활발하게 사용되었다. 훗날 임진왜란 때도 왜적을 무찌르는 데 신기전이 상당한 효과를 냈다고 한다.

세종은 신기술을 이용하여 적극적으로 화포를 개발했다. 이천과 박강 등 다수의 화포 전문가를 확보했기 때문에 가능한 일이었다. 화약도 대량으로 생산해, 특수부대인 총통군을 전국적으로 운영할 수 있었다. 왕은 기술 유출을 막기 위해 여러 가지 조치를 했고, 무기의 부품까지 표준화해 전투력이 충실해졌다. 실용과 효율을 추구하는 세종의 통치전략이 찬란하게 빛나는 대목이었다. 만약 세종이 세운 무기 개발의 전통이 계속 이어졌더라면 어땠을까. 그러나 이후에는 무기 개발이 제대로 이루어지지 않아서, 임진왜란 때나 병자호란 때도 어이없이 당하기만 했다는 것은 누구나 아는 사실이다.

집현전과 함께 새 시대를 열다 9

세종의 시대를 정확히 이해하려면 꼭 짚고 넘어가야 하는 것이 집현전이다. 역사에 관해 해박한 지식을 가졌던 왕은, 한 가지 결정적으로 중요한 사실을 놓치지 않았다. 탁월한 전문가 집단이 있어야 나라가 번영한다는 점이었다. 바로 그런 믿음으로 왕은 집현전을 설립했고, 정성을 쏟아 많은 인재를 길러냈다.

후세가 기억하는 세종의 업적은 대부분 집현전과 관계가 깊었다. 한글, 음악, 의학, 천문학 등 학문과 예술만이 아니었다. 정치, 경제, 군사, 외교 등 국정 운영 전반에 걸쳐 집현전의 역할이 중요했다.

집현전은 세종의 분신이라고 말해도 좋을 정도였다. 이 기관을 운영하면서 왕은 시차를 두고 다음의 네 가지 목표를 하나씩 실천했다고, 나는 생각한다.

첫째, 설립 초기에는 학사들에게 여러 가지 특전을 제공해 그들의 학술적 역량을 키우는 데 힘을 쏟았다.

둘째, 학사들의 능력이 어느 정도 충실해지자 왕은 학사들이 국정의 크고 작은 일에 자문할 기회를 가능한 한 많이 만들었다. 그들이 장차 유능한 실무관리로 성장하기를 바랐기 때문일 것이다.

셋째, 왕은 늘 학사들의 개성과 소질을 존중하여 그들이 각 분야 최고의 전문가로 성장하도록 이끌었다. 그 결과, 학사 가운데서 각 분야의 훌륭한 전문가가 쏟아져 나왔다.

끝으로, 왕은 재위 후반이 되자 집현전에 정책 심의권을 주었고, 학사들의 언론활동도 적극적으로 장려했다. 이로써 정치권력을 적절히 분산하고, 유능한 학사 출신이 장차 국정을 주도하기를 바랐다. 그것이 결과적으로 왕의 정책에 대한 호된 비판으로 돌아와 매우 씁쓸해하기도 했으나, 역시 왕이 초래한 일이기도 했다.

좌의정 박은의 건의로 새 역사가 시작되다

집현전 이야기의 출발점에는 좌의정 박은이 있었다.

"문신을 뽑아 집현전에 모으시고 문풍(文風)을 진흥하시기를 비옵니다."(세종 1년 2월 16일)

왕은 대찬성이었다. 궐내에 집현전을 설치하고 젊고 능력 있는 학사들을 불러들였다. 요즘 말로 그곳은 왕립도서관이자 고전연구소였다.

그 자신도 집현전 학사였던 서거정은 이렇게 서술했다. "왕이 처음에는 10명의 젊은 문신을 뽑더니, 그 수를 점차 늘려 30명까지 집현전에 두었다. 이후 다시 인원을 줄여 20명쯤으로 확정했다. 학사의 절반은 경연에 출석해 임금을 보필했고, 나머지 절반은 서연에 나아가 세자의 학업을 도왔다. 왕은 학사들에게 문필을 맡기고 고금의 사정을 조사하게 했다. 그들은 아침저녁으로 부지런히 공부하여 훌륭한 인재가 되었다."(서거정,《필원잡기》)

학사들의 근무처는 아늑한 공간이었다. 조선 전기를 대표하는 문인 성현은《용재총화》에서 집현전의 모습을 사실적으로 기술했다. 학사들은 다른 관청보다 일찍 출근하여 늦게까지 근무했다고 한다. 그들은 아침은 물론 저녁식사도 대궐에서 해결했는데, 늘 환관들이 곁에서 융숭하게 대접했다. 선비라면 누구나 부러워하는 벼슬이 집현전 학사였다.

잠 못 이루는 집현전 학사들

학사들은 몇 개 조로 나뉘어 날마다 궐내에서 숙직했다. 유명한 일화가 남아 있다. 어느 날 밤이었다. 세종은 환관을 보내 숙직 중인 학사가 어떻게 지내는지 살펴보라고 했다. 그날 숙직은 신숙주였는데, 그는 촛불 아래서 밤새도록 글을 읽었다. 환관이 세종에게 사실대로 아뢰었다. "학사가 글만 읽다가 닭이 울 때야 잠깐 취침했습니다!" 왕은 기특한 일이라고 여겨 자신의 담비 갖옷을 환관에게 주며 신 학사가 춥지 않게 잘 덮어주라고 했다. 아침이 되자 당사자인 신숙주는 깜짝 놀랐다. 소식을 들은 다른 학사들도 깊이 감동해, 더욱더 학문에 힘을 쏟았다《필원잡기》. 이렇듯 왕은 집현전 학사들을 성심껏 보살폈고, 학사들은 실력으로 응답했다.

초기에는 학사들의 연구 환경을 개선하는 것이 급선무였다. 그래서 세종은 양서를 모으는 데 정성을 다했다. 충주사고에 좋은 책들이 많다는 사실을 알기가 무섭게, 왕은 관리를 특파해 자신이 직접 고른 여러 권의 서적을 가져왔다(세종 3년 1월 7일). 또 민간에 소장된 귀중본도 몽땅 사들였다. 책을 바치는 사람에게는 본인의 희망대로 포백(포상금)을 주거나 관직으로 보상했다(세종 3년 3월 26일). 그밖에도 중국에서 값비싼 책을 수입하기도 하고, 국내에서 간행된 서적은 우선 집현전에 비치했다. 언젠가 강원도 감사가 새로 찍은《사서대전》 50질을 바치자, 왕은 그 가운데 3질을 집현전에 하사했다(세종 11년 4월 22일).

그 시절 나라에는 전문가라고 할 수 있는 사람이 거의 없었다. 하루는 경연에서 왕이《좌전》과《사기》 등에 기록된 역사적 사실을 물었는데 제대로 대답하는 신하가 없었다. 이를 계기로 왕은 집현전 학사 가운데 역사에 소질이 있는 이를 선발해 그 방면의 전문가로 키우려 했다(세종 7년 11월 29일). 정인지, 설순, 김빈이 선발되었는데, 그때 김빈은 지방관으로 재임 중이었다. 왕은 즉시 그를 집현전으로 이동 발령했다. 이후 세 사람은 역사가로 두각을 나타냈다.

다른 분야에서도 비슷한 예는 얼마든지 있다. 조선은 성리학의 나라임을 표방했으나 경전에 정통한 선비가 별로 없었다.《성리대전서》가 간행되었을 때의 일인데 이 책도 깊이 이해하는 이가 없

정치:
인재를 발탁하는 [拔擢賢] 길

었다. 세종은 철학에 소양이 있는 집현전 학사 김돈을 불러서 관련 분야를 전공하게 했다(세종 10년 3월 2일). 이렇듯 왕은 각 분야마다 소질 있는 학사를 발굴하여 전폭적으로 후원했다.

특별휴가까지 주며 집현전에 장기간 묶어둬

학사들이 연구에 전념하도록 세종은 특별휴가제도를 만들었다. 말하자면 연구년 제도를 도입한 것이었다. 세종 8년(1426), 왕은 집현전 부교리 권채, 저작랑 신석견, 정자 남수문 등 3인에게 처음으로 특별휴가를 주었다.

"그대들이 독서에 전념할 시간이 없어서 유감으로 여긴다. 이제부터는 출근하지 말고 집에서 책만 읽어라. 부디 큰 성과를 내어 내 뜻에 부합하라."(세종 8년 12월 11일)

서거정의 회고에 따르면, 특별휴가 중인 학사들도 이따금 대궐에서 숙직했다. 때로 그들은 조용한 산사에 올라가 독서삼매를 즐겼다. 그러면 왕이 모든 비용을 떠안았다(《필원잡기》). 이런 세월이 쌓이자 다수의 학사가 유교 경전과 역사에 정통했고, 제자백가와 천문지리 및 의약에도 박식해졌다. 15세기 말 이 특별휴가는 '독서당' 또는 '호당'으로 제도화되었다.

인재 양성에는 장기간의 투자가 필수적이었다. 왕은 일찌감치 그 점을 고려해, 집현전 학사는 다른 관청으로 자리를 옮기지 못하게 막았다. 세종 27년(1445) 가을, 집현전 학사 정창손이 사헌부 집의로 인사이동했다. 뒤늦게 그 사실을 알게 된 왕은, 정창손을 즉각 집현전으로 복귀시키려 했다. 그런데 대사헌 강석덕이 간곡히 만류하는 바람에 일단 복귀 명령은 취소했다(세종 27년 8월 3일). 얼마쯤 시간이 지나자 왕은 다시 정창손을 집현전으로 불러들였다. 학사를 오랫동안 집현전에 붙들어두려는 왕의 의지는 매우 강했다.

집현전을 실용학문의 거점으로

학사들의 실력이 향상되자 왕은 그들이 능력을 발휘할 수 있는 무대를 제공했다. 세종 12년(1430) 5월 28일, 왕은 술로써 나라를 망치는 일이 없도록 술을 경계하는 글('酒戒')을 짓고 싶다고 했다. 그러면서 관련 사실을 역사책에서 찾아보라고 집현전에 명령했다.

또 다른 예로, 음악에 관한 자료도 요구할 때가 있었다. 집현전 출신 음악 전문가 박연이 조회에서 사용할 음악에 관해 아뢰었을 때도 왕은 학사들에게 일렀다. "중국 고대의 음악 제도를 검토하여 관련 사례를 보고하라!"(세종 12년 9월 27일) 박연의 업적에 대해서는 후대에 상당한 논란이 일기도 했다(19장 참조).

한국의 옛 사회관습도 연구 대상이었다. 고려 때는 왕실 및 귀족 사회에 동성혼이 널리 유행했는데, 그 말을 들은 왕은 실상을 정확히 알고 싶었다. 그는 곧 집현전에 명하여, 결혼제도의 역사적 변천을 알아보게 했다(세종 12년 12월 18일).

학문과 예술을 사랑한 왕이었기에 질문도 퍽 다양했다. 왕은 통치에 관한 실용적인 지식이라면 무엇이든 정확히 알고 싶어 했다. 다년간 연구조사 활동을 통해 집현전이 실용학문의 중심지로 우뚝 서기를, 세종은 바랐다. 후세가 아는 것처럼 그 결과는 성공적이었다. 세종 25년(1443) 겨울, 왕은 학사 출신 이순지와 김담 덕분에 경작지의 재평가 작업이 손쉽게 마감되었다며 기뻐했다. 두 사람은 당대 제일의 수학자로 당대 최고의 천문학 서적 《칠정산 외편》을 편찬한 인재였다. 그들의 활약에 고무된 왕은 집현전에서 수학 교육의 역사도 연구조사하게 했다(세종 25년 11월 17일).

이순지와 김담으로 말하면, 세종이 아낀 조선 최고의 수학자요 천문학자였다. 그들은 《칠정산 외편》의 공동 저자였다. 고려 충선왕 때 최신 역법인 '수시력'이 도입되었으나, 우리 조상들의 수학 지식에는 한계가 있었다. 그래서 일식과 월식을 예측하는 등 고급한 천문학적 과제는 손도 못 댔다. 이 난제를 해결한 것은 중국과 아라비아의 역법까지 익힌 이순지와 김담이었다. 그러나 후세는 선배인 이순지는 알아도, 후배 김담에게는 무심한 것 같다.

말이 나온 김에 김담에 관해서 좀 더 설명해보기로 한다. 그는 경상도 영천 출신으로 젊어서 문과에 급제했다. 세종은 수학 영재였던 그를 단번에 알아보았다. 김담은 집현전 학사로 발탁되어 마음껏 수학 공부를 즐겼다. 그의 실력을 인정한 세종은 천문을 비롯해 세법, 측량, 제방 축조 등 수학 지식이 필요한 분야라면 무엇이든지 믿고 맡겼다.

당대의 천문학자 이순지가 모친상을 당하자 왕은 김담에게 간의대(천문관측소)를 일임했다. 김담에 대한 세종의 신뢰는 각별했다. 1449년 왕은 부친상을 당해 벼슬을 버리고 귀향한 김담을 조정으로 불러들였다. "그대의 재주는 세상에 드물기 때문이다"라며 서운부정의 직책을 주어 절대로 사직하지 못하게 했다. 그런 사실을 잘 알았던 윤필상은 훗날 성종에게 "옛날에는 김담이 역법에 정통했으나 이제는 그만한 사람이 아무도 없습니다"라고 탄식했다.

나중에 세종이 작고하자 후대의 왕들은 과학기술에 관해 별로 관심을 갖지 않았다. 김담은 그저 한 사람의 문신이 되고 말았다. 그는 자신이 정통한 수학과 천문학을 그만두고, 여러 관직을 역임했다. 나중에는 벼슬이 높아져 이조판서까지 지냈다. 하지만 수학자 김담이 그런 벼슬에 만족했을 것 같진 않다. 아무럼 후세에 길이 남을 자신의 학문을 완성하는 것만 할까. 그의 속마음을 자세히 알 길은 없으나, 세종을 늘 그리워했을 것 같다.

화제를 바꿔 앞에서도 잠시 말한 적이 있는 〈조옥도〉 이야기를 해보겠다. 한번은 세종이 집현전 학사들에게 명령해, 역대 왕조에서는 감옥을 어떻게 관리했는지를 알아보게 했다. 세종 30년(1448) 여름, 날씨가 무척 더웠고 왕은 폭염으로 죄수들이 옥사할까 봐 염려했다. 궁리 끝에 집현전에 지시해 하절기 죄수들의 건강에 보탬이 될 만한 방법을 역사 기록에서 찾아보게 한 것이었다(세종 30년 7월 2일).

이처럼 국정에 관계되는 연구 과제가 학사들에게 자주 주어졌다. 과제를 수행하는 가운데 그들은 자연히 실용학문에 눈을 떴다. 학사들이 저마다의 소질에 적합한 여러 분야의 전문가로 성장하는 것은 이제 시간문제였다.

편찬 사업과 학술을 주도하는 집현전

학사들의 전문성이 입증되자 왕은 그들에게 각종 편찬 사업도 믿고 맡겼다. 성리학적 윤리 도덕이든 역사 및 의학 서적이든 마찬가지였다.

우리의 지레짐작과는 달리 세종 초기에는 유교 도덕이 조선 사회에 깊이 뿌리내리지 못했다. 가령 경상도 진주에서는 김화라는 사람이 아버지를 살해했다. 이런 일은 전국 어디서든지 일어나고 있어, 부모를 폭행하거나 학대하는 패륜이 흔했다. 왕은 이러한 사회 현실에 통탄한 나머지 백성의 교화를 위해 《효행록》을 증보간행하기로 마음먹었다. 그러고는 이 편찬 사업의 주체로 집현전을 선택했다. 이에 학사들은 고대부터 고려 시대에 이르기까지 이름난 효자들의 행적을 발굴하여 실감나는 문체로 기술했다(세종 10년 10월 3일).

또 하나, 왕이 국정 참고자료로 가장 선호한 것이 역사책이었다. 송나라 때 사마광이 편찬한 《자치통감》이 매우 중시되었는데, 문제는 거기에 언급된 각종 제도와 인물 및 사건을 제대로 알기가 어렵다는 점이었다. 상세하고 정확한 주석서가 필요했다. 왕은 40여 명의 찬집관(편찬위원)을 선정했고, 그 대다수는 전현직 학사들이었다. 정인지, 설순, 권채, 남수문, 김돈, 안지, 안완경, 김빈 등이 포함되었다. 세종 17년(1435), 마침내 《통감훈의(通鑑訓義)》가 완성되었다(세종 17년 6월 8일). 이 책은 《자치통감》에 관한 최고의 주석서라는 후세의 호평을 받았다(16장 참조).

백성이 잘 사는 나라를 만들려면 보건위생도 개선되어야 했다. 그러나 조선에는 내놓을 만한 의학 서적이 없었다. 이를 안타깝게 여긴 세종은 본격적인 의학사전을 만들기로 했다. 이 사업도 집현전에 맡겼다. 먼저 집현전 부교리 김예몽과 저작랑 유성원에게 명하여, 가능한 한 많은 중국 의학서를 참조하여 전문 지식을 항목별로 정리하게 했다. 이어서 집현전 직제학 김문과 신석조, 부교리 이예 등에게 의원들과 함께 그 원고를 검토하라고 했다. 마지막에는 의학에 조예가 깊은 안평대군 이용과 전직 집현전 학사 이사철 및 의관 노중례에게 최종 감수를 부탁했다. 그리하여 3년이라는 단기간에 무려 365권에 달하는 방대한 의학 백과사전 《의방유취(醫方類聚)》가 완성되었다(세종 27년 10월 27일).

요컨대 세종 10년(1428) 이후 국가가 벌인 편찬 및 학술 사업의 주체는 집현전이었다. 사업의 방향과 내용은 물론 왕이 결정했다.

집현전, 세종의 개혁정치에 큰 힘이 되다

학사들이 전문 지식인으로서 두각을 나타내자 세종은 그들과 함께 국가를 혁신하기로 결심했다. 과거시험과 공법(세법) 개정 및 국방정책 수립 등에서 그런 사실이 얼마든지 확인된다.

정치:
인재를 발탁하는 [擇賢] 길

오랜 토론 끝에 세종은 과거시험 제도를 바꾸어 1차 시험에 강경법(경전 시험)을 도입했다. 처음에는 여러 신하가 반대했으나 결국은 이 법을 시행해 많은 학자를 키웠다. 알고 보면 법 개정의 이면에는 집현전 학사들의 노력이 있었던 것이다.

세종 10년(1428) 판부사 변계량은 강경법을 강력히 비판하며 논란의 불씨를 키웠다. 그때 집현전 교리 권채, 수찬 이선제 등 15인이 강경시험의 정당성을 끝까지 주장했다. 세종은 그들의 의견을 귀담아들었고, 여러 해가 지난 다음 최종 결단을 내리는 데 참고했다.

그 시절에는 세법 개정도 국정 현안이었다. 수년 동안 조정에서 찬반 양측이 지리한 공방전을 벌였다. 즉위 초부터 왕은 세제 혁신을 소망했으나 반대 여론이 워낙 강해서 실행하지 못했다. 그러던 중 세종 12년(1430) 가을, 왕은 모든 신하에게 세법에 관한 의견을 서면으로 제출하게 했다. 그때 집현전 학사들은 세 가지 방안을 제출했다(세종 12년 8월 10일).

그들의 주장을 자세히 검토해보면, 그들이야말로 세제 개혁에 이정표를 마련했다고 평가할 수도 있겠다. 첫째, 직제학 유효통은 하등전을 둘로 나누어, 등급마다 면적에 일정한 차이를 두자고 주장했다. 이 제안이 훗날 '전분(田分) 6등'을 만드는 뼈대가 되었다.

둘째, 집현전 부제학 박서생 등은 양안(토지대장)에 기록된 토지 등급이 실지와 일치하지 않는다며 재평가를 요청했다. 세종은 그들의 상소로 문제점을 정확히 파악했고, 시정할 기회를 기다리다가 수년 뒤에는 드디어 전국적으로 경작지의 등급을 재조정했다.

끝으로, 집현전 부제학 정인지는 세법을 바꾸기에 앞서 경기도에 시범지구를 운영하자고 했다. 또 직전 안지도 같은 취지로 전국에 수십 개의 시범지구를 만들자고 제안했다. 세종은 그들의 제안을 잊지 않았다. 새로운 세제가 도입 단계에 이르자 왕은 전국에 6곳의 시범지구를 정했다. 이로써 미처 예상하지 못한 여러 가지 문제점을 발견하게 되어 세법을 완성하는 데 큰 도움을 얻었다.

국방 문제도 잠시 짚어보자. 때는 왕의 재위 말년이었는데(세종 32년 1월 15일), 집현전 부교리 양성지는 평소 외교·국방 문제를 깊이 연구한 결과 열 가지 새로운 전략을 왕에게 제안했다. 간단히 말해 그가 수립한 전략은 다음의 세 가지로 집약된다.

첫 번째는 북쪽 국경에 함부로 성을 쌓지 말고 일본과는 외교관계를 개선하자는 것이었다. 두 번째는 군대를 정예병 위주로 재편성하고 공격과 수비에 유용한 장비를 많이 만들자는 것이었다. 끝으로, 내부 사회 기강을 확립하고 중국과의 관계를 강화하자고 했다. 훗날 세조는 양성지의 제안을 수용해 한반도의 안정과 평화를 확고히 다졌다.

심의 기구를 넘어 권력 기구로 진화한 집현전

세월이 흐를수록 세종은 집현전에 더 큰 권한을 주었다. 학사들이 현실 정치에 깊숙이 간여하게 허락한 것이었다. 왕은 그들을 언관(言官)으로 대우해, 대간(사헌부, 사간원)과 더불어 조정의 잘잘못을 따지게 했다. 집현전은 이제 학술기관인 동시에 권력기관으로 격상했다.

왕은 정치권력을 여러 기관이 나눠 갖기를 바랐고, 그들이 서로 비판하고 견제하는 것을 정치적 이상으로 여겼다. 다분히 성리학적 발상이었다. 그로 말미암아 학사들은 언관으로서 왕의 잘못을 지적하고 대신의 월권과 독주를 막기에 힘썼다.

세종 28년(1446) 겨울, 집현전 직제학 이계전 등은 사소한 일로 궁지에 몰린 대간을 두둔했다. 집현전 학사 10여 명이 집단으로 상소하기를, 대간의 처사가 비록 잘못되었을지라도 엄벌하지는 말아야 한다고 주장했다. 언로가 막히면 나중에 더 큰 문제가 발생할 수 있다는 지적이었다(세종 28년 10월 10일). 왕은 이계전의 발언을 수용해 대간을 너그러이 용서했다.

돌이켜보면 재위 10년쯤부터 세종은 제도 개혁에 박차를 가했다. 그러나 시간이 흐를수록 개혁의 후유증과 부작용을 심각하게 염려했다. 재위 말기가 되면 왕은 매우 신중한 태도를 취하게 되었다. 그런 상태에서 왕은 집현전에 정책을 심의할 권한까지 주어, 새로운 제도와 정책의 문제점을 엄격히 분석 검토하게 했다.

왕의 태도가 이렇게 변화하자 집현전의 역할도 완전히 바뀌었다. 학사들이 제도 개혁을 반대하는 사례가 더욱더 많아졌다. 의정부가 사창법(춘궁기 빈민에게 곡식을 대여하는 법)을 세우려 했을 때도 그들은 강력히 반대했다(세종 26년 7월 14일). 그 당시 의정부는 염법(소금 전매법)도 추진했고, 왕 역시 그 문제에는 호의적이었다. 그러나 집현전은 이를 단호히 거부했다. 국가에서 소금을 제조·판매하면 백성의 생계가 어려워진다는 것이 주된 이유였다. 그때도 왕은 집현전의 주장을 받아들여 소금 전매법을 중도 폐기했다(세종 27년 8월 27일). 이밖에도 왕이 오랫동안 추진한 저화(종이돈)의 부활도 집현전의 반대로 중단되었다(세종 27년 10월 11일).

이처럼 집현전의 기능과 역할은 세월의 흐름에 따라 변화를 보였다. 재위 말년에는 세종이 집현전과 대립하는 듯한 모습도 관찰된다. 세종 28년(1446) 봄, 왕은 작고한 왕비의 넋을 달래려고 불경을 간행하려고 했다. 그러자 집현전은 대간과 함께 반발했다. 불교의 해악을 잘 아는 왕이 왜 불경을 간행하느냐며 저항했다. 하지만 왕은 자신의 의지대로 불경 간행을 추진했다(세종 28년 3월 28일).

이태 뒤에는 더더욱 심각한 충돌이 일어났다. 세종이 대궐 안에 불당을 설치할 뜻을 밝혔기 때문이다. 그러자 집현전 부제학 정창손 등이 거세게 반대했다. 대신과 대간은 물론 승정원까지도 합세했다. 성균관 유생들은 학업을 중단하고 집으로 돌아갔다. 정치적으로 큰 소용돌이가 일어났는데도 세종은 물러서지 않았다(세종 30년 7월 23일).

그럼 이 문제는 과연 어떻게 해결되었을까. 개혁정치가 조광조는 중종의 어전에서 다음과 같이 말했다.

"세종은 정승 황희를 불러 이 문제를 상의했습니다. 그러자 황희가 말했습니다. '신이 그들을 다시 불러오겠습니다!' 그러고는 즉시 학사들의 집을 일일이 방문하여 직무에 복귀하기를 종용했습니다."(중종 13년 2월 2일)

만약 세종 임금도 아니고 황희 정승도 아니었다면 어떠했을까. 왕은 자신이 아끼던 신하들이 배신했다고 분통을 터뜨렸을 것이요, 정승도 허리를 굽혀 학사들의 복귀를 간청하지는 않았을 것이

정치:
인재를 발탁하는〔擧賢〕길

다. 이것이 조광조의 견해였다(19장 참조).

국시(國是)가 성리학이었던 만큼 신하들의 반대는 짐작할 수 있는 일이었다. 그러나 세종으로서는 왕실의 오랜 전통이자 자신의 신앙이기도 했을 불교를 포기하기 어려웠다. 세종이 불교를 신앙한다고 수긍한 적은 없으나, 불교 관련 행사를 여러 번 개최한 것으로 보아 불교에 경도된 점은 부정하기 어렵다. 아무튼 그때는 황희라는 정승이 있어 정치적 난관을 극복할 수 있었다.

이태 뒤 세종은 세상을 등졌으나 이후 30여 년 동안 나라를 이끈 것은 집현전 학사 출신이었다. 이름난 정승만도 정인지를 비롯하여 정창손, 신숙주, 최항, 이사철 등 여럿이었다. 유명한 사육신도 무관 유응부를 제외하면 모두 학사들이었다.

그런데 여기서 간단히 짚고 넘어갈 점이 있다. 이계전 이후 집현전 학사 중에는 대관과 함께 현실 정치에 너무 깊숙이 개입하는 이들이 많았다. 언관의 활동이 활발해진 것은 장점이었으나, 집현전을 설치한 본래 의도와는 동떨어진 폐단이라고 볼 수도 있었을 것이다. 과연 세조는 박팽년, 하위지, 성삼문, 이개, 유성원을 그 사건으로 처벌한 다음에 집현전을 영구히 폐지했다. 그런데 시간이 좀 흐르자 인재를 길러야 한다는 요구가 빗발쳐, 성종 때 홍문관이 설치되었다. 하지만 예전처럼 많은 인재를 기르지는 못했고, 말기의 집현전처럼 언관으로도 기능하면서 이른바 삼사(사헌부, 사간원, 홍문관)의 하나가 되었다. 중종 때 개혁정치가 조광조도 홍문관을 중심으로 활동한 사실은 누구나 아는 일이다.

세종이 인재를 관리한 네 가지 방식

'인사가 만사'라고 다들 말한다. 적재적소에 인재를 등용하는 것이 얼마나 중요한 일인가. 세종은 백성을 위한 나라를 만들고자 인재를 발굴하는 데 정성을 쏟았고, 그 결과도 눈부셨다는 생각이 든다.

장영실의 성공 신화를 모르는 사람은 아마 없을 것이다. 그의 어머니는 천한 기생이요, 아버지도 무명의 외국인이었다. 그런데도 왕은 장영실에게 서슴없이 중요한 일을 맡겼다. 자격루가 완성되었을 때 왕은 이렇게 단언했다. "장영실이 아니면 결코 이룰 수 없는 일이다!" 일부 신하들의 반대에도 아랑곳하지 않고, 왕은 그를 호군(정4품) 벼슬에 임명했다(세종 15년 9월 16일).

우리 역사상 가장 많은 인재가 나타난 것은 세종 때였다. 그것은 우연이 아니었는데, 왕이 인재를 관리하는 방식을 살펴보면 적어도 네 가지 특징이 있다.

정치:
인재를 발탁하는(拔擢) 길

첫째, 왕은 인재를 철저히 관리하고 검증했다.

둘째, 추천을 통해 다양한 인재를 발탁했다.

셋째, 훌륭한 지방관이 있어야만 백성의 삶이 개선된다는 점을 특히 강조했다.

넷째, 과거시험을 본래의 취지에 맞게 개혁했다.

그런데 세종의 인재 관리에 관한 이야기도 그 출발점은 무척 어두웠다. 흥미로운 사실이 아닌가 한다.

"관리들을 철저히 감독하라"

왕위에 오른 세종은 놀라움을 금치 못했다. 무능한 관리들이 곳곳에 널려 있었기 때문이다. 고심 끝에 왕은 이조판서와 병조판서를 불러들였다. 조정의 분위기를 근본적으로 쇄신할 필요가 있다면서, 왕은 지난 30년 동안 모든 관리의 근무 성적표를 가져오라고 명했다. 그런 다음 왕은 근무 성적이 특히 나쁜 수 명의 관리를 가차 없이 조정에서 축출했다(세종 1년 3월 5일).

이어서 왕의 날카로운 시선이 탐관오리를 향했다. 세종 6년 (1424) 8월 15일, 세종은 전직 관리 최세온의 목을 벴다. 그는 평안도 덕천현의 지방관이었는데 관가의 물건을 함부로 가로챘다. 특히 굶주린 백성들에게 나눠줄 식량인 진제미를 57관(약 214킬로그램)가량 횡령해, 임금을 실망시켰다. 사헌부가 최세온의 비리를 보고하자, 왕은 "진제미를 도둑질하여 백성들이 굶어 죽게 했다"라고 한탄하며 그를 처형했다.

세종은 재위 말년까지도 관리들이 백성을 약탈할까 봐 전전긍긍했다. 관리가 수상한 행동을 보이면, 왕은 경차관(특별조사관)을 파견하거나 행대를 보냈다(가령 세종 29년 2월 1일). 행대란 '이동하는 대간'으로, 특명을 띠고 지방에 내려가서 비위 사실을 광범위하게 감찰했다. 일찍이 허조의 건의로 '부민 고소 금지법'을 도입했기 때문에, 지방관이 비리를 저질러도 백성은 고발하기가 어려웠다. 그런 빈틈을 이용해 권한을 남용하는 관리가 적지 않았다. 세종은 각 지방의 실정을 주의 깊게 관찰했고, 때로는 감찰활동을 통해서 백성의 고통이 있는지를 살폈다.

"인재를 철저히 검증하라"

"사람을 쓰려면 맨 처음에 옥석을 철저히 가리는 것이 옳다." 즉위 초부터 세종은 그 점을 염두에 두고 있었다. 때마침 사헌부에서 좋은 제안을 했다. 고려의 전성기에는 말단관리부터 정1품에 이르기까지 모든 관리의 임용에, 간관이 서경(자격심사)을 했다고 했다. 그러므로 서경제도를 확대해서 시행하자는 주장이었다. 참고로 당시의 실정은 어떠했는가. 태조 이래 4품 이하 관리만 서경의 대상으로 삼았던 것인데, 사헌부는 과감하게도 구습을 뜯어고치자고 말한 것이었다(세종 5년 5월 17일).

세종은 사헌부의 견해를 받아들였다. 우여곡절은 있었으나 얼

정치:
인재를 발탁하는 (拔賢) 길

마 뒤에는 지위 고하를 막론하고 모든 임명 절차에 서경이 뒤따랐다. 왕의 판단이 합리적이었다는 점은 굳이 강조할 필요도 없겠으나, 그러한 왕을 믿고 대간들도 강직한 태도로 직무를 수행했다. 그러다 보니 해프닝도 벌어졌다.

세종 8년(1426) 3월 26일이었다. 좌의정 유정현이 사직할 뜻을 밝히며 그 사유를 언급했다. "전하께서 늙은 저를 좌의정에 임명하셨으나, 제가 평소 재물을 많이 모았다는 이유로 대간이 서경해 주지 않습니다."

세종은 그의 사직을 한마디로 물리쳤다. "곡식을 꺼내주고 이자를 받는 것은 세상 풍습이다. 사헌부에서 그대를 문제 삼은 것은, 그대의 성격이 강하여 이자를 받을 때 독촉이 심했을 것으로 짐작하기 때문이다. 부디 사직하지 말라."

유정현의 사례에서 보듯, 왕은 대간의 주장에 밀려 이리저리 흔들리지 않았다. 물론 대체로는 사헌부의 손을 들어주는 편이었다. 세종 9년(1427) 2월 19일, 사헌부는 사복시 주부(정6품)에 임명된 고전성의 비리를 지적했다. 어머니가 작고했는데 상중에 고기를 먹고 장가까지 들었다는 비판이었다. 왕은 즉각 그의 발령을 취소했다. 사헌부의 철저한 인사 검증 덕분에 무자격자가 관직에 등용될 가능성은 점점 사라졌다.

왕의 기대에 부응하여 이조도 인사 방식을 개선했다. 그들은 분경 금지법(청탁 금지법)이 너무 엄격히 적용되기 때문에 도리어 임용 후보자의 자격 검증에 장애가 생긴다며, 개선을 촉구했다. 임용 후보자를 사전에 면접할 수가 없어서 깜깜이 인사가 되고 만다는 하소연이었다. 그 시절의 관리들은 이처럼 국가의 법규를 철저히 준수했다. 임금은 이 문제를 '상정소'의 대신들과 상의했고, 마침내 이조는 3품 이하의 관리를 임명하기 전에 청사로 불러서 직접 면접하게 되었다(세종 15년 10월 28일).

"구조가 문제라면 제도를 바꿔라"

세종의 눈이 아무리 밝더라도 그늘진 곳은 항상 있었다. 왕의 신임이 깊었던 도승지(지신사)가 권력을 남용해서 여론이 나빠졌다. 세종 16년(1434) 8월 7일, 도승지 안숭선의 처신이 여론의 비난을 받았다. 그 시절에는 규정상 2명의 대신이 임용권을 행사했다. 현직 이조판서와 이조판서를 겸하는 다른 한 명의 정승이 그들이었다. 그런데 이조판서를 겸한 좌의정 맹사성은 결단력이 부족해 미적거린다는 여론이 많았다. 또 이조판서 신개는 도승지의 눈치를 보느라 제구실을 못했다는 비판도 적지 않았다. 조정 여론은 도승지가 관리 임명권을 독점했다며 격앙되었다. 안숭선은 도승지로서 이미 여러 해 동안 왕명을 출납했고, 관리 인선에도 깊이 개입해 권세가 지나쳤다는 여론이었다.

　왕은 이 문제를 깊이 고심한 끝에 안숭선 개인의 탐욕이 문제의 본질은 아니라고 판단했다. 그보다는 제도적 결함이 더 큰 문제라고 판단했으므로, 의정부 대신들에게 보완책을 강구하라고 지시했다(안숭선에 관한 자세한 사항은 12장 참조). 그에 따라 승정원의 권력

분립 방안이 만들어졌다. 6명의 승지가 교대로 인사 전형에 참여하는 방식이었다. 임금은 이를 법으로 제정했고(세종 19년 8월 8일), 그러자 도승지의 권력 남용 문제는 일단락되었다.

그래도 남은 문제가 있었다. 인사 기밀이 자주 샜다. 근무 평정 결과가 미리 알려지기도 했고, 임명 절차가 아직 진행 중인데도 소문이 퍼져서 근무 기강이 흔들렸다. 세종은 이런 악습을 뜯어고치려고 했다. 그리하여 인사 관련 정보를 누설한 사람은 지위 여하를 막론하고 중징계를 하겠다고 엄중 경고했다(세종 24년 12월 5일). 잘못된 관행이 하루아침에 사라질 수는 없었겠지만, 불필요한 잡음은 차츰 줄어들었다.

"능력이 있으면 누구라도 추천하라"

백성들이 어깨를 펴고 사는 좋은 나라를 만들려면 인재가 많아야 했다. 세종은 항상 인재의 필요성을 거듭 강조했고, 인재를 천거하라는 명령도 되풀이해서 내렸다. 세종 5년 11월 25일에도 왕은 이조에 명하여, 동반 6품 이상, 서반 4품 이상인 현직과 전직의 모든 관리는 다음의 3항에 해당하는 3명의 인재를 추천하라고 권고했다. (가) 변방을 지킬 만한 인재, (나) 수령이 될 만한 인재, (다) 번잡한 행정사무를 맡길 만한 인재였다. 그런데 세종의 이런 지시는 의례적으로 되풀이되는 진부한 통치 방식이 아니었다. 왕은 자신과 함께 국정을 운영할 인재를 애타게 찾았다.

왕은 중국 역사상 호평을 받는 제왕들은 어떤 방법으로 인재를 등용했는지를 연구하기도 했다. 또 집현전에 특명을 내려 이 문제를 깊이 연구하라고 지시했다. 아울러 경험과 식견이 많은 의정부 대신들에게도 인재를 선발할 방법을 연구하라고 주문했다. 결국 왕은 다음의 4개 항목에 해당하는 인재를 적극적으로 발굴하기로 결정했다(세종 18년 2월 30일).

첫째, 몸가짐이 방정하고 절조와 염치가 있는 자.

둘째, 마음이 곧아서 바른말을 하는 자.

셋째, 선비로서 행실이 올발라 명성이 있는 자.

넷째, 재주가 뛰어나 타인의 신뢰를 얻은 자.

학식과 덕망을 갖춘 이런 인재가 발견되면 서울에서는 한성부가, 지방에서는 감사와 수령이 그 명단을 작성하게 했다. 인재를 추천하는 일은 사시사철 언제나 가능하며, 당사자가 품계를 가졌는지는 묻지 않겠다고 했다. 인재의 수는 아무리 많아도 좋으니 그들의 행적을 자세히 기록하여 조정에 보고하라는 거였다. "내 마땅히 그 명단을 인사 담당관에게 주어 능력에 알맞게 등용하겠다!" 이 한마디에서 나는 왕의 강력한 의지를 실감했다.

추천하라는 인재는 갈수록 구체적으로 정의되었고, 그 범위도 넓어졌다. 세종 25년(1443) 7월 26일의 왕명에서도 확인되듯, 종래의 3과(세종 5년)가 이미 '9과'로 확대된 지도 오래였다. 9과란 무엇일까. 송나라의 사마광이 제안한 10과를 대부분 수용한 것으로 추

정치:
인재를 발탁하는〔擢賢〕길

측한다. 즉 스승이 될 만한 자, 경전에 해박한 자, 대간이 될 만한 자, 문장력이 우수한 자, 재판을 잘하는 자, 재물을 잘 관리할 자, 감사가 될 만한 자, 수령이 될 만한 자, 장수가 될 만한 자, 전례를 잘 아는 자 등이었다.

유능한 지방관은 나라 살림에 필수

시종일관 세종이 가장 촉각을 세운 것은, 어떻게 하면 우수한 지방관을 많이 확보하는가였다. 왕은 이 문제를 적잖이 고심했고, 드디어 집현전에 지시하여 본격적으로 연구하게 했다(세종 13년 10월 17일). 학사들은 중국의 옛 문헌인 《문헌통고》와 《두씨통전》을 분석한 결과, 세 가지 교훈을 얻었다.

첫째, 한나라 선제는 자사와 수상을 임명할 때마다 직접 면담을 하는 등 정성을 다했다. 덕분에 그 시절에는 탁월한 관리가 쏟아져 나왔다. 둘째, 당나라 태종은 지방에 파견할 도독과 군수의 이름을 병풍 한 모서리에 적어두고, 관리들의 업적 보고서가 올라올 때마다 각자의 이름 아래 깨알같이 기입했다. 황제가 이처럼 주의를 기울이자 지방 통치가 크게 개선되었다. 셋째, 실패 사례도 있었는데 송나라가 대표적이었다. 그 시절에는 모두 중앙 관직만 차지하려 해 결국은 지방관을 차출하기가 어려워졌다. 세종은 이러한 연구 결과를 깊이 마음에 새겨 국정 운영에 참고했다.

왕은 자신의 역사적 지식을 토대로 지방관의 임기가 짧으면 통치 효과가 별로 없다고 확신했다. 정승 유정현과 허조도 같은 의견이었다. 그래서 세종은 일찌감치 지방관의 임기를 60개월로 정한, 이른바 '구임법'(장기임기법)을 만들었다. 그런데 이 제도의 효과를 둘러싸고 조정에서 논란이 끊이지 않았다. 정연, 정초, 조계생, 권진, 맹사성 등 여러 대신은, 본래대로 지방관의 임기는 30개월로 단축해야 옳다고 고집했다. 그러나 허조와 황희 등은 새 제도가 정착되려면 많은 시간이 필요하다며 세종의 구임법을 옹호했다.

유능한 지방관을 어디서 어떻게 구할 것인가? 조정 대신들은 공신 및 2품 이상인 고위 관리의 자제와 사위를 적극적으로 추천했다. 고위층 자제를 기용함으로써 왕이 지방관을 우대한다는 점을 널리 알릴 수도 있고, 또 훗날 나라의 기둥이 될 인재를 미리 양성하는 효과도 거둘 수 있다는 것이 대신들의 설명이었다. 아닌 게 아니라, 세종 때 지방관으로 부임한 사람 중에는 고위층 자제가 많았다. 이것은 관직 세습이라는 한계를 지닌 것이었으나, 그들이야말로 지방의 세력가를 제압할 배경이 있었으므로 조정의 정책을 집행하는 데는 장점이 있었다.

유능한 지방관을 선발하기란 쉬운 일이 아니었다. 이조판서 허성은 업무상의 고충을 솔직히 털어놓으며, 왕에게 인사에 필요한 지혜를 빌려달라고 했다. 그러자 세종은 자신이 추구하는 인사 방침을 설명했다. 지방관의 임무가 힘들다고 해서 임기가 끝나기도 전에 사직하는 사람이 있다면, 그를 관리로 다시 등용해서는 안 된다고 강조했다. 그런 사람은 사퇴한 후 적어도 6년 동안은 재임용에서 배제하라고 주문했다(세종 21년 1월 13일). "관리로 크게 성공

정치:
인재를 발탁하는[拔擢] 길

하고 싶으면 지방관으로서 자신의 능력을 증명하라." 이것이 관리 사회를 향한 세종의 메시지였다.

왕은 지방관의 근무 평가 방식을 개선하는 데도 힘썼다. 인구를 늘리고 학교를 진흥하는 등 다양한 분야에 걸쳐 지방관의 업적을 평가했다는 것쯤은 누구나 다 안다. 세종 29년(1447) 2월 12일, 왕은 이조에 특별한 지시를 내렸다. 만약 10회의 근무 평가에서 연달아 '상' 등급을 받은 관리가 있다면 그의 관등을 한 단계 올려주라고 했다. 그리하여 다수의 우수한 지방관이 특진의 기회를 잡았다.

세종 때는 모범적인 지방관도 많았고, 근무 기강도 양호한 편이었다고 한다. 정도전의 손자로서 성종 때 대신이 된 정문형은 어전에서 세종의 시대를 다음과 같이 회고했다.

"지방관을 역임하지 않으면 누구도 4품 이상 관리가 되지 못하는 법, 이것은 세종 때 시작되었습니다. 그때는 양리(어진 관리)가 백성을 다스린 덕분에 백성이 혜택을 많이 받았고, 나라의 인재들이 백성을 다스리는 사무를 직접 익혔습니다. 훌륭한 법에 담긴 아름다운 뜻이 거기에 있었습니다."(성종 21년 1월 12일)

"가치관이 분명한 공교육을 하자"

최고의 인재는 과거시험을 통해서 식별할 수 있기를 누구나 기대했다. 그러나 세종 초년에는 과거제도 역시 본래의 목적에서 멀리 벗어나 있었다. 세종 즉위년(1418) 10월 7일, 대제학 변계량은 그 시대가 직면한 어려움을 두어 줄로 요약했다.

"문과 1차 시험(초장)에서 강경(경서마다 한 장씩 지목하여 외우고 풀이하게 함)을 하도록 법을 바꾼 결과, 쓸 만한 인재는 모두 무과 시험장으로 달아났습니다." 선비들은 경전 공부를 무척 싫어했던 모양이다.

문과 응시자가 계속 줄어들자 좌의정 박은이 대책을 세웠다. "앞으로는 무과도 사서를 통달한 사람만 응시하게 규정을 바꿔야 합니다." 궁여지책이었으나 왕은 그 제안을 수용했다(세종 1년 2월 16일).

그런데 사태는 막연히 짐작했던 것보다 훨씬 심각했다. 세종은 성균관의 운영 실태를 점검하고는 깜짝 놀랐다. 성균관에 나와서 착실히 문과시험을 준비하는 유생은 정원의 반에도 미치지 못했다. 왕은 의정부 및 육조와 상의하여 대책 마련에 고심했다(세종 즉위년 11월 3일). 우선 성균관의 재정부터 개선하기로 결심하고, 왕은 노비 100명을 하사했다(세종 1년 8월 8일). 또 선비들의 사기를 높이기 위해 왕은 기회가 될 때마다 성균관의 학관과 유생에게 술과 어육을 듬뿍 선물했다(세종 9년 11월 13일 등). 사서와 오경 등 학습에 필요한 서적을 성균관과 오부 학당에 나누어준 것은 물론이었다(세종 5년 3월 15일 등).

이와 별도로 성균관의 위생 수준을 높이는 데도 정성을 쏟았다. 유생이 부종병에 걸려 사망하자 왕은 의원 2명을 성균관에 상근 배치했다. 그때부터 의원들은 거기에 머물며 유생들의 건강을 돌보았다(세종 3년 8월 24일). 그리고 공조에 명하여 성균관의 기숙사인 동재와 서재를 대대적으로 수리하고 각각 5칸의 온돌도 깔았다.

아울러 선공감에 지시하여 목욕탕도 새로 짓고 유생들이 공부할 판등(결상)도 80개나 만들었다(세종 7년 7월 19일).

이처럼 다방면에 걸쳐 큰 노력을 기울였으나, 성균관의 운영은 정상화될 기미를 보이지 않았다. 세종의 번민이 깊어졌다.

그때 우사간 박관이 개선책을 제시했다. "40세 미만의 생원을 학당과 향교에서 가르치는 직임에 절대 임명하지 마소서. 그들이 과거에 합격하지 않고 쉽게 벼슬길에 나가는 길을 막으소서!" 왕은 그의 제안을 기꺼이 수용했다(세종 5년 11월 9일). 그러자 성균관에 기숙하는 유생이 늘어났다. 적절한 정책이란 이처럼 중요한 것이다.

시일이 흐르자 성균관을 학문의 요람으로 만들려는 왕의 결심에 감동한 관리도 나왔다. 성균관 주부 송을개는 새로 학칙 시안을 만들어, 왕의 면학 정책에 호응했다. 그의 제안에는 특이한 부분도 포함되어 있었다. 학교마다 〈선부(善簿)〉와 〈벌부(罰簿)〉라는 2개의 장부를 만들자는 것이었다. 여씨향약의 영향을 받은 것이었는데, 효성 있고, 우애하고, 친척들과 화목하며, 어려움에 처한 이웃을 돕는 유생을 비롯해 명망이 있는 사람은 모두 〈선부〉에 기록하자고 제안했다. 반면에 공부에는 힘쓰지 않고 풍속을 어지럽히는 이들은 모두 〈벌부〉에 적자고 말했다. 연말이 되면 학교는 2권의 장부를 각 도의 감사에게 보고하고, 감사는 다시 이조와 예조에도 알리자는 것이었다. 이조는 관리를 임명할 때마다 그 기록을 참조하고, 예조는 과거시험 때마다 행실이 나쁜 사람에게는 응시 기회를 주지 말자는 의도였다.

세종은 송을개의 제안에 깊이 공감한 나머지 의정부에 타당성
을 검토하도록 했다. 얼마 후 왕은 전국의 모든 학교에 명령하여
〈선부〉와 〈벌부〉를 작성하라고 했다(세종 19년 7월 10일).

과거시험의 근간은 강경에 있다

그러나 뿌리 깊은 문제가 여전히 남아 있었다. 성균관 유생들이 경
전 공부를 열심히 하지 않는다는 사실이었다. 대신 허조는 그러한
문제점을 여러 차례 지적했다.

"유생들이 이미 합격한 동료들의 답안지를 베껴 가지고 시험장
에 들어갑니다. 그들은 공부를 하지 않습니다."

왕의 염려가 더욱 커졌다(세종 14년 3월 12일). 그러나 오랫동안 과
거시험을 주관한 양촌 권근과 춘정 변계량 등이 강경 시험을 끈질
기게 반대했다. 강경은 대면시험이라서 공정성을 보장할 수 없다
는 것, 이것이 반론의 근거였다.

세종은 이 문제를 여러 해 동안 따져보았으나 명확한 결론에 이
르지 못했다. 세종 19년(1437) 9월 3일, 허조가 강경법의 필요성을
또다시 공론화하자, 왕은 드디어 결단을 내렸다.

"경서에 익숙한 이가 귀한 인재다."

왕이 강경시험을 시행하기로 결심하자, 그동안 소극적이던 의
정부도 방향을 완전히 바꾸었다. 그들은 경학에 뛰어난 학자를 물
색하기에 힘썼다(세종 21년 2월 2일). 그러자 여태까지 미루어온 제도

개혁이 본궤도에 올랐다. 세종 24년(1442) 8월 10일, 강경시험이 다시 실시되었고 왕세자(문종)가 총책임을 맡았다.

객관적인 평가가 필수적인 만큼 채점 방식도 다듬었다. 예조는 거듭 시험한 끝에 합리적인 평가표를 만드는 데 성공했다. 합격 판정도 4단계로 세분화해, 조통(粗通), 약통(略通), 통(通), 대통(大通)으로 나누었다. 가령 조통은 외우고 해석할 때 큰 실수가 없고, 요점을 풀이할 때도 대의에서 많이 벗어나지 않은 상태를 말한다. 그에 비해 약통은 외우고 해석할 때도 유창하고, 요점 풀이도 본의에 맞으나 자유롭게 전후좌우로 통하지는 못하다는 것이었다.

또 하나 주의를 끄는 점이 있었으니, 응시자의 강경 점수를 다수의 시험관이 함께 논의해서 결정하는 방법을 채택한 것이다(세종 26년 2월 9일). 평가 규칙이 이처럼 정밀해지자 모두 안심했다.

수십 년 뒤 성종 때 경연에서 동부승지 홍귀달이 다음과 같이 증언했다. "세종 시대에는 강경을 위주로 인재를 뽑았습니다. 그 결과 선비들이 모두 경전 공부에 힘썼으며, 이극배 등은 특히 경서에 밝았습니다."(성종 7년 10월 8일)

그런데 세종 시절이 '문신들의 천국'이었다고 지레짐작하면 틀렸다. 세종은 문무의 균형 있는 발전을 추구했다. 왕의 뜻을 헤아린 무신 이춘생과 변처후는 쓸 만한 제안을 내놓았다. 무관도 자격연수를 계속하는 것이 옳다는 주장이었다. 왕은 그들의 제안에 찬동했고, 결과적으로 무신도 문신과 마찬가지로 계절마다 일정한 과제를 수행하고, 그 결과에 따라서 상벌을 주기로 방침이 확고해졌다(세종 11년 7월 11일).

인재가 많아야 나라가 잘 다스려진다는 것은 상식이다. 그런데 특출한 인재를 찾아내서 마땅한 자리에 기용하는 것은 쉬운 일이 아니다. 우리가 앞에서 살핀 것처럼 세종은 용의주도한 데다 끈질긴 노력을 기울여 인재를 발굴하고, 적절한 자리에 임명하려 애썼다.

정치:
인재를 발탁하는〔拔擢〕 길

믿음직한 조력자들

세종 때는 유능한 신하도 많았다. 그 가운데는 왕이 직접 발굴한 인재 또는 정성껏 기른 사람이 많았다. 요즘은 어떠한가. 고위 공직자의 하마평이 나올 때마다 쓸 만한 사람이 없다는 푸념이 들린다. 현대 한국에는 인재가 그렇게도 없는 것일까 잠시 생각하다가 나는 고개를 가로젓는다. 세종이 인재를 아끼고 후원했듯 노력한다면, 우리의 공직사회나 기업에도 인재가 곧 차고 넘칠 것이다.

황희, 맹사성, 최윤덕은 그 시대 최고의 인물이었다. 사후에도 그들은 종묘에서 왕의 묘실을 지키는 영광을 누렸다. 특히 황희는 작고한 지 닷새 만에 문종의 특명으로 묘실에 배향되었다.

조선 시대의 역사가 이긍익은《연려실기술》(제3권)에서 세종 시절의 탁월한 재상과 명신을 수십 명이나 언급했다. 이미 언급한 재상들 말고도 유관, 허조, 윤회, 신개 등 허다한 명신을 열거했다. 이변과 정갑손, 김하도 빠뜨릴 수 없다.

이 글에서는 세종의 자랑스러운 신하를 모두 소개하기보다는 중요한 몇 사람에 초점을 맞추려고 한다. 되도록 일반에 별로 알려지지 않은 사실에 주목하여, 세종과의 독특한 관계를 설명하고 왕의 리더십을 알아볼까 한다.

음악에 비유하면, 그 시대는 감미로운 교향악과도 같았다. 다양한 재능의 소유자를 적성과 소질에 맞는 자리에 배치하고는, 왕이 멋지게 지휘봉을 휘둘렀다. 그런 풍경을 현대 한국 사회 어디서나 다시 볼 수 있기를 소망한다.

황희라는 매우 특별한 정승

왕을 보필한 공으로 따지면 황희와 맹사성 그리고 최윤덕을 앞지른 이가 없었다. 당대의 공론도 그러해, 왕의 묘정(廟庭)에 그들의 위패를 모셨다. 그중 으뜸은 황희였는데, 그는 관대하면서도 강직한 보수주의자였다. 황희는 세종 8년(1426) 64세의 나이로 정승에 임명되어 80세까지 재임했다. 의정부에 재상으로 재직한 기간이 통산 27년이었다(《연려실기술》). 세종과 호흡이 얼마나 잘 맞았는지 짐작할 만하다.

황희의 어떤 점을 세종이 높이 샀을까. 다음의 세 가지였으리라 보는데, 첫째는 실무에 두루 밝은 점이었다. 황희는 아흔 살이 될 때까지 기억력도 좋아, 국가의 제도와 문물 전반을 정확히 꿰뚫었다. 유능한 젊은 관리라도 그의 총명을 따라가지 못했다(황희 묘비).

사람들이 황희를 조선 최고의 정승으로 평가하는 데는 그만한 이유가 있었다.

둘째, 황희는 세종이 각종 제도를 함부로 고치지 못하게 제동을 걸었다. 여론은 안정 속에서 점진적인 개혁이 진행되기를 바랐다. 그런데 세종은 개혁을 급하게 몰아붙이는 경향이 있어, 누군가 적절히 통제했으면 하는 바람이 있었다. 현명한 왕은 자신의 특성을 냉철하게 인식했고, 황희야말로 자신에게 어울리는 상대역이라고 판단했다. 황희는 모든 사안을 무척 관대하게 처리했으나, 중요 현안에 대해서는 시비를 엄격히 가렸다. 그럴 때면 자신의 주장을 조금도 굽히지 않고 누구보다 강경했다.

"신은 변통하는 재능이 부족하여, 이 제도의 변경을 가볍게 의논할 수 없다고 생각하옵니다."

황희가 이렇게 나올 때마다 세종은 잔뜩 긴장했고, 개혁의 속도가 저절로 조절되었다. 황 정승의 반대를 계기로 급진적인 개혁이 초래할지도 모를 문제점이 철저히 검토되었다. 세종은 그것이 국가적으로 큰 이익이라고 믿어, 시간이 갈수록 황희를 더욱 깊이 신뢰했다. 황희 역시 반대를 위한 반대가 아니라, 백성을 위해 견제할 뿐이었다. 왕과 정승은 시간을 충분히 두고 서로의 입장 차이를 조절할 수 있었다.

셋째, 세종은 어려운 문제가 생기면 그때마다 황희에게 의견을 물었다. 또 그의 도움으로 왕의 뜻에 반대하는 신하를 설득했다. 황희만 움직이면 거의 모든 문제가 풀렸다. 세종에게 황희는 만능 소방수였다.

그에 대한 신임은 워낙 깊었다. 왕은 인사 문제도 비밀리에 그와 상의했다. 세종 22년(1440) 6월 19일, 왕은 좌승지 성염조를 황희의 집에 보내어 함길도 도절제사 김종서의 후임을 비밀리에 상의했다. 황희가 좌부승지 이세형을 천거하자 세종은 그대로 단행했다.

김종서를 꾸짖은 황희 정승

이야기가 나온 김에 황희와 김종서의 특수관계를 좀 설명해야겠다. 김종서가 공조판서로 있을 때였다. 하루는 황희 정승이 공조에 와서 일을 보는데, 김종서가 술과 과일 안주를 내놓았다. 그러자 황희가 격노했다. "나라에서는 예빈시를 두어 정승을 대접한다. 배가 고프면 내가 예빈시를 통해 해결할 터인데, 대감이 왜 향응을 제공하는가." 김종서는 혼비백산했다.

얼마 후 김종서는 병조와 호조의 판서를 연달아 맡았는데, 자그만 실수라도 저지르면 황희가 심하게 꾸짖었다. 김종서의 죄를 대신하여 그 하인을 매질한 일도 있었다. 동료 정승들은 지나치다고 걱정했고, 당사자 김종서도 매우 힘들어했다.

그러던 어느 날 맹사성이 황희에게 까닭을 물었다. 황희의 대답이 의외였다. 김종서를 아끼기 때문이라고 했다. 김종서는 성격이 강하고 과감한 추진력을 가진 이라, 훗날 정승이 되어 국사를 경솔하게 처리할까 봐 염려된다고 했다. 황희는 김종서의 기세를 조

정치:
인재를 발탁하는 길

금이라도 꺾어야 장차 매사에 삼갈 것이라고 믿었다. 황희의 깊은 뜻을 알게 된 맹사성이 탄복했다. 과연 황희는 조정에서 물러날 때가 되자 김종서를 자신의 후임으로 추천했다(《식소록(識少錄)》). 정승 자리를 물려주기 위해, 황희는 김종서를 그렇게 닦달했던 것이다.

모범 공무원 맹사성

또 다른 정승 맹사성은 완전히 다른 성격의 소유자였다. 그는 성품이 온화하고 매사에 공평했으며, 청렴결백하기가 이루 말할 수 없었다. 맹사성은 고려 명신 최영 장군의 손녀사위이기도 했다. 황희는 재물욕을 참지 못해 말썽을 일으킨 적도 있었으나, 맹사성은 흠잡을 데 없이 모범적이었다. 성품이 고상해 재산을 늘리는 일에는 관심이 없었다.

한 나라의 정승인데도 품질이 나쁜 녹미(祿米)를 먹었다. 나라에서 주는 녹미란 묵은쌀이라서, 하급관리조차 그것으로 밥을 짓지 않았다. 언젠가 맹사성의 부인이 햅쌀로 밥을 지어 올리자, 맹 정승은 이 쌀이 어디서 났느냐며 불쾌한 기색을 보였다. "국록을 받았으면 그 쌀을 먹는 것이 당연한 일이오." 맹사성은 이렇게 믿고 실천하는 이였다(《무인기문(戊寅記聞)》).

세종은 조정 신하들이 맹사성의 맑은 행실을 보고 배우기를 바랐을 것이다. 그는 겸손하고 예의 바른 선비라서, 《실록》에도 예화가 보인다. "비록 품계가 낮은 이가 찾아오더라도, 맹사성은 관대를 갖추고 대문 밖까지 나가서 맞았다. 손님은 반드시 윗자리에 앉혔고, 손님이 떠날 때는 몸을 굽히고 손을 모아 절한 다음 그가 말에 올라탄 뒤에야 집 안으로 들어갔다."(세종 20년 10월 4일, 맹사성의 〈졸기〉) 세종은 맹사성이라는 도덕 교과서를 곁에 두어, 조정에 청렴한 기풍을 일으키려고 했다. 그가 실무에는 뛰어나지 못했고, 특히 인사 문제에 어두웠다는 지적도 없지는 않았다.

유능하고 소탈한 무사 출신 최윤덕 정승

정승 최윤덕은 무사였다. 그는 소탈하고도 믿음직스러워 세종의 마음에 들었다. 정승이 된 뒤에도 최윤덕은 취미로 농사를 지었다. 공무를 마치면 으레 관청 뒤꼍으로 나가서 빈 땅을 손수 갈아 오이도 심고 다른 채소도 가꾸었다. 부정부패나 사치와는 거리가 먼 이였다.

세종이 최윤덕을 높이 발탁한 데는 다른 이유도 있었다. 국방이 중요했기 때문에, 왕은 정승 중에도 누군가는 군사실무를 정확히 알아야 한다고 믿었다. 최윤덕은 왕의 곁에 머물며 군사제도의 개편과 무기 개발에 필요한 제안을 내놓았다. 가령 전국의 화통전(火煵箭)과 각종 무기를 규격화할 수 있었던 것은, 그의 전문 지식 덕분이었다(세종 19년 5월 29일). 세종 때 국방력이 강해진 것은 당연한 일이라 하겠다.

이처럼 최고위 정승들부터가 개성도 다르고 관심 분야나 특기도 다양했다. 세종은 그들이 저마다 강점을 발휘하도록 힘썼다. 왕

정치:
인재를 발탁하는(擢發) 길

은 국정을 안정적으로 이끌면서도 너무 권위적인 방향으로 흐르
거나 수구적인 병폐를 낳지 않도록 조심했다.

엄숙단정하지 못해도 재능이 있다면

조정 대신 중에는 탁월한 이가 많았다. 유관은 학식이 풍부했는데
겸손하고 검소했다. 벼슬이 우의정에 이르렀는데도 초가집 한 칸
이 전부였고, 늘 베옷을 입고 짚신을 신었다(《용재총화》). 앞에서도
확인했듯, 세종은 청렴결백한 신하를 선호했다. 유관도 예외가 아
니었다.

유관과는 대조적으로, 허조는 강직하고 엄격했다. 그는 공석에
서 사적인 일을 한번도 언급하지 않았다. 자기의 신념을 굽히는 적
도 없어 아무리 대세가 그렇다 해도 무조건 따른 적이 없었다(세종
21년 12월 28일, 허조의 〈졸기〉).

허조의 강직한 성품을 세종은 귀하게 여겨, 그를 만날 때면 신
하 중에서 누가 현명한지를 물었다. 왕은 허조가 추천하는 인재를
발탁할 때가 많았으나, 허조는 그런 말을 누구에게도 하지 않았다.
그래서 그의 추천으로 출세한 관리는 허조가 뒤에서 도왔다는 점
을 눈치채지 못했다.

한번은 왕이 그에게 말했다. "대감이 사적으로 좋아하는 사람
들을 임용한다는 불평이 있더라." 그러자 허조의 대답이 통쾌했
다. "진실로 그러하옵니다. 만일 어떤 사람이 쓸 만한 인물이라면,

제 친척이라서 남이 비방할 염려가 있어도 저는 구애받지 않사옵니다. 만약에 그 사람이 못난이라면 신이 어찌 감히 사사로이 임용을 꾀하겠습니까." 왕은 허조의 충심과 판단력을 믿어, 10년 동안이나 이조판서 자리를 맡겼다.

그가 임종할 때가 되자 세종은 어의를 2명이나 보냈다. 인재를 아끼는 왕의 마음이 보이지 않는가. 그런데 병세가 매우 악화되자 허조는 머리를 조아리며 의원들을 대궐로 돌려보냈다. 그러고는 자제들에게 말했다. "나는 이미 70세도 넘었고, 지위도 정승에 이르렀다. 임금께서는 실천하기 어려운 일도 내가 간언하면 꼭 하셨다. 비록 죽더라도 내게는 여한이 없다." 말을 마치자 그는 곧 조용히 세상을 하직했다.

그밖에도 세종은 나라를 운영하는 데 문장의 힘이 크다고 여겨 문장가를 우대했다. 가장 총애한 문장가는 윤회였는데, 그는 술을 너무 많이 마시는 게 탈이었다. 《실록》에 보면, 왕은 윤회를 불러 이렇게 꾸짖었다. "그대는 총명하고 똑똑한 사람인데 술을 과도하게 마신다. 앞으로는 태상왕(정종)과 상왕(태종)이 하사하는 술 외에는 절대 과음하지 말라."(세종 2년 9월 14일)

그래도 윤회의 음주벽은 여전했다. 왕은 그에게 특명하여, 석 잔 이상은 절대 마시지 말라고 했다. 그러자 윤회는 유난히 큰 그릇을 술잔이라며 가지고 다녔다. 석 잔을 마신다고 했으나 실은 배나 많이 마셨다. 이 소식을 듣고 세종은 웃으며 말했다. "술을 많이 마시지 말라고 경계한 것이, 도리어 더 마시라고 권한 셈이 되었구나."《필원잡기》

늘 술에 취해 있었으나 윤회의 재능은 비상했다. 언젠가는 갑자기 대궐에 불려갔는데 말 그대로 고주망태였다. 그를 데려간 신하들이 조바심을 내지 않을 수 없었다. 그러나 임금 앞에 이르자, 윤회는 정신을 차려 언행이 평상시와 똑같았다. 세종이 교서를 작성하라고 명하자, 잠깐 사이에 붓을 휘둘러 한 편의 글을 완성했다. 한 구절도 잘못된 곳이 없었다. 세종이 감탄하며 이렇게 혼잣말을 했다. "정말 천재로구나!" 사람들은 그 이야기를 서로 전하며, 문장의 별〔文星〕과 술의 별〔酒星〕이 한데 모여 한 어진 선비를 낳았다고 평했다《필원잡기》). 세종은 엄숙단정한 선비를 좋아했으나, 때로 그와 거리가 먼 선비라도 재능이 있으면 기꺼이 포용했던 것이다.

강직한 중국어 전문가 이변

그러므로 조정 신하들 중에 특이한 인재가 많았다. 문신 이변도 그 가운데 하나였다. 그는 임진왜란 때 종묘사직을 위기에서 구한 이순신 장군의 5대조였다. 이변은 청렴 강직한 정도가 지나쳐 상관과도 마찰이 잦았으나, 중국어의 달인이었다《연려실기술》 제3권).

이변의 성품은 얼음처럼 차갑고 엄격했다. 세종은 그런 점을 높이 평가해 이변을 이조 참의로 삼았다. 조정의 인사정책에 깊숙이 관여하게 되자, 그는 상관인 이조판서와 충돌하기 일쑤였다. 한번은 어떤 관리가 생선과 고기를 선물로 가져왔으나, 이변은 뇌물이라며 단칼에 거절했다. 그러나 판서는 그 사람의 선물을 받았다.

그날 판서가 이변을 불러서 식사를 대접했는데, 고기 요리가 나오자 이변은 손사래를 치며 뇌물로 받은 고기는 먹지 않겠다고 선언했다(《필원잡기》). 이변의 성품을 닮아서였는지 이순신 장군도 지나칠 정도로 청렴했다.

세종이 이변을 애호한 것은 그의 중국말 실력 때문이기도 했다. 그는 문과를 거쳐 조정에 나온 선비였으나, 독학으로 공부해 중국어에 능통했다. 훗날 예종의 어전에서 신숙주는 다음과 같이 제안할 정도였다.

"중추부지사 이변은 세종 때부터 중국어 전문가로 손꼽습니다. 그 때문에 승문원과 사역원 관리들은 모두 이변을 스승으로 모시고 중국어를 배웠습니다. 그런데 요즘은 국법이 엄하여 하급관리가 고관을 방문하지 못합니다. 아무도 이변에게서 중국어를 배우지 못하고 있습니다. 그가 살아 있는 동안에 관리들이 그에게서 중국어를 배울 수 있게 허락하시면, 나라에 도움이 될 것입니다." 예종은 신숙주의 뜻을 따랐다(예종 1년 11월 13일).

이변은 세종의 명으로 중국에도 다녀왔고, 통역관 양성에 필요한 중국어 교재를 직접 개발하기도 했다. 세종은 명나라와의 관계를 더욱 개선하려고 중국어를 학습할 정도였으니, 중국어에 능통한 이변이 눈에 들어오는 것은 당연한 이치였다.

정치:
인재를 발탁하는 [拔擢] 길

강직한 정갑손과 세종의 설전

왕은 강직한 신하를 애호하여, 정갑손에게 기대를 걸었다. 그는 미남인 데다 키가 크고 수염까지 아름다웠다. 성품이 워낙 강직하여 탐욕스러운 관리들이 모두 그를 두려워했다.

세종은 자주 그를 승진시켜 곧 대사헌이 되었다. 그때 이조는 인사행정에 착오를 일으켜 여론이 나빴다. 왕이 사정전에서 조회를 열자, 정승 하연과 이조판서 최부 등도 그 자리에 나왔다. 하연은 직책상 이조판서를 통제했고, 최부는 현직 이조판서였다. 어전에서 정갑손이 두 사람을 한꺼번에 공격했다. "최부는 물론이고 하연도 관리 임용에 잘못이 있사오니, 엄하게 국문하기를 청하옵니다." 이 한마디로 조정이 얼어붙었다. 그러자 세종이 온화한 얼굴로 정갑손과 하연을 달래며 서로 화해하기를 당부했다.

조회가 끝났어도 하연과 최부는 땀을 비 오듯 흘렸다. 정갑손이 미소 지으며 그들에게 다가가 이렇게 말했다. "저마다 직분대로 했을 뿐, 누구를 해치자고 한 일은 아닙니다." 그러고 나서 하인을 불러, 두 분 대감이 더위에 고생하시므로 부채로 시원하게 부쳐드리라고 했다(《용재총화》). 이런 일화에서 보듯, 정갑손은 항상 언행이 당당하고 뒤끝도 없는 인물이었다.

그는 심지어 세종과도 충돌했다. 세종 28년(1446) 10월 4일의 《실록》에도 나온다. 우참찬 정갑손이 불교 문제로 세종을 비판한 것이다. 나라에서는 소헌왕후 심씨의 넋을 위로하려고 대규모 불교 예식을 준비했다. 그러자 정갑손이 의정부를 대신하여 강력히 항의했다. 그가 한 말의 취지는 아래와 같았다.

"예전에는 사대부와 평민이 모두 불교를 믿어, 부모가 돌아가시면 부처를 공양하고 절간에서 재를 올렸습니다. 그런데 왕께서 국법을 고쳐, 관리는 사당을 세워 조상의 제사를 받들고, 평민은 신주 앞에서 제사 지내고 있습니다.

그런데 왕후께서 병환이 나실 때부터 불교 예식을 자주 거행하시고, 금은으로 불경을 베끼게 하셨습니다. 각종 기물도 금은과 주옥으로 화려하게 꾸민 데다 과천에 큰 절을 창건하시더니, 이제는 대자암에서 독경 예식을 대대적으로 거행하려 하십니다."

그러자 세종은 정갑손을 불러 해명하려 했다. 궁중의 불교 행사는 오래된 전통이라고 변명하면서도, 대군들이 모후를 위해 행사를 열게 된 것이라며 양해를 구했다. 그러자 정갑손은 왕을 더욱 압박하여, 대군들이 주도한 행사라고 말씀하시지만 실은 전하께서 주도하신 일이라고 비판했다.

드디어 세종은 화를 내며 정갑손에게 따졌다. 이번 행사는 이미 대신들과 사전에 논의가 된 것인데, 이제 와서 왕에게 허물을 돌리는 것은 그대의 잘못이라고 지적했다. "그대들의 눈에 비친 나는 불교를 좋아하는 임금이 아닌가." 왕이 이처럼 극단적으로 항변하자 군신 간의 대화는 거기서 끝나버렸다.

세종은 자신의 의지대로 불교 행사를 열었다. 그러나 성리학자 정갑손의 반대 의견을 충분히 청취했고, 그에게 어떠한 벌도 내리지 않았다. 화를 내기는 했으나 서로 견해 차이가 있음을 인정한 것이다. 그만하면 너그럽고 합리적인 왕이라고 생각한다.

통역 전문가 김하의 복잡한 사생활

조금 다른 이야기도 있다. 중국어를 워낙 중시해, 세종은 또 다른 신하를 매우 아꼈다. 김하는 통역의 고수였다. 왕은 김하가 나라에 꼭 필요한 인재라 여겼다. 그런데 김하는 녹명아라는 기생을 사랑했고, 왕실 종친 한 사람도 그 기생을 좋아한 데다 도승지 안숭선까지도 그러해 조정이 시끄러웠다.

왕은 김하를 편들었다. 어느 날 사람을 보내 종친을 타일렀다. "그대가 있고 없고는 나라에 크게 중요한 일이 아니지만, 중국과 외교를 하는 데는 김하가 꼭 필요하다. 나는 그 기생을 김하의 첩으로 인정하므로 서로 다투지 말라." 이 말을 전해 듣고 도승지도 마음을 비웠다.

훗날 김하는 상중에도 녹명아의 집을 드나들다가 사헌부에 적발되었다. 세종은 사헌부 관리를 불러서, 이미 허락한 관계이므로 덮어두라고 했다《소문쇄록》. 자그만 재능일지라도 국가에 도움이 되는 이라면, 왕은 이처럼 아끼고 보호했다.

그 일은 《실록》에도 자세히 나와 있다(세종 21년 9월 10일). 왕은 삼정승, 곧 황희, 허조, 신개를 불러서 상의했다. "김하가 사헌부의 탄핵을 받고 있는데, 그가 정말 어리석은 사람이라면 내가 어찌 은혜를 베풀겠는가." 이렇게 말하며 정승들에게 해결책을 물었다.

고심 끝에 삼정승을 대표하여 허조가 말했다. "김하의 죄는 곤장 80대에 불과합니다. 해당 부서에 명령하여 형량을 알아보라고 명하신 다음에, 전하께서 사면해주시면 됩니다." 해당 관청에 구형(求刑)을 요구한 다음에 용서하라는 충고였다. 왕은 김하의 죄를 용서해주면서도 행여 국가의 기강이 무너지지 않을까 고심한 사실이 역력했다.

　이상에서는 세종이 아끼고 사랑한 '왕의 남자들'이 과연 어떤 사람들이었는지 알아보았다. 그 과정에서 적어도 세 가지 사실이 밝혀진 것 같다. 첫째, 세종은 다양한 능력의 소유자를 고루 등용했다. 둘째, 왕이 인재를 얼마나 아끼고 소중히 여겼는지도 분명히 드러났다. 끝으로, 여러 신하 중에서도 세종에게 가장 도움을 많이 준 이는 황희가 아니었을까 짐작한다. 다방면에 걸쳐 그와 같이 왕을 유능하게 보좌한 정승은 우리 역사를 통틀어 다시 보기 어렵다.

　인재는 구슬과도 같아, 아무리 많아도 꿰어야 보배가 된다. 영롱한 오색 구슬을 하나로 꿰려면 실이 있어야 할 터인데, 세종이 가진 실은 무엇이었을까. 독서를 통해 체득한 역사적 통찰력이었다고, 나는 생각한다(세종의 독서에 관해서는 16장 참조).

안숭선이라는 이름의
프리즘

우리가 잊은 그 시절의 명신도 많았다. 안숭선(1392~1452)이 바로 그런 경우였는데, 그의 삶을 통해 우리는 세종의 인재 활용법을 짐작할 수 있다. 왕이 안숭선에게 주목하게 된 데는 한 가지 사건이 있었다.

이야기는 세종 11년(1429)으로 거슬러 올라간다. 그때 조선은 명나라에 금과 은을 조공으로 바쳐야 했다. 고려 후기 원나라는 금은을 내놓으라고 을러댔고, 그것이 폐습으로 굳어졌다. 그런데 조선에서는 금은이 조금밖에 생산되지 않았다. 백성들은 부족한 액수를 채우느라 허리가 휠 지경이었다. 세종은 이 문제를 어떻게든 해결할 생각으로 중국에 여러 차례 사신을 보냈다. 그러나 번번이 실패했다.

그렇다고 쉽게 포기할 수가 없었다. 세종은 또다시 외교사절단을 파견하기로 했다. 이번에는 문무를 겸비한 아우 함녕군 이인을 계품사(計稟使)로 보냈다. 조선의 고통을 명나라에 알리라는 뜻에서 그렇게 불렀다. 당시 막중한 외교문서를 관장한 이가 서장관 안숭선으로, 실무를 담당한 그의 역할이야말로 막중했다. 다행히 안숭선 일행은 임무를 완수했다. 조선은 금은 대신 말과 면포로 조공을 바치는 것으로 결정되었다. 명나라 선덕제는 조선 국왕의 요구를 받아들이는 동시에, 사신들을 후하게 대접하여 돌려보냈다.

계품사 일행이 소기의 성과를 가지고 귀국하자 왕은 잔치를 열어 사신들의 노고를 치하했다. 그리고 사신들에게 전답과 노비를 상으로 주었다(세종 11년 12월 13일; 세조 13년 9월 30일자 함녕군 이인의 〈졸기〉). 특히 왕은 복잡한 상황에서도 주눅 들지 않고 침착하게 대응한 안숭선의 실무 능력에 주목했다. 세종은 장차 그를 중요하게 쓰리라 결심하고 동부대언(정3품, 훗날의 동부승지)에 임명했다.

안숭선은 명문가 후손으로서 도첨의찬성사(정2품) 안축의 현손이요, 조선 개국 3등공신 안경공의 친손자였다. 그 자신의 학문도 뛰어나서 세종 2년(1420) 문과에 장원급제했다. 그러나 이런 수재에게도 우여곡절이 있었다. 세종 8년(1426) 사헌부 장령(정4품) 시절, 그는 예조참판 이명덕을 너무 심하게 탄핵하여 왕의 미움을 샀다. 2년 뒤에는 태종과 관련된 불미스러운 언사를 상소문에 담아 왕의 노여움을 재차 샀다.

한양의 창기 중에 가이(加伊)라는 이가 있었는데 행실이 나빴다. 그런데 노래를 잘한 덕분에 태종이 궁중에 불러들여 후궁으로 삼아 옹주가 되었다. 안숭선은 그 일을 언급하며 '더러운 (창기의) 이름이 온 나라에 자자하여 식자들이 수치로 여겼다'라고 썼다. 세종은 신하가 감히 이런 표현을 했다며 분노했다. 상소를 올린 안숭선과 그 동료들은 의금부 감옥에 갇혔다(세종 10년 10월 20일).

그 이듬해 안숭선은 명나라에 가서 의외의 공을 세움으로써 위기에서 벗어났다. 이후 무려 8년 동안 안숭선은 왕의 최측근으로서 큰 업적을 남겼다. 세종 19년(1437) 3월, 대사헌(종2품)에 임명되어 승정원을 떠날 때까지, 그는 왕의 눈과 귀가 되었다.

최일선에서 정책적 판단을 도울 사람이라야

안숭선은 유능한 참모였다. 세종이 크고 작은 고민에 빠질 때마다 그는 큰 힘이 되었다. 국정 현안 중에는 결정하기 어려운 일이 많았다. 그때마다 안숭선은 세종이 합리적인 결정을 내릴 수 있게 도왔다. 문종 2년(1452) 4월, 61세를 일기로 그가 숨을 거두자《실록》의 편찬자도 그런 인물평을 남겼다(문종 2년 4월 14일, 좌참찬 안숭선의 〈졸기〉). 〈졸기〉에 언급되어 있는 일화 하나를 소개한다.

세종 15년(1433)의 일이었다. 파저강의 여진족이 당장이라도 쳐들어올 기세였다. 그들을 어떻게 처리할지를 놓고 조정에서는 의견이 분분했다. 어떤 대신들은 여진족을 정벌하는 것이 옳다고 했으나, 다른 이들은 전쟁은 피해야 할 일이라고 강조했다. 양측의 주장이 팽팽히 맞선 가운데 세종의 마음은 결전 쪽으로 기울었으나 거센 반론을 의식하여 머뭇거리고 있었다.

왕은 이 문제를 안숭선에게 물었다. 그는 세종의 정복 의사를 확신한 터라 답변이 명쾌하고 거침이 없었다. "갑옷을 입은 무사들은 여진족 정벌을 주장하는 데 비해, 선비 출신의 고관들은 화친의 중요성을 강조합니다. 신(臣)의 생각으로는, 여진추장 이만주 (李滿住)의 죄악은 용서할 수 없을 정도로 큽니다. 이런 역적의 토벌을 하루도 미룰 수가 없습니다."

이는 세종의 뜻이기도 했다. 왕은 확신을 굳혀 정벌 계획을 강력히 추진했다. 이른바 파저강 정벌이었다. 당시 군대를 운용하는 방법이며 정벌의 세부 계획은 모두 안숭선의 몫이었다. 그는 과감하면서도 세심한 실무자였다. 세종조의 문신 김예몽은 일찍이 경연에서 그때의 사정을 전해 들었다고 증언했다.

파저강 정벌은 성공적이었다. 명장 최윤덕이 군사실무에 밝은 덕분이었다. 그해 가을, 조정에서는 최윤덕을 도안무찰리사(都按撫察理使)로 임명해 국경을 방어하도록 했다. 최윤덕이 임지로 떠날 때가 되자 세종은 경회루에서 송별연을 베풀었다. 그러고는 지신사(정3품, 도승지) 안숭선을 홍제원까지 보내어 전송했다(파저강 정벌을 계획할 때도 안숭선의 공헌이 컸는데, 이에 대해서는 4장을 참조할 것).

안숭선은 비판적인 안목을 가지고 각종 제도를 보완하는 데도 많은 기여를 했다. 예컨대 관리의 근무 평정에 관하여도 탁견을 제시했다. 세종 12년(1430), 재판사무에 종사하는 형조의 근무 평정에 관하여 이렇게 말했다.

"지방관들이 근무를 잘하는지를 서울에서는 알기 어렵습니다. 그래서 관찰사들에게 그들의 근무 성적을 심사하도록 합니다. 그러나 서울에 있는 형조 관리의 평가는 상관들에게 일임하는 것이 잘못입니다. 하급관리들이 제아무리 현명해도 상관의 말을 따르지 않으면 좌천되거나 파면될 수가 있습니다. 못난 관리가 상관에

정치:
인재를 발탁하는(擢賢) 길

게 아첨해서 좋은 점수를 받아 승진하면, 권력이 신하들의 수중으로 모입니다. 그렇게 되면 상관에게 아첨하는 풍속이 더욱 성행할 것입니다. 재판을 담당하는 형조 관리를 상관이 평가하는 현행법은 폐지해야 맞습니다."

세종은 안숭선의 제안에 공감했다. 왕은 이 문제를 상정소에 맡겨 구체적으로 논의하라고 했다(세종 12년 11월 23일).

밀사 아닌 밀사의 역할도 있어야

안숭선은 신하들이 감히 왕에게 아뢰지 못할 사안도 보고했다. 세종 14년(1432) 10월 19일자 《실록》을 보아도 그랬다. 앞에서 말했듯, 나라에서는 노력 끝에 가까스로 금은의 조공을 면제받았다. 그런데 그런 사실을 조금도 염두에 두지 않은 듯 멋대로 행동하는 신하들이 있었다. 그들은 북경으로 가는 사행 길에 금은을 몰래 지참하여 여행 경비로 사용했다.

참판 정연이 이 사실을 안숭선에게 일러주었다. 그러자 안숭선은 세종에게 즉각 보고했다. 그러면서 일부 몰지각한 관리들의 행동으로 인해 외교적으로 불미스러운 일이 발생할까 봐 조바심을 냈다. 세종은 "그 말이 옳다. 3명의 정승들에게 명하여 그런 사고가 일어나지 않게 대책을 마련하겠다"라고 답했다.

때로 세종은 대신들에게 직접 묻기 어려운 일이 생길 때마다 안숭선에게 밀명을 내렸다. 그는 남의 의견을 정확히 이해할 줄 아는 데다 임기응변에도 능했기 때문이다. 세종은 참모로서 안숭선이 어떤 가치를 가지는지를 제대로 알았다.

한번은 왕실의 이혼 문제가 세종을 괴롭혔다. 왕이 신하들의 면전에서 직접 꺼내기는 쑥스러운 이야기였다(세종 15년 6월 14일). 왕은 영의정 황희를 비롯해 좌의정 맹사성, 우의정 최윤덕 및 퇴직한 전직 우의정 권진 등을 대궐로 불러들였다. 그러고는 비밀리에 안숭선에게 조용히 부탁했다.

"앞서 세자빈 봉씨를 내쫓았다. 국모가 되기에 부족함이 많아서였다. 옛날에 공자도 아내를 내보냈고, 아들 백어도 그러했다. 자사 역시 마찬가지였다. 부부는 인륜의 근본인데 금실이 나쁘면 집안의 도리가 무너지기 때문이었다."

"임영대군(세종의 4자)의 아내 남씨가 문제다. 나이가 열두 살이 넘었는데 아직도 옷에 오줌을 누고, 눈빛이 바르지 못하다. 언어도 불분명하고 행동도 미친 사람 같다. 무슨 병이 있는 줄로 의심했으나 감히 말을 꺼내지 못한 지가 달포나 되었다."

세종은 여러 사람의 증언을 토대로 남씨가 미친 사람이라고 주장했다. 그러면서도 세자빈에 이어 임영대군까지 아내를 버려야 할 형편이라 여간 부끄러운 일이 아니라고 말했다. 왕은 이 일을 함부로 처리할 수 없어, 비밀리에 대신들의 의견을 듣고 싶다고 했다.

안숭선이 황희 등에게 왕의 뜻을 전하자 모두 한목소리로 주장했다. "남씨는 대군의 배필이 될 수 없습니다. 그의 조부 남경문도 정신병이 있었고, 외가에도 친족 가운데 이런 병이 있었습니다. 어서 내보내는 것이 옳습니다." 그리하여 임영대군은 남씨를 버리고

정치:
인재를 발탁하는(拔擢) 길

새장가를 갔다(왕실의 이혼 문제는 13장 참조).

세종은 안숭선을 깊이 신뢰했다. 심지어 왕은 그와 더불어 영의정 황희를 비롯하여 역대 재상들의 허물에 대해서도 속생각을 허심탄회하게 털어놓았다.

세종 13년(1431) 늦가을, 왕은 이렇게 이야기를 꺼냈다. "황희가 경기도 교하의 지방관 박도에게 전답을 받고, 그 아들을 행수(行首)로 기용했다. 또 그는 태석균이란 사람의 관리 임명장을 비준(서경)하라고 관리들을 압박했다. 옳지 못한 일이었다. 그러나 그로 말하면 정승이다. 태종께서 신임하던 신하라서 사소한 비리를 이유로 관계를 끊을 수가 없지 않은가. 부왕께서 그의 재주를 사랑하셨으니 내 어찌 언관들의 비판이 옳다 하여 갑자기 그를 버리겠는가. 경은 나의 이런 뜻을 여러 언관에게 전하여라."

영리한 안숭선이 임금의 뜻을 알아차리고는 황희의 장점을 말했다. "정사를 논의하는 데는 깊이 따지고 멀리 생각하는 점에서 황희만 한 사람이 없습니다."

세종은 역대 재상들 가운데도 허물이 없는 사람은 없다며 세 사람을 예로 들었다. 하륜은 사적 욕심을 채우기에 급급했고, 박은은 임금에게 아첨을 일삼았다. 그리고 이원은 이익만 추구할 뿐 의리를 몰랐다.

안숭선이 동감을 표하자 세종은 한걸음 더 나아갔다. 황희와 하륜이 서로 얼마나 질투하고 싫어했는지를 구체적으로 말했다. 또 "황희의 잘못된 행위가 역사책에 기록되어 있어, 내가 이미 읽었다"라고 덧붙였다. 황희가 세종에게 매우 중요한 신하였다는 점은 부정할 수 없으나, 세종이 그의 단점 또는 결함을 몰랐던 것은 아니다.

세종은 고금의 인물평을 안숭선에게 한동안 계속한 다음에, 왕실의 인척 가운데서 법률에 저촉되어 형편이 어려운 몇몇 이들의 처우를 개선해주고 싶다고 말했다. 그런데 이런 일을 함부로 처리하면 잡음이 생기므로, 안숭선에게 3명의 정승을 만나서 몰래 의논해보라고 했다. 이런 사실은 세종의 성품을 이해하는 데 꽤 중요하다고 생각한다. 왕은 원칙을 중시하면서도 친소관계에 따라 은전(恩典)을 베풀기를 상당히 좋아했다.

안숭선은 몰래 정승들을 찾아가 그 문제를 의논했다. 황희, 맹사성, 권진은 각자의 의견을 말했고, 안숭선은 이를 정리하여 왕에게 보고했다(세종 13년 9월 8일).

왕이 그에게 여러 가지 복잡한 일을 맡긴 데는 그럴 만한 이유가 있었다. 안숭선에게는 사무를 재빨리 처리하는 능력이 있었다. 그의 〈졸기〉에서 역사가는, "손바람이 날 정도"라고 했다. 안숭선은 "이간(吏幹)", 즉 관리로서 실무 능력이 탁월했다.

그 때문에 임금의 총애가 대단했다. 〈졸기〉에서도 서술했듯, 안숭선은 여러 차례 세종의 밀지(密旨)를 받았다. 그의 동료들은 한번도 누리지 못한 특권이었다. 그래서였는지 몰라도 안숭선에게는 안타까운 결점이 있었다. "그는 동료들을 함부로 누르고 속박했다. 성품 또한 겸손하고 공손하지 못해 같은 지위에 있는 사람들이 모두 그를 싫어했다."(문종 2년 4월 14일) 단순히 동료들의 질투심이라고 매도하기 어려운 단점이었다.

정치:
인재를 발탁하는(擧賢) 길

권력 남용으로 궁지에 몰리다

왕의 신임이 깊어지자 도승지 안숭선은 인사권을 함부로 휘둘렀다. 자신과 가까운 사람이면 자격이 부족해도 벼슬에 임명하는 일까지 있었다. 세종 16년(1434) 8월의 《실록》 기사에 그러한 문제점이 나타나 있다.

조항이 전농시의 책임자 격인 '윤(정4품)'에 임명되었고, 이축은 전농소윤(종4품)이 되었다. 두 사람은 안숭선의 인척으로서 이미 여러 차례 안숭선의 추천으로 승진을 거듭했다.

그 시절 도승지는 왕명을 출납했고, 관리들의 인사권까지 거머쥐었다. 그 권세가 너무 컸다. 좌승지 이하 여러 승지는 도승지에게 예속되어, 왕에게 아뢸 사항도 먼저 도승지의 뜻을 헤아린 다음에 결정했다. 또 어떤 임무를 마치고 왕에게 아뢸 때도 도승지의 의견부터 들었다.

《실록》의 편찬자는 안숭선의 결함을 거친 말투로 고발했다. "숭선은 사람됨이 모질고 함부로 삐졌다. 성격이 너무 급했고, 함부로 화내는가 하면 쉽게 기뻐했다. 동료들이 자신의 뜻에 어긋나면 거침없이 욕을 퍼부었다. 그러므로 동료들이 모두 그를 원망하고 미워했다."

안숭선의 인사권 독점에 대한 세인의 평가가 최악이었다. 《실록》에는 이렇게 적혀 있다. "벼슬을 제수할 때마다 이조판서를 겸직한 좌의정 맹사성은 너무 착하고 부드러워 결단성이라고는 전혀 없었다. 이조판서 신개는 (안숭선의 뜻에) 따라 '예예'라고 말할 뿐이었다. 인사권은 안숭선에게 집중되었다. 그가 추천하는 대로 그의 인척과 좋아하는 사람들 및 그 자제들에게 벼슬이 주어졌다."
(세종 16년 8월 7일)

물론 모든 것을 안숭선 탓이라고 할 수는 없다. 제도상의 결함이기도 했다. 도승지의 권한이 너무 컸다고 생각한다. 그러나 유감스럽게도 비판의 화살이 안숭선이란 한 사람에게 쏟아졌다. 그는 불명예를 안고 승정원을 떠났다. 그러나 왕은 그를 버리지 못했다. 세종 19년(1437) 3월, 왕은 안숭선을 사헌부의 장관인 대사헌으로 삼았다. 체면은 겨우 건진 셈이었다. 그해 가을, 세종은 여론을 받아들여 승정원 승지들의 인사권 개입을 제한하는 법령을 만들었다. 제2의 안숭선이 나오지 못하게 한 것이다.

이후에도 세종은 안숭선의 능력과 공적을 잊지 않고 중용했다. 그는 형조판서(세종 25년)와 병조판서(세종 26년)를 역임했고, 지중추원사·집현전 대제학을 지냈다. 또한 성절사로 명나라에 다녀왔고 (세종 25년), 《고려사》 편찬에도 참여했다(세종 27년).

그러나 결국 파국이 찾아왔다. 병조판서로서 인사권을 남용한 혐의로 고발되었다. 세종 30년(1448) 6월이었다. 관직 경험이 없는 이종원에게 만호(종4품)의 벼슬을 주었다는 점이 드러났다. 이 사건으로 이종원은 옥중에서 사망했고, 안숭선은 충청도 진천으로 귀양을 갔다. 당대 역사가의 평에 따르면, "안숭선은 다른 사람의 장점을 보면 단점을 알지 못했고, 간교한 말만 믿고 속임수를 알지 못했다"고 했다(세종 30년 6월 14일).

〈졸기〉에도 비슷한 평가가 보인다. 안숭선은 과단성이 지나쳐

정치:
인재를 발탁하는[人事]길

좋아하거나 미워함에 편파성이 있었고, 결과적으로 자신을 추종하는 사람을 지나치게 비호하는 경향이 심했다는 것이다.

얼마 후 세종이 승하하고 문종이 즉위하자, 조정은 다시 그를 불렀다. 그저 예우하는 차원에서였다. 안숭선은 원로대신으로서 의정부 참찬(정2품)을 거쳐, 찬성(종1품)이 되었다. 그러나 귀양에서 돌아온 뒤로는 활력을 잃고 매사를 두려워했다.

여담이지만 본래 그에게는 호걸의 기상이 있었다. 야심만만한 동료 김종서와 사이가 벌어진 원인이었다. 그들의 선배 황보인이 도승지를 그만두고 다른 관직으로 옮기게 되어, 안숭선이 승정원에 자리를 얻었다.

기고만장했던 그는 승정원에 출근하던 첫날 도승지의 자리에 앉으면서, "이 자리에 앉아야지"라고 했다. 이미 좌승지로서 도승지를 꿈꾸던 김종서의 낯빛이 싸늘해졌다. 그때부터 두 사람은 앙숙이 되었다. 훗날 안숭선이 이종원 사건으로 귀양 가자 사람들이 수군댔다. 김종서가 일으킨 사건이라는 것이다(성현의 《용재총화》와 이긍익의 《연려실기술》 참조).

따지고 보면 아주 오랫동안 세종은 승지 안숭선과 마음을 주고받았다. 왕은 세상 돌아가는 형편을 알려줄 신하를 원했다. 세종이 안숭선에게 주목한 이유였다. 그는 두뇌 회전이 빨라 관리로서도 뛰어났고, 왕의 의중을 정확히 읽었다.

세종은 그를 통해 대신들의 의견을 조정했다. 대신들에게 묻기 곤란한 문제도 원만하게 해결했다. 날이 갈수록 왕의 신뢰는 깊어졌다. 때로 왕은 안숭선을 불러놓고 재상들의 허물까지 들출 정도였다. 그러나 거기까지였다.

　도승지 안숭선은 직권 남용의 유혹에 빠졌다. 게다가 명문자제로 평생 특권을 누려온 그는, 동료들과도 사이가 나빴다. 세종은 현명하고 너그러운 지도자여서 안숭선을 보호하면서도 적절히 견제하려 했다. 그러나 결국 안숭선은 독직 사건에 휘말려 추락했다. 그의 라이벌 김종서가 배후에서 작용했다는 여론이 없지 않았다. 곰곰 생각해보면, 세종은 한동안 그들 두 사람을 양 날개 삼아 일방의 독주를 막으려 했을 것도 같다.

　과연 큰일을 하려면 여러 종류의 인재가 필요할 것이다. 사람들은 흔히 세종을 '성군'이라고 일컬으면서 마치 그가 한 일에는 전혀 흠결이 없었던 것처럼 상상하는 경향이 있다. 그러나 사람의 역사는 그런 식으로 될 수가 없다.

　가만히 생각하면, 세종의 진정한 힘은 그 학식과 인품의 '두께'에서 나온 것이 아닐까 한다. 도덕도 허세도 술수도 그것만으로는 너무 얄팍하다. 내가 아는 세종은 입체적인 인물이었다. 그에게는 선도 악도 있었으며, 그 사이의 애매함도 존재했다고 생각한다.

　조선 후기에 우리나라가 큰 어려움에 빠진 것은, 세종과 같은 인품의 '두께'가 경직된 성리학에 밀려 사라져버렸기 때문이라고 보면 어떨까 한다. 한층 깊이 생각해보면, 성리학 일변도의 세상을 만드는 것이 세종의 꿈이기도 했으니, 역사의 아이러니를 어떻게 평가해야 할지 모르겠다.

여러 자녀 가운데서도 세종은 영웅대군 이염을 유독 사랑했다. 그에게 수만금이나 되는 진귀한 보물을 몽땅 주기로 하루아침에 약속할 정도로 편애했다. 세종 31년 6월 26일자 《실록》에 나오는 사실이다. 세종도 누군가에게는 아버지요, 희로애락의 감정을 가진 인간이었다. 까딱하면 우리가 놓치기 쉬운 점이다. 그 시대에도 친인척 비리가 있었고, 권력형 부정부패가 없지 않았다. 왕에게도 어두운 구석이 있었다. 우리가 애써 외면한 역사적 진실이었다.

골치 아픈 친인척 비리

왕은 종친들을 자주 대궐로 불러서 친목을 다졌다. 왕가의 결속을 위해서 필요한 조치이기도 했다. 부왕(태종) 생전에는 함께 종친들

을 데리고 대궐에서 격구를 한 적도 있었다(세종 4년 2월 4일). 격구가
끝나면 연회를 열어 함께 즐기기도 했다(세종 6년 12월 8일). 왕의 서
제(庶弟) 공녕군 이인과 경녕군 이비는 단골손님이었다.

왕실의 친인척을 후대하자 부작용이 일어나 세종은 이맛살을
찌푸렸다. 특히 의산군 남휘가 말썽을 많이 피웠는데, 그는 태종의
넷째 딸 정선공주의 남편이었다. 그는 세종 초기 북경에 사신으로
다녀올 만큼 왕의 총애를 받았다. 부왕(태종) 내외는 남휘의 집으로
거처를 옮긴 적도 있어, 세종 역시 날마다 남휘의 집으로 문안 인
사를 다녔다. 소헌왕후 심씨는 세자(문종)를 데리고 그 집에 가서
한동안 묵기도 했다. 남휘의 권세는 하늘을 찌를 정도였다.

남휘는 안하무인이 되어 조정 관리를 함부로 폭행했다. 비난이
쏟아졌으나 세종은 그를 감싸주었다. 버릇이 잘못 든 남휘는 상중
에 있던 공신의 비첩을 붙들어다가 간음했다. 그래도 왕이 용서했
다. 문제의 여성이 어느 친척 집으로 피신하자, 비첩을 숨겨준 그
친척을 초주검이 될 만큼 폭행했다. 여론의 비난이 쏟아졌으나 세
종은 겨우 근신 처분을 내렸다.

그 뒤에도 남휘는 계속 말썽을 일으켰다. 장인(태종) 내외가 고
이 잠든 헌릉의 제관 노릇을 맡기자 실수를 범해 견책을 했다. 그
러나 그는 법을 무시하고 녹봉을 타 갔다. 비난이 심해지자 세종도
더는 그를 감싸주기가 어려웠다. 왕은 남휘를 야단치고 유배를 보
내긴 했으나 수개월 만에 풀어주었다.

조카 순성군 이개도 말썽을 부렸다. 순성군은 양녕대군의 큰아
들이었는데, 행동거지가 단정하지 못했다. 한번은 전염병을 핑계

대고 판관 김후생의 집으로 거처를 옮기려고 했다. 김후생은 아내가 병중이라며 극구 사양했으나 순성군은 막무가내였다. 그 집으로 임시 이주한 순성군은 밤이 되자 거문고를 타고 술을 마시며 벽에 구멍을 뚫어서 안방을 엿보았다. 김후생의 아내에게 마음이 있었다. 이 문제로 조정이 시끄러웠으나 세종은 벽에 구멍을 낸 하인만 처벌했다(세종 12년 2월 26일).

말썽 많은 의산군 남휘와 순성군 이개 등을 세종이 그토록 감싼 이유는 무엇일까. 세종은 부왕이 사랑한 사람들이라서 감싸고 보호하는 것이 효도라고 믿었던 것 같다. 《논어》학이편 11장에서는 아버지의 '도(道)'를 함부로 바꾸지 않아야 효(孝)라고 가르쳤다. 왕은 인격으로 친족들을 감화하지 못한 자신의 부덕을 탓하며 그들을 최대한 감쌌다. 유교적 이념의 한계이기도 했다.

영웅대군의 측근 감싸기

세종에게도 물론 지나친 점, 어두운 점이 있었다. 막내 영웅대군을 지나치게 사랑해 그와 관련된 일이면 사리 분별이 어두웠다. 세종 31년 3월 12일, 사헌부 집의 박중손은 정수충의 벼슬을 빼앗으라고 요구했다. 정수충의 아버지 정제가 뇌물죄를 저지르고 도망쳤기 때문이다. 또 세자(문종)가 정수충에게 과거시험을 치도록 허락한 것도 법에 어긋난다는 점을 강조했다. 그러나 세종은 사헌부의 요청을 거부했다. 사람들은 영웅대군 덕분에 정수충이 특혜를 입었다고 보았다.

본래 정수충은 환관에게 독서를 지도했다. 그런데 세종이 그의 재주를 알아보고 영응대군 이염을 가르치게 했다(예종 1년 9월 7일). 그는 성품이 맑고 곧았다. 아버지의 잘못 때문에 버리기는 아까운 인재였다. 그렇게 보면 왕의 처사가 완전히 잘못된 것만은 아니었다.

그러나 누구도 동의할 수 없는, 그릇된 처사도 있었다. 영응대군의 시양부인 이순몽을 세종이 늘 두둔한 일이었다. 판중추원사 이순몽은 거액의 뇌물죄로 유죄 판결을 받았다. 그러나 왕은 도진무라는 중책에 그를 다시 기용했다. 신하들이 잘못된 처사라며 거세게 항의했다(세종 26년 8월 22일). 왕은 탐관오리를 감쌌던 셈이다. "고의로 저지른 죄가 아니다"라며 왕은 이순몽을 다시 조정에 불러들였다.

이순몽에 관한 세평은 최악이었다. 그는 남의 재물을 빼앗았고, 권세가에게 뇌물을 바쳤으며 호색이 지나쳐 물의를 일으켰다. 심지어 문객에게 벼슬을 알선하고 대가를 톡톡히 받은 것으로 악명이 높았다. "당시 여론이 그를 더럽게 여겼다"라고 《실록》에 기록할 정도였다(세종 26년 8월 22일).

이순몽이 무사한 까닭은 무엇일까. 세종이 사랑한 영응대군의 비호가 있었다. 어렸을 적에 대군은 이순몽의 집에서 전염병을 피했다. 그때의 인연으로 이순몽은 영응대군을 수양아들로 삼았다(세종 28년 1월 13일). 그 당시는 돌림병이 유행하면 왕자와 공주를 신하들의 집으로 나누어 보냈다. 그 인연으로 신하들이 왕실과 특별한 인연을 맺기도 했다.

정치:
인재를 발탁하는[擇賢] 길

대군의 생일 때마다 이순몽은 영응대군에게 보물을 바쳤다. 황금으로 수레와 소 모양을 만들어 바친 적도 있었다. 심지어는 비단과 면포를 궁중의 환관과 궁녀들에게 바치기도 했다. 대군과 내관 및 궁녀들은 임금에게 이순몽을 자주 칭찬했다. 왕은 그들의 말을 믿고 이순몽을 깊이 신뢰했다. 왕은 대궐의 진기한 음식을 자주 하사했다(세종 28년 1월 13일).

물론 이순몽에게도 공적이 있었다. 그는 대마도 정벌과 여진족 정벌에서 상당한 업적을 남겼다. "무예가 뛰어나지 않았는데도 공을 세워 사람들이 그를 복장(福將)이라고 불렀다." 이런 세평이 있었으나 공을 세운 것이 사실이었다. 또 동기간에게도 따뜻한 사람이었다.

그러나 문제가 많은 사람이었다. 무엇보다 재물욕이 지나쳤다. 이순몽은 경기도와 경상도에 넓은 농장을 설치하고 농민들에게 고액의 이자를 강요했는데 각박하기 짝이 없었다. 관가의 물건도 마치 자기 것처럼 함부로 가져갔다.

게다가 상당한 호색한이어서 첩을 10여 명이나 거느렸고, 아내가 숨지자 마음에 찍어둔 과부에게 결혼을 강요하여 여론의 비난을 받았다. 그런가 하면 첩이 낳은 딸을 폭행하여 숨지게 했다(세종 31년 8월 20일). 이순몽은 '비리의 백화점'이었는데도 세종은 자나 깨나 그를 감싸주었다. 왕은 그가 험지에서 무공을 세웠고 영응대군에게 잘한다는 점을 과대평가했던 것 같다.

나중에 이순몽이 죽자 세종은 그가 영응대군에게 바친 거의 모든 재산을 친자녀들에게 돌려주라고 했다. 그때 대군이 반환한 재산이 엄청났다. 노비가 83명, 금과 은이 네 덩어리씩 모두 8개, 여기에 곡식과 농장도 대규모였다(세종 31년 10월 17일). 세종은 어진 임금이었으나 이순몽에게는 보기 좋게 속아 넘어갔다고 본다. 왕은 보상 차원에서 영응대군에게 내탕고에 보관 중인 보물을 모두 줄 생각이었다. 그 약속을 미처 지키지 못하고 세종이 돌아가셨으므로, 문종은 즉위하자마자 보물을 영응대군에게 모두 주었다고 한다(세조 13년 2월 2일).

왕의 인간적인 약점을 파고드는 신하도 있었다. 동부승지 김흔지는 세종과 동궁(문종) 및 영응대군의 복을 빈다면서 등신불을 만들었다. 속향(束香)으로 형태를 잡고 표면에는 황금칠을 했다. 복부에는 주옥(珠玉)을 넣어 화려하고 아름다운 불상이 되었다.

김흔지의 정성을 갸륵하게 여겼던지 왕은 그를 이조와 병조의 참의에 임명했다가 곧 동부승지로 발탁했다. 사람들이 그를 "금불승지(金佛承旨)"라고 비꼬았다(세종 31년 5월 22일).

영응대군의 저택

영응대군은 과연 누구일까. 대군은 세종 16년(1434) 4월 15일에 태어났는데, 소헌왕후가 낳은 여덟 아들 중 막내였다. 세종은 그를 유난히 사랑했다. 대군은 마음이 착해, 동자를 그려 넣은 초를 보면서, 이제 촛불을 켜면 어린아이도 녹을 테니 차마 불을 붙이지 못하겠다고 말했다. 그 마음을 왕은 기특하게 여겨 더욱 아꼈다.

정치:
인재를 발탁하는〔擢擢〕 길

대군은 그림과 글씨는 물론이고 음악에도 조예가 깊었다. 생전에 세종은 수양대군(세조)을 불러서 영응대군을 잘 돌보아달라고 부탁했다. 그 때문에 세조는 그를 매우 아꼈다(세조 13년 2월 2일).

대군이 열한 살이 되자 세종은 결혼을 서둘렀다. 사정전에서 왕이 직접 배필을 간택하여 장가를 보냈다(세종 26년 7월 8일).

그런데 얼마 후 소헌왕후가 세상을 떴다. 그러자 왕은 영응대군과 영풍군, 영해군, 담양군 등은 나이가 어리다는 이유로 상복을 입지 말라고 지시했다. 어린 아들들의 고생을 차마 못 보겠다는 것이었다. 예조판서 정갑손은 왕이 예법을 무너뜨린다고 강력히 항의했다. 세종은 마지못해 담양군(8세)을 제외한 어린 왕자들에게도 상복을 입게 했다(세종 28년 3월 28일).

세종은 자녀들을 지나칠 정도로 아꼈다. 그러자 그들의 사치가 과도했다. 식자들은 여러 대군이 국법을 어기면서까지 거창하고 화려한 집을 지었다고 비판했다. 평원대군은 집터를 크게 잡아 한성부 관청도 이전시켰다(세종 28년 3월 7일). 대신들이 왕에게 대군들의 사치를 따졌다. 진화에 나선 왕은 영의정 하연을 비롯한 여러 대신을 불러서 양해를 구했다. 국법에 대군의 집은 60칸, 왕자와 공주는 50칸으로 한정했다. 왕은 자녀들의 위법을 순순히 인정하고 임영대군의 집은 두 칸을 헐게 하고, 부마(사위)들의 집도 규정대로 축소하게 했다.

그러고는 영응대군의 집을 짓기 시작했다. 본래는 큰 집을 사서 선물로 줄 생각이었으나 중간에 세종의 마음이 바뀌었다. 영응대군의 집 짓는 문제로 왕은 대신들과 여러 차례 충돌했다. 반대 여론이 비등하자 김종서와 하연이 세종을 편들었다. 특히 김종서는 고관들도 법제대로 집을 짓지는 않았다며 융통성을 발휘하자고 주장했다. 또 하연은 영응대군이 아직 살 집이 없다는 것은 이치에 어긋난다며 속히 집을 짓자고 했다. 이에 힘을 얻은 김종서는 예정된 택지가 너무 좁다면서, 왕실 정원 상림원(上林園) 터와 그 주변에 있는 호조참판 목진공의 집까지 함께 쓰자고 했다(세종 30년 12월 14일).

대군들의 집 문제로 여론이 나빴기 때문에, 세종은 고민이 깊었다. 그때 문신 이현로가 풍수지리를 구실 삼아 안국방을 대군의 집터로 제안하여, 60여 채의 민가를 헐고 그곳에 웅대한 저택을 짓게 되었다(세종 31년 5월 20일). 가뭄이 들어서 공사가 제대로 진행되지 못하는 가운데 집의 규모가 크다는 이유로 신하들의 반대가 많았다(세종 31년 5월 28일). 군자시 판관 조휘는 상소를 올려 왕을 비판했다. 그는 세종의 문제점이 세 가지라고 지적했다. 첫째, 다스림에 절제가 부족하고, 둘째 백성이 생업을 잃게 했고, 셋째 왕실의 건축이 너무 사치스럽다고 했다. 상소를 읽은 세종은 깜짝 놀라서 조휘를 궐내로 불러들였다. 왕은 환관을 보내어 조휘에게 이런 상소를 하게 된 배경을 캐물었다고 한다.

여론이 워낙 불리하게 돌아가자 세종은 우회 전략을 구사했다. "영응대군의 집이 법제에 어긋난다고 다들 말한다. 그래서 하는 말인데, 풍양(현 경기도 남양주)에 있는 별궁을 영응대군에게 주고, 현재 짓고 있는 집은 왕세손(단종)에게 주려고 한다." 이것이 마음에 없는 말인 줄 대신들은 알고 있었다. 그들은 왕의 간절한 뜻을 헤아렸다. 대신들은 하루빨리 집을 완공해 영응대군에게 주는 편이 좋겠다고 세종을 위로했다(세종 31년 7월 27일).

앞서 집현전 학사들도 집단으로 상소하여, 영응대군의 저택이 너무 화려하다고 비난했다. 그때 세종은 화를 내며, "영응의 집이 다른 대군의 집과 별로 다를 것이 없다. 집현전에서 트집을 잡아 법제에 어긋난다고 비난하는구나. 내가 별궁으로 지어 후세에는 대비(임금의 노모)가 살게 하겠다." 이렇게 공언하기도 했다. 왕은 말을 바꿔가면서까지 이 집을 꼭 짓고야 말겠다는 의지를 보였다.

의정부 대신들은 왕의 뜻이 굳고 화가 아직 풀리지 않은 줄 정확히 알았다. 그래서 임금의 뜻에 맞게 대답했다(세종 31년 7월 27일).

왕은 장차 영응대군과 함께 살기를 소망했다. 대신들은 그러한 왕의 생각도 알아챘다. 그리하여 "이 집을 대군의 집으로만 삼을 일이 아니옵니다. 장차 임금님께서 이어(移御)하실 곳으로 생각하고 만반의 준비를 하소서"라고 말하며 공사 재개를 주장했다. 보기에 따라서 그들은 매우 교활한 사람들이었다. 그런데 그 말에 세종은 마음이 풀렸다.

"대신들이 영응대군의 집을 빨리 지어, 옮겨 살 곳으로 준비하자고 했다. 나는 이 말이 정말 옳다고 여긴다. (…) 그곳에 가져다놓은 목재와 석재를 쓰되, 40인을 동원하여 공사를 진행하라. 그러나 꼭 (빨리) 완공하려고 번거롭게 하지는 말라."(세종 31년 7월 28일)

넉 달쯤 뒤에 집이 완공되었다. 이 공사는 대신 정분과 민신이 진두지휘했다. 대궐만큼이나 훌륭한 저택이 매우 빠른 속도로 지어졌다. 왕은 자신도 영응대군의 집으로 옮겨 살 계획을 세웠다. 그러면서 세자에게는 금성대군의 집에서 지내라고 했다. 만약 그 말대로 하면 경복궁은 텅 빈 상태가 될 것이었다(세종 31년 11월 19일).

이듬해가 되자 과연 세종은 영응대군의 집으로 거처를 옮겼다. 만약 화재가 일어나면 큰일이기 때문에 집 주변의 민가를 철거하자는 의견도 나왔다. 왕은 여론을 더는 자극하기 싫어서, 민가를 훼손하지 말라고 지시했다. 불은 철저히 조심하면 된다며 스스로 위로하고 민심도 달랬다(세종 32년 윤1월 29일). 왕이 일단 영응대군의 집으로 옮기자 세자도 애초 계획을 바꾸어 그리로 옮겼다. 영응대군의 저택은 임시 궁궐로 바뀐 셈이었다(세종 32년 2월 4일).

그런데 불과 13일 뒤 세종이 새 집에서 돌아가셨다. 《실록》은 영응대군의 집에 있는 동별궁에서 별세하셨다고 기록했다. "영응대군의 집을 지을 때 별도로 명하여, 이 집의 동쪽에 왕이 사실 건물을 짓게 하여 옮겨 사실 것을 대비했다"라고, 사관은 썼다(세종 32년 2월 17일). 소헌왕후가 별세하자 왕은 경복궁을 떠나 사랑하는 막내와 여생을 보내기로 결심했던 것 같다.

영응대군의 이혼과 재혼

대군의 집을 짓기 직전에 한 가지 사건이 일어났다. 세종은 자신이 고른 며느리 송씨(송복원의 딸)를 내쫓았다. 시아버지(세종)가 질병을 이유로 며느리를 내친 사건이었다. 그러고는 왕이 새 며느리를 다시 골랐다. 도승지 이사철과 상의한 끝에, 신하들이 최종 후보를 정해서 아뢰면 왕이 결정하겠다고 했다(세종 31년 3월 18일). 한 달쯤 지나서 왕은 신하들을 충청도, 전라도 및 경상도로 보냈다. 그들은 영웅대군의 후처 감을 고르려고 하삼도를 훑었다(세종 31년 4월 23일). 다시 두 달 후, 이미 사망한 부윤 정충경 집안의 딸을 영웅대군의 아내로 삼았다(세종 31년 6월 26일).

이 모든 결정은 당사자인 대군의 의지와는 관계없이 이루어졌다. 세종이 승하하자 영웅대군은 부왕이 쫓아낸 송씨 부인과 재결합했다. 대군은 재혼한 정씨를 친정으로 돌려보내고, 못내 그리워하던 송씨를 다시 불러들였다. 부왕의 명령으로 송씨를 버렸다가, 아무 허물도 없는 정씨를 마음대로 쫓아낸 것이었다. "식자들은 이러한 처사를 (영웅대군의) 단점으로 여겼다."(세조 13년 2월 2일) 신하들이 차마 왕의 잘못을 노골적으로 비판하지 못하고, 책임을 대군에게 돌린 것이었다. 독자는 알아볼 것이다.

비운의 며느리들

곰곰 생각해보면, 시아버지 세종은 두렵고 까다로운 인물이었다. 무려 4명의 며느리를 쫓아냈으니 말이다. 보통 집안에서는 상상도 못할 일이었고, 왕실에서도 전무후무한 사건이었다. 영웅대군의 아내 송씨를 내쫓기에 앞서, 세종은 임영대군에게도 아내 남씨를 버리라고 명령했다. 임영대군은 화약에 관한 전문가로 부왕의 인정을 받았다. 대군은 동생인 금성대군과 함께 왕명으로 군기시에 배치되어 총통과 화차를 제작했다. 문종 때도 그들은 화차를 제작했다.

임영대군의 아내는 대신 남지의 딸이었다. 개국공신 남은의 증손 녀였던 것인데 결혼한 지 한 달 만에 강제로 이혼당했다. 세종은 영 의정 황희 등을 불러 모아놓고, 며느리 남씨에게 심각한 문제가 있 다고 주장했다.

"나이가 열두 살도 넘었으나 아직도 오줌을 가리지 못한다. 눈빛 이 바르지 못하고, 발음이 분명하지 못하며, 행동거지도 정상에서 벗어나 놀라고 미친 사람 같다."

이렇게 심하게 비방한 다음에, 남씨를 친정으로 돌려보냈다(세종 15년 6월 14일). 그 뒤 임영대군을 다시 결혼하게 했다.

아무리 세종의 말이지만 그의 주장을 무조건 믿기는 어렵다. 누가 감히 그와 같이 미성숙하고 비정상적인 딸을 왕자에게 시집보낼 수 있었을까 하는 의심이 든다. 자녀를 대할 때와는 달리 며느리를 바라 보는 세종의 시선은 지나치게 엄격하고 까다로웠다고 짐작한다.

그밖에도 세종은 세자(문종)의 아내(빈)를 2명이나 연달아 쫓아냈 다. 휘빈 김씨와 순빈 봉씨가 폐출의 비운을 당했다. 그들은 기막힌 사연의 주인공이었다. 널리 알려진 이야기라서 되도록 간단히 적어 둔다.

세종 9년(1427)에 휘빈 김씨는 세자빈으로 간택되었는데, 세자 는 관심을 보이지 않았다. 세자빈은 세자의 마음을 얻으려고 고심 하다가 시녀 호초한테서 한 가지 비법을 들었다. "남자가 좋아하 는 여자의 신발을 불에 태워 그 가루를 남자에게 마시게 하면 사 랑을 얻을 수 있다." 세자빈은 세자가 좋아하는 궁녀들의 신발을 가져다 시험했으나 효험이 없었다.

뒤늦게 그런 일을 알게 된 세종은 격노했다. 세자빈을 다그쳐 자백을 받고는 곧 폐출했다(세종 11년 7월 18일). 휘빈에게 비법을 알려준 시녀는 사형을 당했다(세종 11년 7월 20일).

순빈 봉씨의 일도 안타까웠다. 세자는 봉씨도 좋아하지 않았고, 후궁인 승휘 권씨(현덕왕후)를 가까이해 임신했다. 세종은 세자를 타이르며 정부인에게서 아들을 낳는 것이 좋다고 책망했다. 그 후 봉씨는 상상임신을 했고, 승휘 권씨를 못살게 굴기도 했다. 나중에 봉씨는 시녀와 동성애를 했다고도 한다. 왕은 봉씨가 아이도 낳지 못하는 데다 투기가 심하다는 이유로 폐출을 명령했다(세종 18년 10월 26일).

그러면서도 왕은 신하의 이혼은 용납하지 않았다. 학자로 이름이 높았던 김숙자는 집안 어른들의 명령으로 강제 이혼했는데, 왕은 벌을 주고 재결합을 명령했다. 김숙자는 성종 때 이름난 성리학자 김종직의 아버지였는데, 세종의 시대에는 이혼 사건 때문에 청현직에 오르지 못했다. 성균관 사성 이미도 자식을 낳지 못한 아내를 함부로 내쳤다는 이유로 처벌을 받았다.

앞에서 본 대로 왕은 무려 4명의 며느리를 축출했다. 자신의 조치는 특별한 사정이 있어서라고 변명할지 모르겠으나 올바른 결정이었는지 모르겠다. 부왕이 별세하자 영응대군이 부왕이 쫓아낸 송씨를 다시 데려온 것만 보아도, 이혼 결정이 과연 사리에 맞았는지 의심스럽다.

어떤 사람이든 한계가 있고 단점도 없지 않다. 세종은 공정과 정의를 이상으로 여겼으나, 그의 판단이 꼭 옳았다고 보기는 어렵다. 결점이 하나도 없는 성군, 그저 어질기만 한 현왕 같은 것은 현실적으로 존재할 수가 없다. 세종은 뛰어난 군주였으나, 그에게도 잘못이나 판단 착오가 얼마든지 있었다.

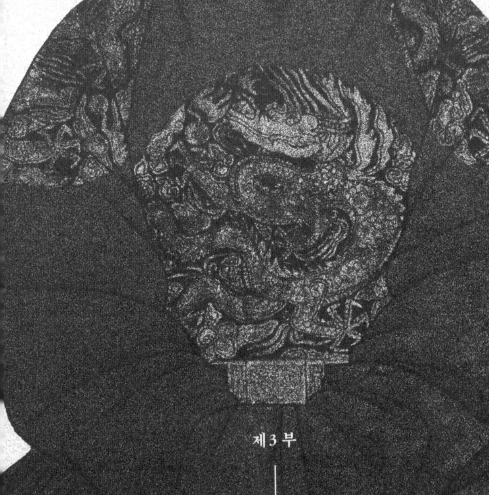

제 3 부

문화:

문명(文明)으로 나아가는 길

세종은 불교 신자였는데, 그 할아버지인 태조 이성계 역시 불심이 무척 깊었다. 만일 세종이 불교를 존숭하지 않았더라면, 직접 한글로 《월인천강지곡》(국보 제320호)이라는 장문의 찬불가를 지었을 까닭이 있었겠는가. 또 가장 유능한 아들인 수양대군에게 《석보상절》(보물 제523호), 곧 석가모니의 상세한 일대기를 엮으라고 지시할 이유도 없었을 것이다. 게다가 왕은 신하들의 반대가 쏟아지는 가운데 고집을 부리며 내불당을 완공했다. 얼마 전에 작고한 소헌왕후 심씨의 명복을 빌기 위해서라고 핑계를 댔으나, 자신의 불심이 깊지 않았으면 내불당까지 지을 필요는 없었을 것이다.

세종은 불심이 깊었으므로, 그의 정치에도 대자대비한 부처의 마음이 영향을 적지 않게 주었을 것이다. 왕이 항상 넉넉한 마음으로 뭇 생명을 살리기에 힘쓴 것은 불교 신앙과 떼려야 뗄 수 없는 관계가 있었다고, 나는 추측한다.

그러나 왕은 불교를 통해서 국가를 다스릴 수 있다고 말한 적이 한 번도 없었다. 고려 말 과거에 당당히 급제한 부왕(태종)처럼, 그 역시 성리학(유교)으로 나라를 일으키고자 했다. 세종 이전에는 그만큼 성리 철학으로 철저히 무장한 왕은 없었다. 어려서부터 이미 학업에 성취가 컸던지라, 왕은 조선 사회를 성리학이라는 렌즈를 통해 바라보았다. 그의 눈에 비친 15세기 우리 사회는 인의예지가 구현된 고전 문명과는 거리가 멀어도 너무 멀었다. 그리하여 세종은 자신의 왕국을 전면적으로 개조하여 성리학적인 이상 사회로 만들려고 노력했다.

지금까지 우리는 세종이 추구한 부민(富民)의 경제 정책과 택현(擇賢)이란 인재 개발 정책을 살폈다. 이제부터는 그러한 정책의 배경이 되었던 왕의 문명화 정책을 검토할 것이다. 아래서는 다음의 네 가지에 주안점을 두고자 한다.

우선 왕이 주도한 여러 가지 출판 및 교육 문화 사업이 궁극적으로는 '성리학적 전환'을 목적으로 삼았다는 사실을 밝히려고 한다. 세종이 《삼강행실도》와 《국조오례의》 등의 책자를 편찬하고, 예악과 문물제도를 널리 정비한 일, 심지어 허다한 간통 사건을 조사해 당사자들을 처벌한 사실을 알고 있을 것이다. 그뿐만 아니라 세종은 근친간의 결혼을 엄금하고, 이혼을 막았으며, 어린아이의 조혼을 정책적으로 후원했다. 이러한 조치를 시행함으로써, 조선의 문명화를 반드시 성공시키고야 말겠다는 사명감을 가지고 있었던 것이다.

왕이 훈민정음을 창제한 것도, 정확히 알고 보면 문명화의 의지가 작용한 결과였다. 세종은 백성이 글을 배우면 세상이 문명화된다는 확신을 가지고 있었으므로, 어떠한 반대에도 굴하지 않았다. 우리는 흔히 '민본'이니 '훈민'이라는 상투적인 용어로, 그의 한글 창제를 간단히 설명하는 데 그친다. 그러나 사안을 더 깊이 들여다보면, 이것은 '문명화', 즉 성리학적 전환이라는 대형 프로젝트의 일부였다.

세종이 이러한 평생 사업을 세우게 된 데는 그의 독서 체험이 결정적 역할을 했다고 생각한다. 왕은 탁월한 역사가이자 고아한 성리 철학자였다. 그는 눈앞에 놓인 복잡한 난제를 두려워하지 않았다. 무슨 문제든지 역사 서적을 뒤적여서 비슷한 사례를 조사하면 적절한 답을 찾을 수 있다는 믿음을 가지고 있었다. 지극히 낙관적이고 실용적인 관점의 소유자였던 것이다. 그러나 세상일이 그렇게 단순할 수는 없는 법이어서, 왕도 실은 많은 시행착오를 겪었다.

당대 제일의 역사가로서 세종은 자신에게는 근현대사라고 볼 수 있는 고려 말과 조선 초기의 역사 서술에도 깊은 관심을 가졌다. 역사에 관한 그의 관심은 지대했다. 특히 왕이 40여 명의 학자를 동원해서 편찬했고, 최종적으로는 자신이 직접 교열을 마친 《자치통감훈의》가 일부나마 아직도 남아 있다는 사실을 거듭 적어둔다. 이 책은 불후의 명저로 평가받는데, 그

동안 우리가 별로 관심을 갖지 못한 것 같아 유감이다.

《실록》을 직접 읽어보면, 세종은 중국의 고전 문명에 깊이 경도된 사대주의자였음을 알 수 있다. 그에게 중국의 고전 문명이란 절대적인 가치 기준이었다. 그렇다면 왕은 자신의 시대에 중국을 지배하는 명나라를 어떻게 상대했을까. 나는 그 문제가 궁금했다. 왕은 명나라가 요구하는 대로 수천 필의 말과 소를 마련해서 바치기도 했고, 황제를 위해서 사냥개와 매를 성심성의껏 준비했다. 세종의 사대적인 태도는 우리의 마음을 불편하게 만들 수도 있다고 본다. 그러나 그것만 가지고, 그를 순진한 사대주의자라고 낙인찍어도 되는 것일까?

아니다. 그렇게 단정할 일은 아니다. 해마다 반복되는 명나라 사신들의 횡포에 맞서, 세종은 신하들과 함께 지혜를 짜냈다. 한편으로 중국의 고전 문명을 흠모하고 명나라의 위력을 두려워하면서도, 다른 한편으로 왕은 조선이란 국가와 백성의 이익을 최우선으로 여겼다. 상식적으로 보아 마땅한 일이 아니겠는가.

오묘한 균형 감각, 바로 그런 탁월한 감각을 가진 이가 세종이었다. 유교와 불교, 중국 문명에 대한 사대와 독립자존의 균형을 유지하는 것은 무척 어려운 일이다. 지금의 사정과 견주어 보아도 그렇지 않은가. 혹자는 지나치게 미국과 일본에 기울어 있고 혹자는 비현실적인 국수주의에 쏠려 있는 등, 우리 사회 도처에 대척점은 있어도 절묘한 균형은 찾아보기 어렵다.

'성리학적 전환'이라는
깃발

시간이 흐르면 기존의 제도나 사고방식으로는 복잡한 문제를 풀지 못한다. 그러면 누군가 역사의 무대에 등장해 새 패러다임을 펼친다. 21세기 한국 사회도 낡은 운영 체계를 혁신하기 위해 노력하는 모습이 곳곳에 보인다. 그럼 세종의 시대는 어떠했을까?

그 시절은 우리 역사의 중요한 변곡점이었다. 세종은 유교적 문명국가 건설을 자신의 책무로 삼아, 법과 제도를 새로 만들었고, 계몽 서적도 많이 펴냈다. 왕이 앞장서 훈민정음을 창제한 것도 성리학적 전환을 달성하기 위한 노력이었다고 생각한다.

세종을 괴롭힌 다양한 윤리적 문제

어떤 역사가는 조선이 고려와 별로 다르지 않았다고 주장한다. 왕의 성씨만 바뀌었을 뿐 지배층도 그대로였고, 경제적으로나 문화적으로도 큰 변화가 없었다는 말이다. 일견 그럴듯해 보일지 몰라도 잘못된 주장이다. 가령 조선의 태종이나 세종처럼 성리학에 정통한 군주가 고려 때 있었던가? 특히 세종처럼 왕자 시절부터 성리학을 철저히 배워, 윤리와 도덕을 내면화한 왕은 아무리 찾아도 보이지 않는다. 조선 왕실의 새로운 교육제도 덕분에 엄청난 사회 변화가 시작되었다고 봐야 한다.

어린 시절부터 성리학으로 심신을 닦았기 때문에, 세종은 전적으로 새로운 관점에서 세상을 바라보았다. 그의 눈에는 고려 시대부터 전해온 관행과 풍습이 수치스럽고 야만적인 행태로 보였다. 그 때문에 왕은 쉬운 것부터 차례로 뜯어고쳤다. 세종이 성리학적 도덕과 윤리에 충실한 세상을 만들기 위해 장기 프로젝트를 시작한 것은 우연이 아니었다.

이해를 돕기 위해 몇 가지 예를 들어보자. 첫째, 원나라의 영향으로 조정에서는 이슬람('회회교') 의식을 거행했는데, 왕은 단번에 폐지했다(세종 9년 4월 4일). 이슬람은 사회적 영향력이 미미했으므로 조직적인 저항은 없었다.

둘째, 세종 초년까지만 해도 대신들이 대궐에서 고성을 지르고 주먹질을 했다. 성리학적 교양이 없는 관리들의 구태의연한 모습이었다. 세종으로서는 상상도 못할 끔찍한 만행이었다. 어느 날 총제(당상관) 허권이 동료 대신을 폭행하자, 왕은 그를 파면했다(세종 5년 9월 12일). 이후 조정에서 폭력 사태가 급속히 사라져갔다.

셋째, 15세기 초에도 이른바 고려장(高麗葬)의 유습이 있었다.

세종이 예조에 내린 교지를 보면 어김없는 사실이었다. "고려 말기에 시골의 어리석은 백성은 부모의 숨이 끊어지기도 전에 바깥채[外舍]에 내버렸다. 회생할 수 있는 부모조차 죽음으로 몰아갔다." 이 말끝에 왕은 간곡히 당부했다. "그대들은 옛 풍습의 잘못을 깨닫고 스스로 새로워져, 어질고 효성스러운[仁孝] 풍속을 이루라."(세종 11년 4월 4일) 물론 이 한마디로 잘못된 풍습이 사라지기는 어려웠을 것이다. 왕은 자신의 내면에 자리한 성리학적 기준으로는 용납할 수 없는 여러 폐습 때문에 상심이 적지 않았다.

그 시절에는 성리학적 교양이 있을 법한 관리들조차 부모의 상례를 예법대로 거행하지 않았다. 미신과 풍수지리설에 현혹되어 장례 기일을 넘기는 이가 많았다(세종 5년 6월 20일). 성리학적 도덕률에 부합한 문명사회를 만들고 싶었으나, 왕에게 그것이 쉬운 과제는 아니었다.

끝으로, 왕에게는 말도 꺼내지 못할 고민이 있었다. 태상왕(태종)은 두 번이나 젊은 과부를 후궁으로 삼았다. 부왕은 고령이었음에도 정승 이직의 딸과 군자감 이운로의 딸을 궐내로 불러들였다(세종 4년 1월 6일). 친형 양녕대군은 기생과의 애정 문제 때문에 세자 자리에서 쫓겨났건마는 그 뒤에도 비슷한 소동을 여러 번 일으켰다. 또 왕의 며느리 중에도 성적 문제를 일으켜 쫓겨난 이가 있었다. 세종은 성리학적 윤리를 지켰으나 그와는 어울리지 않는 부끄러운 사건이 아주 가까이에서 되풀이되었다.

문화:
문명(文明)으로 나아가는 길

골치 아픈 근친 간의 밀애

세종과 15세기 조선의 성리학자들은 도덕과 윤리를 문명의 척도로 여겼다. 그런 그들의 눈앞에 전개된 사회 현실은 비참했다. 전통적으로 한국 사회는 자유분방한 이성 교제를 허용했기 때문에 성리학적 기준에서 크게 벗어났다.

왕은 도덕의 기치를 세우리라 결심했고, 공권력을 동원해 부적절한 남녀관계를 적발했다. 범죄자는 모두 중벌로 다스렸는데, 대형 사건도 일어났다. 세종 5년(1423) 9월 25일, 대사헌 하연이 지신사(도승지) 조서로를 고발했다. 조서로는 퇴직한 대신 이귀산의 처유씨와 내연관계였다. 왕은 조서로의 관직을 빼앗고 경상도 영일로 유배 보냈다. 그의 정인(情人) 유씨에게는 사형을 집행했다(세종 5년 10월 8일). "유씨는 대신의 아내인데도 음탕한 짓을 했다"라며, 임금은 그를 사흘 동안 저잣거리에 세웠다가 목을 베었다. 조서로는 개국공신 조반의 큰아들이라 극형을 모면했다.

조서로와 유씨는 친척이었다. 어릴 때 아버지를 잃고 출가한 유씨는 승복을 입고 친척 조서로의 집에 출입했다. 조서로가 열네 살 때부터 그들은 연인이었다. 얼마 후 환속한 유씨는 대신 이귀산과 결혼했으나, 조서로와의 연인관계는 계속 이어졌다. 유씨는 이따금 조서로에게 편지를 보내 친척 집에서 밀회했다.

이 사건을 끈덕지게 추적한 이는 사헌부 지평 남지였다. 그는 조서로의 하인들을 체포해 상전의 행적을 낱낱이 조사했다. 또 밀회 때 유씨의 심부름을 한 노인을 다그쳐 두 사람의 내밀한 관계를 확인했다. 세종이 혼외관계를 척결할 의지를 가졌기 때문에, 남지는 이 사건을 철저히 조사했다고 전한다.

《실록》에는 혼외정사로 고발당한 이들이 수두룩하다. 그들은 대개 친척관계였다. 세종 10년(1428) 윤4월 1일자 《실록》은 홍양생과 유연생의 사건을 기록했다. 양반 홍양생은 모친 상중에도 사촌 유연생과 몰래 만났다. 유연생은 어엿한 관리의 아내였고 부친상을 입은 처지였다. 두 사람의 은밀한 관계가 드러나자 유연생은 매를 맞고 경상도 울산으로 귀양 갔으며, 홍양생도 매질당한 후 유배지인 경상도 고성으로 쫓겨났다.

이 사건을 처리하면서 세종은 풍속을 뜯어고칠 결심을 더욱 확고히 다졌다. "중국은 남녀 간의 분별이 엄해서 친남매라도 서로 얼굴을 보지 못한다. 그러나 우리나라 풍속은 남매가 만나는 것을 미풍이라 한다. 그래서 불미스러운 사건이 자주 일어난다."(세종 11년 6월 16일) 왕은 누나든 누이동생이든 남성이 여성을 만나면 절대 안 된다고 믿었다.

우의정 맹사성은 반대 의견을 넌지시 밝혔다. "이성 사촌이면 상복은 입지 않는 친척이지만, 서로 만날 수 없게 하신다면 풍속이 너무 야박하지 않겠습니까." 그러나 세종은 도덕 최우선 정책을 고집했다. "풍속이 박해지더라도 남녀 간의 분별은 뚜렷이 하겠다. 부끄러운 일이 일어나지 않게 하는 것이 더욱 중요하다."(세종 11년 6월 23일)

유교 경전을 중심으로 예법을 다시 정비하는 것이 세종의 목표였다. 왕은 대신 황보인에게도 거듭 강조했다. "옛사람이 말씀하

문화:
문명(文明)으로 나아가는 길

기를, '형수와 시동생은 물건을 직접 주고받지도 않는다'고 했다. 그런데 우리나라 풍속은 서로 얼굴을 마주 대하니 크게 잘못된 것이다."(세종 12년 윤12월 24일)

왕은 성리학의 고전을 기준으로 삼는 한편, 자신에게 익숙한 궁중의 관행도 새 예법에 포함시킬 뜻을 보였다. 부왕 태종 시절의 관행대로 왕비의 처소(내전)에서 잔치를 열 때면 왕자는 물론이요, 사위도 함께 자리하는 것이 좋겠다고 생각했다. 그런데 왕은 이 문제를 중대한 사안이라고 여겨, 대신의 의견을 널리 청취하기로 했다. 대신들은 왕의 사위가 내전에 들어가면 안 된다고 주장했고, 왕은 두말없이 그들의 의견을 따랐다.

앞에서도 서술했듯, 근친 간의 은밀한 애정 관계가 흔한 시대였다. 왕은 이를 악습으로 규정해 뿌리 뽑으려고 했다. 마침내 왕은 조혼제도를 더욱 강화하는 쪽으로 가닥을 잡았다. 세종 9년(1427)의 일이었다. 왕이 이 문제로 대신들과 거듭 상의했는데, 변계량은 법령을 엄격히 집행해 친척 간의 이성 교제를 금하자고 했다. 허조는 조선 여성의 경박한 정조 관념을 문제 삼는 한편, 남성들도 성폭행을 저지르는 경우가 많다고 비난했다. 그는 도덕 교육을 강화하는 것이 대안이라고 보았다.

대신들의 이러한 문제의식을 공유하면서도 세종은 조금 다른 생각을 했다. "여성이 나쁜 행동을 하는 것은 결혼 시기를 놓쳤기 때문이다." 누구든지 혼기를 절대 놓치지 않게 만들자고 왕은 주장했다. 그러자 변계량이 결혼 연령을 열다섯 살로 정하면 좋겠다고 했다(세종 9년 9월 4일).

조혼법을 강화하자는 의견이 대신들의 지지를 얻자, 세종은 이 문제를 자세히 논의하여 결과를 보고하라고 주문했다. 10여 일 뒤 신하들이 숙의한 결과가 윤곽을 드러냈다. 《주문공가례(朱文公家禮)》, 즉 주희가 정한 예법에 근거한 결정이었다. 예법을 주관하는 예조에서 올린 최종 보고서의 요점은 다음과 같았다(세종 9년 9월 17일).

'지금까지는 남성은 열다섯 살, 여성은 열세 살부터 결혼을 허락한다는 규정만 있고 언제까지 결혼해야 한다는 규정이 없어서 결혼을 차일피일 미루는 사람이 많았다. 이제부터는 《주문공가례》에 따라서 여성은 열네 살부터 스무 살까지 반드시 결혼해야 한다. 부득이한 경우에는 관청의 허락을 얻어 조금 미룰 수 있다. 관청은 혹여 약속한 기한을 넘기는 사람이 있는지 조사해서 법대로 처벌한다.'

세종은 신하들의 의견을 받아들여, 국법에 조혼을 상세히 규정했다. 또 왕은 동성혼(同姓婚) 금지법도 정밀하게 살펴보았다. 일찍이 어느 대신이 아뢰기를, 고려 때는 왕족들도 서로 결혼했고, 양반들도 근친혼을 했다고 했다. 성리학자 정몽주가 동성혼을 없애려고 노력했으나 성공하지 못했다는 대신의 말을, 세종은 기억했다.

조선 왕조는 동성혼을 법으로 규제했고, 타성이라도 5~6촌까지는 결혼하지 못하게 했다. 세종은 이 법이 좋다고 칭찬하면서도, 다른 한편으로는 혹시 그 영향으로 근친 간에 연애 사건이 발생하는지 모르겠다고 근심했다. 왕은 의문을 풀기 위해 집현전에 명하여 결혼제도를 역사적으로 조사하게 했다(세종 12년 12월 18일). 친족 간의 이성 교제를 근원적으로 타파하기 위해서 왕은 실로 다방면에 걸쳐 노력했다.

다년간 애쓴 효과가 없지 않아, 조혼은 조선의 새로운 관습으로 자리 잡기 시작했다. 근친인 남녀의 사귐도 사회적 금기로 굳어졌다. 우리 귀에 익숙한 조선 사회의 엄격한 남녀 유별이야말로 세종이 만든 신풍속이었다.

성리학적 문명의 기준을 마련하다

세종이 정한 조선의 새 패러다임은 '성리학적 전환'이라 불러도 좋겠다. 그때 왕에게는 한 가지 고뇌가 있었는데, 중국 제도를 무조건 따라야 하는가 하는 문제였다. 예컨대 조선에서는 신하가 편전을 드나들 때는 바닥에 엎드려 왕에게 절했다. 그러나 중국에서는 황제 앞에서 신하가 엎드려 절하는 법이 없었다. 과연 어느 편이 옳은 것일까. 세종은 헤아려보았으나 잘 알 수 없었다. 대신 허조에게 묻자 그는 설명하기를, 중국은 사람도 많고 사무도 번거로워 예절을 생략한 것이라고 했다. 왕은 그 말을 옳게 여겼다(세종 5년 7월 3일).

도덕적 기준을 정할 때 왕이 가장 중시한 것은 고전이었다. 《논어》를 비롯한 성리학 고전을 바탕으로 왕은 예법을 제정했다. 그 과정에서 왕은 대신 허조와 자주 논의했다. 한번은 신하들의 행동 거지가 너무 느린 것이 마음에 걸린다면서 왕이 《논어》를 인용했다. "빨리 나아가면서도 새가 날개를 펴고 날듯이 단정히 한다"는 공자의 말씀처럼 임금 앞에서는 행동이 민첩해야 한다고 못 박았다(세종 8년 9월 22일).

그러나 고전이라고 늘 기준이 되기는 어려웠다. 가령 강제 이혼의 근거로 자주 인용하는 칠거지악(七去之惡)을 곧이곧대로 받아들일 수 있겠는가? 세종 7년(1425) 골치 아픈 사건이 발생했다. 전직 관리 최주가 사위 이미를 고발했다. 이미는 성균관 사성(종3품)이었는데 아내가 있음에도 다시 장가를 갔다. '유처취처(有妻娶妻)'의 죄에 해당하는 범죄였다. 그러나 이미는 자신의 행위를 정당화하면서 칠거지악을 근거로 내세웠다. 아내 최씨는 이미 마흔다섯 살이 넘었으나 아들을 낳지 못했으므로 강제 이혼의 사유가 되기에 충분하다는 주장이었다.

이미는 성균관에서 유생을 가르치는 학식 높은 관리라, 칠거지악을 이론적으로 파고들었다. 그는 아내를 내쫓을 수 있는 일곱 가지 조건 중에도 경중이 있다면서, '질투하면 버린다', '몹쓸 병에 걸리면 버린다', '말이 많으면 버린다'라는 세 가지는 가벼운 잘못이라 이혼 사유로 미흡하다고 말했다.

하지만 '부모에게 대들면 버린다', '아들을 낳지 못하면 버린다', '음란하면 버린다', '도둑질하면 버린다'라는 네 가지 사유는 매우 무거워서 그 뜻을 깊이 새길 만하다고 분석했다. 특히 '아들을 낳지 못하면 버린다'라는 조목은 윤리적으로 지극히 중요하다는 의견이었다.

대를 이을 아들이 없으면 조상에게 큰 '불효'이므로, 자신이 최씨 부인을 쫓아낸 것이 합당하다는 자기 변론이었다. 요컨대 그는 윤리 도덕에 충실하려면 아들을 낳지 못한 아내를 쫓아낼 수밖에

문화:
문명(文明)으로 나아가는 길

없다는 견해였다.

그러나 세종은 이미를 범죄자로 판단했다. 왕은 칠거지악 정도로는 이혼을 허락할 수 없다고 믿었다. 이에 사헌부에서는 이미에게 곤장 90대를 때리자고 했고, 왕은 그대로 집행하게 했다(세종 7년 11월 16일).

조금 다른 이야기이지만 성리학 고전에서는 남녀 분별을 강조했다. 이를 세종은 도덕적 원칙으로 수용했다. 전직 대신 허도도 마찬가지여서 그는 다음과 같이 제안했다. "남자 의원이 여성의 살을 주무르게 할 수는 없습니다. 남녀의 분별을 삼가는 고전의 가르침에 비춰볼 때 해괴한 일입니다. 이를 부끄럽게 여긴 나머지 질병을 치료하지 못하고 죽는 여성도 있어, 저는 늘 깊이 걱정합니다."

허도는 부왕 태종 때 여의(女醫)를 양성하자고 주장한 대신이었다. 태종은 그의 주장대로 관청에서 근무하는 총명한 어린 여종을 골라 의술을 가르쳤다. 그리하여 서울에서는 평민 여성들까지도 의료 혜택을 누렸다.

그 기억을 떠올리면서 허도는 이제는 지방에 여자 의원을 둘 때라고 말했다. 관청의 여종 가운데 영리한 소녀를 골라서 서울에서 침과 뜸도 가르치고 약을 조제하는 기술도 가르치면 지방의 여성도 의료 혜택을 볼 수 있다는 의견이었다.

세종은 허도의 견해에 따라 우선 경상도와 전라도에 여자 의원을 두기로 했다(세종 5년 11월 28일). 남녀를 엄히 분별하는 성리학적 도덕 관념이 조선의 의료제도에 큰 변화를 가져왔으니 흥미롭다 (여의에 관해서는 7장 참조).

효행을 권장하기 위한 노력

왕은 성리학적 가치를 실천하여 백성의 일상생활이 예법에 부합하기를 바랐으나, 뜻밖의 사건이 일어났다. 세종 10년(1428) 경상도 진주에서 한 백성이 아버지를 살해했다. 충격에 빠진 왕은 신하들을 불러놓고 효성과 우애를 실천하고, 풍속을 바꿀 방안을 널리검토했다. 그날 판부사 변계량이 왕의 마음을 사로잡는 대책을 내놓았다. 그는 《효행록》을 널리 반포하여 백성들이 익히게 하면 부모를 공경하고 형제를 사랑하는 마음이 두터워진다고 주장했다(세종 10년 10월 3일).

여러 날 동안 숙고한 끝에 세종은 집현전 직제학 설순에게 다음과 같이 당부했다. "자식이 자식 노릇을 제대로 하지 않는 경우가있다. 《효행록》을 간행하여 어리석은 백성들을 깨우치고자 하니, 기왕에 편찬한 24명의 효자 이야기에 새로 20여 명의 효행을 추가하라. 고려와 삼국 시대의 이름난 효자들 이야기도 수록하여 한 권의 책을 편찬하라. 집현전에서 이 일을 주관하라." 왕의 명령을 받들어 예조는 고을마다 효자, 순손(順孫) 및 절부(節婦, 열녀)를 발굴했고, 집현전은 기록에 힘을 쏟았다(세종 10년 10월 28일).

알다시피 성리학자는 조상의 제사도 효행으로 여긴다. 격식에 알맞게 제사를 올리는 것은 자손의 도리였다. 그럼 몇 대 조상까지 제사를 지내야 옳은가? 왕은 이 문제도 대신과 함께 상의했다. 좌대언 허성은 고조까지 제사를 모셔야 한다고 주장했는데, 세종은 반대 의사를 표했다.

"4대까지 제사하는 일은 옛 선비도 합의하지 못한 것이다. 3대(부, 조, 증조)를 제사하는 예법은 우리 조상께서 정한 법도로서, 이 또한 고대의 법도에 부합한다. 만약 누구나 4대를 제사한다면, 지위의 높고 낮음을 구별하지 못하게 될까 염려스럽다."(세종 11년 3월 13일)

면 조상까지 제사를 지내게 되면 예법도 번거롭고 가계의 지출도 많아질 것이다. 게다가 당사자의 사회적 지위도 구별할 수 없게 되므로, 세종은 깊이 염려했다. 왕이 사회적 약자를 깊이 배려한 것은 사실이나, 신분에 따라 차별하는 것은 당연하다고 믿었다는 사실도 알아야 한다.

그 시대에는 집 안에 사당[家廟]을 세우지 않으려고 버티는 양반도 많았다. 세종 12년(1430) 한성부 판사 서선은 보고하기를, 연말까지 5~6품 관리는 누구나 사당을 세우도록 했으나 이런저런 핑계를 대며 미루는 이가 많다고 했다(세종 12년 9월 16일).

그들이 사당을 세우려 하지 않는 데는 까닭이 있었다. 우리 풍속에 남녀가 산과 들에서 귀신에게 제사하고 자유분방하게 어울려 노는 적이 많았다. 성리학자의 관점에서 보면, "정욕이 이끄는 대로 멋대로 굴며 남녀의 분별을 어지럽히는" 일탈이었다. 그러나 벼슬이 높은 양반들도 옛 풍속에 젖어 있었다. 그들은 조상의 신(神)도 무당에게 맡겨 대신 제사를 지내게 했다. 성리학자들이 보기에는 실로 야만적인 풍습이었다. 학자들은 세종에게 청원하여 무당도 폐지하고, 산과 들에서 제사하지 못하게 금하라고 요구했다(세종 11년 9월 30일). 세종은 학자들의 요청을 기꺼이 따랐으니, 문자 그대로 성리학적 전환이 일어나고 있었다.

교육의 힘을 확신하다

왕은 성리학자들과 함께 그들이 신봉하는 성리학적 이념에 토대한 새 문명을 건설하려고 애썼다. 그래서 효자뿐만 아니라 충신과 열녀의 본보기도 널리 수집하여 책자로 정리했다. 백성들의 이해를 도우려고 삽화도 많이 그려 넣어 《삼강행실도》를 편찬했다. 나중에는 백성의 도덕심을 키우고, 그들과의 소통을 위해서 왕이 직접 발 벗고 나서 한글을 창제할 정도로 열심이었다. 세종은 《삼강행실도》도 한글로 다시 간행할 뜻을 품었다.

앞에서도 언급한 것과 같이 집현전 학사 정창손은 세종의 포부를 비웃었다. "사람이 도덕을 실천하고 못하고는 저마다의 자질에 달린 것이기 때문입니다. 어찌하여 이 책을 한글로 번역하면 많은 사람이 본받는다고 말하겠습니까?"(세종 26년 2월 20일) 정창손의 발언에 세종은 폭발하고 말았으니, 우리로서는 쓴웃음을 지을 수밖에 없지 않은가(정창손의 일화는 15장 참조).

아무려나 왕은 교육의 힘을 굳게 믿었으므로, 나라의 오례(五禮, 각종 예절)를 다시 제정해 책자로 편찬하려 했다. 중국의 옛 제도와 우리나라의 의례를 비교 검토하여 가장 합리적인 예법을 마련하자는 생각이었다. 예법이 바로 서야 올바른 문명국가가 될 수 있다는 것이 왕의 강한 신념이었다. 왕의 뜻은 대대로 이어져 성종 5년(1474)에 드디어 《국조오례의(國朝五禮儀)》가 완성되었다.

한마디로 세종의 끈질긴 노력 덕분에 조선에 새로운 사회질서가 등장했다. 유사 이래 성리학 이념에 가장 충실한 나라가 조선이

문화:
문명(文明)으로 나아가는 길

었다는 데 이론이 있을 수 없는데, 성리학 국가라는 새 패러다임
은 다름 아닌 세종에게서 나왔다. 후세와 차이가 있다면 왕의 태도
는 경직된 이념과는 거리가 멀었다는 점이다. 그에게는 맹목적으
로 이념을 지키기보다는 실용적인 쓰임새가 더욱 중요했다. 유학
에 밝았던 성종, 선조, 영조 및 정조 등과는 현격한 차이가 있었다.

15

훈민정음:
백성이 글을 배우면
세상이 밝아진다

《소학》에 따르면 태평성대에는 모든 남자아이가 소학(小學)이란 학교에서 교육을 받았다고 한다. 세종은 그러한 보편 교육의 이상을 가슴 깊이 품었고, 한글을 통해 그 꿈을 이루려 했다. 15세기 조선의 현실에 사로잡힌 신하들로서는 따라가기 어려운 일이었다. 그랬기에 그들은 여러 가지 이유를 내세워 왕의 한글 창제를 반대했다. 그러나 세종은 뜻을 굽히지 않았다.

한글 창제를 둘러싼 이야기는 잘 알려진 편이나, 우리가 미처 몰랐던 대목도 있다. 세종의 한글 창제를 역사적으로 검토하면서, 나는 특히 다음의 네 가지에 주목했다.

첫째, 왕은 평범한 백성도 교육을 받으면 달라진다고 확신했다는 점이다. 이런 신념이 강했기에 그는 창제의 모든 과정을 스스로 주관했다.

문화:
문명(文明)으로 나아가는 길

둘째, 창제 과정에서 세종은 국내외의 '문화자본'을 종합적으로 활용했다는 점이다. 그는 집현전 학사들뿐만 아니라 유능한 왕자들의 도움도 받았다. 또 명나라의 음운학자까지도 사업에 끌어들인 셈이었다.

셋째, 세종은 창제를 반대하는 신하들을 설득하고자 노력했다. 반대파의 논리에 귀를 기울였고, 이치에 따라 반박할지언정 감정적으로 대응하지 않았다.

끝으로, 세종은 한글의 용도를 다방면으로 시험했다. 이런 사실은 별로 알려지지 못했는데, 만약 세종이 10년만 더 오래 살았더라면 어땠을까 하는 생각이 들 정도다. 그랬더라면 한글이 다각도로 사용되어 조선 사회가 크게 변모했을 줄로 믿는다. 물론 역사에 가정이 무슨 의미가 있겠는가마는.

거듭된 패륜 사건

15세기에는 가족을 살해하거나 불효를 저질러 세상을 깜짝 놀라게 만드는 사건이 많았다. 근친상간도 우리가 짐작하는 것보다는 흔했고, 동기간의 재산 다툼도 우리가 상상하기 어려울 정도로 심했다. 유교국가를 표방했으나 조선의 현실은 달랐다고 하겠다.

경상도 진주의 어떤 백성이 친부를 살해했는데, 그 소식을 접한 세종은 절망감을 숨기지 못했다.

"내가 부덕해서 이런 사건이 일어났도다. 일찍이 대신 허조가 상

하의 분수를 엄격히 세우라고 말하곤 했는데, 그의 주장이 과연 옳았다."(세종 10년 10월 3일)

그때 대제학 변계량이 왕에게 《효행록》을 반포하자고 건의했다. 백성들이 책을 통해 도덕적 가치를 배우기를 염원한 것이었다.

하지만 백성에게 도덕을 가르치고 싶어도 큰 걸림돌이 있었다. 백성은 한문으로 된 어려운 책을 이해하지 못한다는 사실이었다. 궁리 끝에 왕은 삽화를 많이 넣자고 했고, 그렇게 하여 《삼강행실도》가 탄생했다(세종 16년). 백성이 충신과 효자 및 열녀의 언행을 그림으로나마 보고 뜻을 헤아렸으면 좋겠다고 생각한 것이었다.

그래도 백성은 그런 공부를 할 수 없었다. 배우기 쉬운 우리 문자로 책을 만들 때까지 이 문제는 해결되지 못할 일이었다. 백성이 글을 배워야 도덕적으로도 높은 수준에 도달할 수 있을 터인데, 그러려면 그들이 편리하게 이용할 새 문자가 꼭 필요했다.

드디어 훈민정음을 창제하다

백성을 가르칠〔訓民〕올바른 소리글자〔正音〕, 이것을 만들기가 쉬운 일은 아니었다. 왕은 많은 시간과 정성을 쏟았고, 세종 25년 (1443) 12월 어느 날에 새 문자가 드디어 모습을 드러냈다. 세종이 한글을 창제한 날짜는 아무도 모른다. 《실록》도 그해 12월 어느 날이었다고만 썼다.

"왕이 몸소 언문(한글) 28자를 지었는데, 그 모양은 옛날 글자('篆

문화:
문명(文明)으로 나아가는 길

字')를 본뜬 것으로 초성·중성·종성으로 나뉘어, 합치면 곧 글자가 되었다. 그것으로 한문('문자')도 우리 말('俚語')도 모두 다 기록할 수 있었다. 글자는 간단한데도 쓰임이 무궁하니, 이를 훈민정음이라 불렀다."(세종 25년 12월 30일)

이 글에서 세 가지 중요한 사실이 드러난다. 첫째, 한글 창제의 주인공이 세종이었다는 점이다. 둘째, 한글은 옛 글자를 모방했어도 소리글자였다는 것이다. 옛 글자를 본떴다고 한 것은 사실과 거리가 있으나, 완고한 유학자들을 회유하기 위해 만든 억지 변명이었다. 끝으로, 소리글자 한글의 실용성이 높았다는 평가다. 이론의 여지가 없이 옳은 말이었다.

한글이 등장하기에 앞서 설총이 만든 것으로 알려진 이두가 존재했다. 그러나 이두는 배우기도 어려웠고, 백성이 말과 생각을 적는 데도 한계가 뚜렷했다. 세종은 이렇게 한탄했단다.

"모든 나라가 저마다 자기 나라의 글자를 만들어 자기 나라의 말을 기록하는데, 우리나라에는 그런 문자가 없구나!"(《용재총화》 제7권)

한글은 어느 누가 보아도 독창적인 문자다. 세종은 어디서 이런 아이디어를 얻었을까? 예부터 전하는 이야기가 하나 있기는 하다. "일찍이 장헌대왕(세종)께서 화장실에서 화장지 대용으로 사용하는 막대('厠籌')를 가지고 이리저리 배열해보다가 문득 깨침을 얻으셨다."(이덕무, 《청장관전서》 제54권, "훈민정음") 이것이 과연 사실인지는 모르겠으나, 왕이 밤낮을 가리지 않고 한글 창제에 고심한 것은 틀림없는 사실이었다.

일단 한글의 모양이 대강이나마 만들어지자, 왕은 이를 학문적으로 뒷받침할 연구가 본격적으로 뒤따라야 한다고 보았다. 학자왕다운 판단이었다. 그는 궐내에 언문청을 설치하고(어떤 기록에는 '의사청(議事廳)'이라 했다), 집현전 학사 신숙주·성삼문·최항 등 6인을 초빙해 창제 작업을 돕게 했다(세종 26년 2월 16일). 학사들은 한글로 한자의 음가를 정확히 표기할 방법을 연구했고, 한자로 쓰지 못하는 일상의 모든 낱말을 적는 법도 시험했다. 원나라 때부터 중국에서는 한자를 음운에 따라 분류한 자전(字典)을 편찬했는데, 거기 수록된 모든 한자의 음을 외국인인 우리가 정확히 아는 것은 대단히 어려운 일이었다. 그러나 이제 한글이 있으므로, 원나라의 운서《고금운회거요(古今韻會擧要)》와 명나라의 운서《홍무정운(洪武正韻)》도 음가를 정확히 표기할 희망이 생겼다.

세종은 집현전 학사 6인에 더하여, 동궁의 학업을 보좌하는 서연관(書筵官, 총 10명) 중에서도 2~4명을 차출하여 창제 작업을 지원하게 했다(세종 29년 11월 14일, 이석형의 주장). 조선 최고의 인재 10명쯤이 왕명을 받들어 수년간 한글 창제 사업에 매진했다.

사업을 완결하기 위해서 세종은 명나라 최고의 음운학자 황찬(黃瓚)까지 끌어들였다. 마침 황찬은 요동에 귀양 중이었는데, 왕은 성삼문과 신숙주 등을 보내어 음운에 관한 궁금증을 모두 풀었다. 세종 26년부터 3년 동안 성삼문 등은 열세 차례나 요동을 왕복하며《홍무정운》의 음가 표기를 마무리했다.

재위 기간 중에 창제 사업을 매듭짓기 위해서, 세종은 왕실의 인적 자원도 총동원했다. 글에 밝은 동궁(문종)과 진양대군 이유(세조), 안평대군 이용 역시 이 사업에 참여했다. 왕자와 학사들은 한글에 관련된 사항이면 무엇이든 연구했고, 세종에게 일일이 아뢰어 최종적으로 확정했다. 속설에 따르면, 공주와 승려도 이 사업에 참여했다고 하는데 구체적으로 확인된 사실이 아직은 없다. 여하튼 세종이 국내외의 '문화자본'을 총동원하여 창제 사업을 펼쳤다는 점이 무척 인상적이다.

왕은 궐내의 벼슬아치('吏輩') 10여 명에게 최우선적으로 한글을 가르쳤다(세종 26년 2월 20일). 우리가 잘 몰랐던 사실인데, 왕은 한글을 널리 보급하기 위해서 궁중에서 시범 사업까지 벌였던 것이다. 우리가 아는 대로 한글은 세계 역사상 가장 늦게 등장한 표기 방식인 셈이었다. 그러나 그 수준은 세계 최고였으니 자랑스러운 일이다.

기득권층의 격렬한 비판과 반대

조정의 신하들이 한글 창제를 반대하는 목소리를 크게 냈다. 특히 대다수 집현전 학사들이 그러했다. 그들은 한글 사용으로 인해 자신들이 누려온 지식의 독점이 무너질까 봐 두려워했던 것 같다.

집현전 부제학 최만리 등이 장문의 상소를 올려 왕의 한글 사업을 비판한 것은, 세종이 한글을 창제한 지 두 달쯤 지났을 때였다(세종 26년 2월 20일). 그들의 상소문에서 네 가지 점이 나의 관심을 끈다.

첫째, 한글 때문에 조선의 문명이 후퇴하고 말 것이라는 염려였다. 장차 한글을 쓰게 되면 중국의 시선도 고울 리 없지만, 더욱 심각한 것은 우리의 문명 수준이 저절로 낮아져 오랑캐가 되고 말 것이라는 우려였다.

둘째, 성리학도 결국 퇴보하고 만다는 비관적 전망이었다. 한글만으로도 출세할 수 있게 되면, 장차 어느 누가 어려운 성리학을 깊이 연구하겠느냐는 걱정에 그들은 장탄식했다. 이 상소문에는 "27자의 언문"이라는 구절이 있다. 그것이 단순한 착오였는지, 아니면 한글이 본래 27자였다가 나중에 28자로 늘었는지는 알 수 없다.

셋째, 교육에 대한 세종의 기대가 지나치다는 식의 주장이다. 왕은 장차 한글을 널리 사용하게 되면 백성이 자신의 의견과 일치하는 진술서 또는 조서를 스스로 작성하게 되어 재판의 공정성도 높아질 것으로 전망했다. 또 문자 생활을 하면 백성의 도덕성도 높아져, 세상이 더욱더 밝아질 것으로 내다보았다.

그러나 신하들은 세종의 이러한 기대가 비현실적이라고 비판했다. 가령 법정에서는 고문을 통해 작성된 조서를 가지고 재판을 하므로, 피고가 문자를 알든 모르든 재판은 공정하게 진행하기 어렵다고들 주장했다.

끝으로, 신하들은 왕의 태도가 조급하다며 비난을 쏟았다. 그들이 보기에 한글은 국가의 시급한 현안이 아니었다. 하건마는 세종은 휴가지('行在')에서도 한글에 매달렸고, 성리학 공부에 한창 힘써야 할 동궁(문종)까지도 한글을 위해서 시간과 정력을 허비한다며 쓴소리를 했다.

장문의 반대 상소문을 읽고, 세종은 격노했을 법하다. 그러나 왕은 노여운 감정을 억누른 채 신하들을 설득하려고 노력했다. 자

문화:
문명(文明)으로 나아가는 길

신의 절대적 권위를 내세우기보다는 논리적 접근을 선택했으니, 과연 세종다운 처신이었다고 평하고 싶다.

세종의 주장은 세 가지 논점으로 간추릴 수 있다. 첫째, 왕은 왜 한글이 필요한가를 차분히 설명했다. 설총이 이두를 만든 것도 백성의 편리를 위해서였고, 왕이 새로 한글을 창제한 것도 그와 같은 목적이라고 했다. 그런데 한글은 이두의 단점을 크게 혁신한 것이므로, 함부로 반대할 일이 아니라고 변호했다.

둘째, 왕은 한글이 지식인에게도 도움이 된다고 설명했다. 한글이 있기에, 식자가 날마다 사용하는 운서(韻書)를 정확하게 만들 수 있다는 점을 환기하면서, 왕은 "내가 운서를 바로잡지 않으면 누가 이것을 고치겠느냐?"라고 반문했다.

셋째, 창제 사업을 가볍게 여기는 관점이 틀렸다는 날카로운 지적이었다. 한글은 국가적으로 중요한 사업이라서, 왕도 동궁도 깊숙이 참여하고 있다며 신하들의 왜곡된 시각을 나무랐다.

이상의 논쟁에서 보듯, 신하들과 세종은 논의의 출발점부터 달랐다. 그들 사이의 논란이 쉽게 끝날 리 만무해, 최만리 등이 다시 반대 주장을 이어갔다. 이번에는 두 가지 논점이 부상했는데, 하나는 한글이 형상부터 괴기스럽다는 것이었다. 한자의 고상한 느낌을 한글에서는 찾을 수 없다고 말했다. 또 하나는 동궁이 창제 사업처럼 가벼운 문제로 시간을 허비하는 것이 큰 걱정이라고 했다.

세종은 허탈한 심정을 감추기 어려웠다. 그의 심중에는 신하들의 가치관에 큰 오류가 있다는 확신이 더욱 굳어졌다. 왕은 교육으로 세상을 바꿀 수 있다는 자신의 신념을 비웃은 정창손을 지목했다. 정창손은 훈구파로 훗날 영의정(성종 대)까지 오른 인물인데, 세종의 면전에서 감히 교육의 효과를 부정했다. 그는 세종이 이미 《삼강행실도》를 반포했으나 충신·효자·열녀는 늘어나지 않았다 며, 도덕을 실천하는 것은 각자가 타고난 성품에 달렸을 뿐이라고 주장했다. 장차 백성을 한글로 교육하더라도 그들의 저열함은 개선되지 않는다는 취지의 주장에, 세종은 깊이 절망했다.

"그따위가 어찌 이치를 아는 선비의 말이란 말이냐?"(세종 26년 2월 20일)

누구든지 배우고 익히면 군자가 될 수 있다고 확신했다는 점에서, 세종이야말로 공자의 충직한 제자였다.

마침내 세종은 반대 상소를 올린 집현전 학사 7인(최만리, 신석조, 김문, 정창손, 하위지, 송처검, 조근)을 의금부에 가두었다가 이튿날에 풀어주었다. 정창손만은 관직을 빼앗았다. 그러나 넉 달 뒤에는 집현전에 다시 기용했다. 인재를 아끼는 세종이라서, 7인의 학사 중에서 단 한 사람도 조정에서 완전히 축출하지 않았다.

쏟아지는 반대 여론에도 불구하고, 왕은 흔들리지 않고 창제 사업을 계속 추진했다. 드디어 세종 28년 초겨울, 창제 사업이 완결되었다. 세종은 몸소 훈민정음의 서문을 지어 창제의 근본 목적을 천명했다.

어리석은 백성이 말하고 싶은 것이 있어도 끝끝내 자신들의 뜻을 제대로 표현하지 못하는 사람이 많도다. 내가 이를 안타깝게 여겨서 새로 28자를 만들었으니, 사람들이 쉽게 배워서 날마다 쓰기에

편하게 하려 하노라.

왕명으로 한글 사업을 함께했던 예조판서 정인지도 서문을 지었는데(세종 28년 9월 29일), 그 글에는 두 가지 점이 눈길을 끈다.

첫째, 어려운 한문도 한글로 번역하므로 앞으로는 공부를 더욱 정확히 잘할 수 있다. 한글이 지식층에게 도움이 된다는 일종의 설득이었다.

둘째, 앞으로는 범죄 수사에서도 한글로 조서를 작성할 것이므로 백성에게도 여간 편리하지 않다고 말했다.

그런데 두 번째 주장은 현실이 되지 못한 채 수백 년 세월이 흐른 끝에 조선 왕조가 멸망했다. 안타까운 일이었다.

한글은 신분의 높낮이에 관계없이 모든 사람에게 실질적으로 도움이 된다는 것이 정인지의 주장이었다. 이 글에서 정인지는 자신이 왕의 뜻을 받들어, 한글의 구성 원리를 상세히 설명했다는 점을 강조했다. 그러면서 한글이야말로 배울 때 "스승이 없어도 스스로 이치를 깨달을 수 있다"고 했다. 세상에 이렇게 편리한 글자가 어디 있었던가.

한글을 다각적으로 시험하다

세종은 갓 태어난 한글로 왕실 홍보 문헌《용비어천가》를 짓게 했다. 불심을 북돋우는《석보상절》도 한글로 쓰게 했고, 중국 고전시의 대가 두보의 한시도 한글로 옮기라고 했다. 왕에게는 루터와 세익스피어에 못지않은 문화적 열망이 있었다.

창제 사실을 공식적으로 반포하기 전부터 왕은 한글의 활용 범위를 넓히려고 힘썼다. 우선 한글로 조선 왕조 창립의 역사를 기록하여, 대서사시 《용비어천가》를 만들게 했다(세종 27년). 문장가로 손꼽히던 권제와 정인지는 왕명에 따라 세종의 6대조 목조(이안사)부터 왕조의 기틀을 차례로 마련한 사실을 장편 서사시로 기술했다(《국조보감》, 세종 27년). 그들은 총 125장의 시를 한글과 한문 두 가지로 썼다. 왕은 이 책자를 무려 550부나 인쇄하여 신하들에게 나눠주었다(세종 29년 10월 16일). 그 뒤 《용비어천가》는 중요한 국가 행사 때마다 노랫말('樂辭')로 애용되었다.

앞서도 언급한 언문청은 《용비어천가》를 짓는 과정에도 깊숙이 개입했다. 장편 서사시를 지으려면 역사적 사실이 충분히 확보되어야 했다. 왕은 어효첨과 양성지에게 명하여 《실록》을 철저히 검토하여 관련 기록을 학사들에게 제공했다. 이를 바탕으로 학사들은 언문청에서 역대 임금에 관한 시('龍飛詩')를 써내려갔다(세종 28년 11월 8일). 《용비어천가》의 산실이 다름 아닌 언문청이었다는 사실이, 내게는 무척 흥미롭게 다가왔다.

한마디 덧붙이면, 《용비어천가》를 조선 왕조의 홍보물 정도로 간주한다면 잘못이다. 내가 보기에, 세종은 이 책자를 중국 고전인 《시경》만큼이나 중요한 고전적 가치가 있다고 보았다. 함부로 미화하고 부풀린 왕실의 전설이 아니라, 문명국가 조선의 시작을 후세에 알리는 아름다운 시가로 인식했다는 뜻이다.

문화:
문명(文明)으로 나아가는 길

세종 28년(1446) 3월, 소헌왕후(1395~1446)가 세상을 떴다. 왕비의 넋을 위로하는 뜻에서 왕은 몸소 찬불가를 지었는데, 한글로 쓴 《월인천강지곡》 3권이 그것이다. 또 왕은 둘째 아들 진양대군(세조)에게는 석가모니의 일대기인 《석보상절》을 한글로 완성하게 했다. 《실록》에는 왕과 대군이 한글로 2종의 책자를 저술했다는 사실이 기록되어 있지 않다. 그러나 왕실 차원에서 한글로 소헌왕후의 추모 사업을 대대적으로 벌였다는 점은 기억해야 할 일이다.

한글을 반포한 다음에는 공식 문서도 왕은 한글로 작성했다. 대간이 죄를 짓자 세종은 그들을 질책하는 문서를 한글로 작성했다(세종 28년 10월 10일). 지엄한 통치 문서를 왕이 직접 한글로 기록했다는 점도 대단히 의미심장한 일이었다. 이로써 중추적인 권력기관 사람들은 모두 서둘러 한글을 배우지 않으면 안 되는 분위기가 만들어졌다.

그 시절 고관 가운데는 이미 한글을 익힌 사람도 상당수였다. 집현전 직제학 이계전 등이 궁지에 몰린 대간을 극구 변호했을 때, 수양대군은 세종이 의금부에 보낸 한글 문서를 꺼내 보였다. 그러자 이계전 등은 그 문서를 읽고 나서, "대간은 나랏일을 의논한 것뿐이옵니다. 만약 그들을 처벌하신다면, 앞으로는 당연히 아뢰어야 할 일도 감히 거론할 사람이 없을 것입니다"라고 말했다(세종 28년 10월 10일). 이계전 등 대신들은 즉석에서 거침없이 한글 문서를 읽고 대응한 것이었다.

이후에도 세종은 한글 문서를 이용해서 통치 활동을 계속했다. 어느 날엔가는 좌의정 하연 앞에 두어 장의 한글 문서를 펼쳐놓고 비밀리에 국사를 논의했다(세종 30년 7월 27일). 왕은 한글이 국가 통치에 긴요한 문서를 생산하는 데 아무런 손색이 없다는 사실을 반복해서 증명하려고 했던 것 같다.

이런 사실을 두루 감안하면, 왕이 하급관리를 선발하는 시험('취재')에 한글 능력시험을 포함시킨 것은 외려 당연한 일이었다. 왕은 임용 후보자들에게 훈민정음을 시험 치게 하라며, "문법('의리')은 통달하지 못하더라도 글자를 조합하는 능력('合字')이 있는 사람으로 선발하라"고 요구했다(세종 28년 12월 26일).

한글에 거는 왕의 기대는 무척 컸다. 정인지의 훈민정음 서문에서도 보았듯, 세종은 유교 경전도 장차 한글로 번역하여 백성의 경전 공부를 돕고자 했다. 실제로도 그는 경전에 조예가 깊은 집현전 직제학 김문에게 명하여 사서(《논어》, 《맹자》, 《대학》, 《중용》)를 한글로 번역하게 했다. 불행히도 그가 중풍으로 일찍 사망하는 바람에 사업은 차질을 빚었다(세종 30년 3월 13일).

세종은 김문의 후임으로 김구를 선발하여 사서 번역 작업을 계속했다(세종 30년 3월 28일). 그런데 안타깝게도 이태 뒤에는 세종 자신이 세상을 뜨고 말아, 유교 경전 번역은 결실을 맺지 못했다. 이 사업은 지지부진하여 결국 150년가량이나 세월을 끌다가 선조 때 가까스로 마무리되었다. 세종이 몇 해만 더 살았더라면 결과가 싹 달라질 수도 있었을 터라서 아쉬움이 더욱 크다.

세종보다 시기적으로 조금 늦은 16세기에 유럽에서는 큰 변화가 나타났다. 마르틴 루터는 독일어 성경을 내놓으며, 신의 말씀은 라틴어로만 전해진다는 통념에 도전했다. 세르반테스와 셰익스피어 역시 라틴어의 권위를 부정하고, 자국어로 문학작품을 썼다. 시간이 흐르자 더 많은 문인과 지식인들이 이에 합세했다. 유럽에는 생기발랄한 모국어의 장점을 살린 문화가 융성했다. 그렇게 이룩된 유럽 근대문명이 19세기 말부터 전 세계를 석권했다. 만약 우리도 세종의 정신을 본받아 자국어를 중심으로 문화를 발전시켰더라면 어땠을까. 그 점을 생각할 때마다 나는 아쉬움을 떨치기 어려운 심정이다.

세종은 후대의 왕들도 자신을 본받아서 한글 보급에 힘쓰기를 바랐다. 어린 왕세손(단종)이 공부를 시작할 때가 되자, 세종은 집현전 학사 박팽년에게 지시하여《동국정운》을 곁에 두고《소학》을 배우게 했다(세종 30년 9월 13일).《동국정운》이 반포되기 한 달 전 일이었다. 한글로 표기된 한자 음을 조금씩 익히는 가운데 세손이 《소학》의 정신은 물론 한글의 효용도 저절로 깨치기를 바란 것이었다. 세종의 깊은 뜻이 우리의 가슴에 와닿는다. 이처럼 세종은 사후에도 한글을 통해 조선이 문명적 전환을 이루기를 소망했다.

찬연히 빛나는 한글 창제

하지만 문종과 단종은 차례로 숨졌고, 부왕의 뜻을 모를 리 없는 세조는《능엄경》등을 한글로 번역하라는 명을 내렸다. 그러나 통치 문서에서 한글은 차츰 사라져갔고, 한글을 통한 보편 교육은 청사진조차 그리지 못하고 세월이 흘렀다.

시간이 한참 흐른 다음, 긍정적인 변화가 조금 나타났다. 국책 사업으로 한문 유교 경전도 번역했다. 보석 같은 한국의 고유 어휘가 이런 책에 살아 있다. 한글 표준화도 상당히 진척되었다. 점차 한글로 된 시가와 소설까지 등장했다. 자국어 문화의 발전 추세가 훌륭한 편이었다. 임진왜란을 겪고 사회 기강이 무너지자, 광해군은 《삼강행실도》를 대폭 손질하여 《동국신속삼강행실도》를 간행했다(광해 9년). 그 책자에는 한글 번역도 함께 실려, 세종의 의도에 가까이 다가갔다. 정조 때부터는 왕의 뜻을 백성들에게 알리는 윤음(綸音)도 한문과 한글로 동시에 작성되었다. 이때쯤이면 한글이 민간에서 널리 사용되었다.

그러나 18세기부터 한글은 위기를 맞았다. 국가의 한글 번역 사업은 더 이상 진척되지 않았고, 한국 고유어를 지키려는 노력도 약해졌다. 한글 소설과 판소리는 한자어투성이가 되었다. 심지어 서사무가조차 그러했다. 구한말에 등장한 국한문 혼용체란 순한문에 겨우 한글로 토만 붙인 것이다. 한문의 싹쓸이가 갈수록 심했다.

19세기 아르투어 쇼펜하우어는 독일의 고유 문체를 지키기 위해 프랑스식 문체의 유행을 비판했다. 그에게 문체는 곧 국민정신의 표징이었다. 세종이라면 쇼펜하우어와 말이 잘 통했을 것 같다.

거듭 말하지만 세종이 한글을 창제한 것은 유교적 이상 세계를 실현하기 위해서였다. 그는 한글을 이용해서 백성에게 교육의 혜택을 주려고 했다. 만약 그때 세종이 한글을 만들지 않았더라면 우리는 어떻게 되었을까. 산업화에 성공한 민주국가 대한민국은 아

문화:
문명(文明)으로 나아가는 길

마도 존재하기 어렵지 않았을까.

20세기 후반 세계가 세종이 창제한 한글의 가치에 주목했다. 유네스코는 '세종대왕 문맹 퇴치상'을 제정해(1989년 6월), 문맹 퇴치에 공헌한 이들에게 해마다 큰 상을 준다. 왕은 인습에 젖은 신하들의 반대를 물리치고, 백성이 배우면 세상이 달라진다는 굳은 신념에 따라 한글을 창제했다. 생애 마지막 순간까지 그것을 널리 사용하고자 힘썼으니, 청사에 길이 빛날 보배로운 일이다.

16

맨 처음에
독서가 있었다

유럽에서 10여 년을 살다 보니 한국은 공부를 강조하는 나라라는 점을 새삼 깨닫게 되었다. 그 점으로 인해 이만큼 빠르게 성장한 것이 사실이고, 공부, 특히 학교 성적만 강조해서 폐단을 낳기도 했다. 한국을 공부 제일주의 나라로 만드는 데 크게 이바지한 이가 세종이 아니었을까. 왕은 매사를 공부로 풀었으니 말이다. 세종의 공부 이야기를 해보려고 한다.

어린 시절부터 그는 공부벌레였다. 어느 날 신하와 대화를 나누면서 세종은 이렇게 회상했다.

"그렇지. 나는 어린 시절부터 학문에 뜻을 두고 성실히 공부하였소. 조금도 게으르지 않았다오."(세종 1년 2월 17일)

유명한 일화가 있다. 어린 시절부터 평소 독서를 좋아하던 세종이 잠시 몸이 아팠다. 이때 부왕(태종)이 환관에게 명해 방 안의 서책을 모두 치우게 했다. 그런데 책을 다 치우기가 민망했던지 송나

문화:
문명(文明)으로 나아가는 길

라의 구양수와 소식이 주고받은 서간집 《구소수간(歐蘇手簡)》만은 남겨뒀다. 그랬더니 왕자는 그 책을 부지런히 읽었단다. 거의 독서광이었던 셈이다.

왕이 된 뒤로도 책 읽는 습관은 여전해, 식사 시간에도 상 옆에 책을 펴놓고 읽었단다. 밤이 깊도록 독서 삼매경에 빠지기 일쑤였다. 덕분에 왕은 여러 방면에 능통했다. 읽어보지 않은 중국과의 외교문서가 없을 정도였다. 기억력까지 뛰어나 "나는 책을 읽고 나서 잊어버리는 일이 없었다"라고 말하기도 했다(세종 5년 12월 23일).

부모들은 자식이 공부하지 않아서 걱정인데, 세종의 부왕은 그 반대였다. 젊은 왕이 밤새도록 책을 읽자 태상왕(태종)은 아들이 너무 피로할까 염려했다. "과거시험을 보는 선비라면 모르겠으나, 어찌 임금이 이렇게까지 고생하느냐"라며 부왕은 탄식했다(세종 3년 11월 7일). 참고로 태종은 고려 말 과거시험에 급제한 수재였다.

세종의 스승은 누구였을까. 왕자 시절 이수라는 학자가 그에게 글을 가르쳤다고 한다. 이수는 탁월한 문장가로 나중에 정2품의 대제학까지 올랐다(《연려실기술》 제3권, 세종조 고사본말).

그런데 이수는 행실이 단정하지 못한 인물이었다. 왕을 가르친 인연으로 황해도 관찰사가 되었는데 곧 문제를 일으켰다. 《실록》 편찬자는 그를 일컬어 음탕하고 법도가 없는 사람이라고 했다. 관청의 기생을 사랑하여 도내를 순시할 때도 말을 타고 나란히 다녔고, 관찰사를 그만두고 돌아올 때도 그 기생을 동반하여 물의를 일으켰다. 법을 적용하면 당연히 벌을 받아야 했다. 그러나 세종이 특별히 용서했으므로, 선비들이 비웃었다고 한다.

출신도 미천한 사람이 임금 덕택에 벼락출세를 했는데, "함부로 음탕하고 마음대로 행동하여 나라의 법을 범하였다"라는 비난이 쏟아졌다(세종 4년 2월 29일). 별로 쓸 만한 인물은 아니었던 것 같은데, 왕은 그를 아껴서 나중에 대제학으로까지 삼았다. 공정한 인사 조치라고 생각한 사람은 별로 없었을 듯하다.

세종이 대학자 신인손에게도 배웠다는 기록이 있다. 태종 13년(1413), 신인손은 승정원 주서(정7품)로 대궐에 들어와 여러 대군에게 유교 경전과 역사를 가르쳤고, 유독 충녕대군(세종)은 그를 몹시 따랐단다. 자신이 그린 난초와 대나무 그림을 선물할 정도로 두 사람은 각별한 사이였다. 신인손은 학식도 풍부하고 성품이 강직해 충녕대군의 마음을 사로잡았다(세종 27년 7월 25일).

왕은 한문 공부로 만족하지 않았다. 중국어도 배웠는데 조숭덕이란 관리가 세종의 중국어 선생님이었다(세종 7년 8월 12일). 그는 귀화한 중국인의 아들로 과거시험에 급제해 중국에 보낼 외교문서를 담당했다. 그럼 세종이 생활어인 중국어를 배운 까닭은 무엇일까. 왕은 이렇게 설명했다. "명나라 사신과 만날 때, 그가 한 말을 내가 미리 알아들으면 대답할 말을 충분히 생각할 수 있어서 좋다."(세종 5년 12월 23일) 외교를 잘하기 위해서 역관이 통역하기 전에 질문의 요지를 파악하고 싶다는 의지의 표현이었다. 매사에 철저한 세종다운 일이었다.

그가 좋아하는 책이 따로 있었을까. 경연을 담당하는 신하들에게 이렇게 말한 적이 있었다. "나는 오직 사서(四書)·오경(五經), 그리고 《통감강목(通鑑綱目)》을 돌려가며 강독하고 싶다." 동아시아의 고전들, 특히 철학과 역사 공부에 전념하고 싶다고 했다. 내가 보기에 왕은 특히 역사를 좋아했다. 그는 경연에서 59권짜리 《통감강목》을 독파했는데, 고금에 없는 일이었다. 세종 자신도 감회가 대단했다.

"경자년(세종 2년, 1420)부터 이 책의 강독을 시작해 지금(1423)까지 왔는데, 어떤 책은 30여 번을 읽었고 또 어떤 책은 20여 번을 읽었다. 정말 다 읽어보기가 쉽지 않은 책이다!"(세종 5년 12월 23일)

왕은 역사책을 수박 겉핥기로 읽은 것이 아니라, 꼼꼼하게 뜻을 따져가며 20~30번씩 되풀이해서 읽었다. 우리는 이런 식으로 공부한 책이 몇 권이나 있을까.

이름난 학자들 개인적 취향까지 기억

세종의 독서법을 자세히 살펴보면 몇 가지 특징을 발견할 수 있다.

첫째, 왕은 모든 공부를 정밀하게 했다. 어느 날 경연에서 《시경》의 시월 편에 일식에 관한 이야기가 나왔다. 왕은 권근이 저술한 《삼국사략》(동국사략)을 읽을 때 자신이 느낀 점을 말하며 "신라의 역사책에는 일식이 언급되어 있으나 백제 쪽 기록에는 보이지 않기도 하고, 그와 반대되는 경우도 많았다"라고 했다. 그러면서 이렇게 결론지었다. "사관의 기록이 고르지 않아 때로는 세밀했으나 때로는 너무 소략했다."(세종 6년 11월 4일) 이렇듯 세종은 어떤 책을 읽든지 허투루 대하는 법이 없었다.

둘째, 신하들과의 토론을 통해 왕은 폭넓은 지식을 쌓았다. 그가 특히 역사에 밝았음은 앞에서 이미 언급했다. 《자치통감》 속편을 강독하다가 마침 송나라 태종이 잔치를 사흘 동안 베풀었다는 대목이 나왔다. 그러자 왕은 이렇게 논평했다. "송 태종은 어진 임금이었으나 공치사도 했고 희롱하기를 좋아했다. 제왕으로서 차마 할 일이 아니었다."(세종 12년 11월 18일)

배석한 정인지가 동의를 표하면서 송 태종은 시 창작과 낚시가 취미였다고 보탰다. 이에 세종은 송 태종에게 간언한 사람은 없었는지 물었다. 정인지는 그 당시에 유행한 시 한 편이 있다며 즉석에서 외웠다. "꾀꼬리는 임금의 수레 소리에 놀라 꽃 속으로 숨고, 물고기는 임금 얼굴이 무서워 낚시에 걸리기 어렵구나!"

세종은 웃으며 그 시의 작자를 물었다. 정위(丁謂)가 지었다고 정인지가 대답하자, 왕이 논평했다. "정위가 시는 뛰어났으나 마음씨가 옳지 못했다." 과연 정위는 교활하기로 유명해 많은 정치적 문제를 일으킨 사람이었다. 세종은 그런 사실을 자신이 읽은 중국 역사책을 통해서 이미 잘 알고 있었다.

셋째, 항상 주밀하게 공부한 결과이겠으나, 왕의 통찰력이 갈수록 깊어졌다. 한번은 송나라의 주희가 편찬한 《명신언행록(名臣言行錄)》을 읽을 때였다. 사마광이 맹자를 심하게 비판하는 대목이 나오자, 왕이 자신의 의견을 말했다. "온공(사마광)은 성품이 맑고 아름다웠다. 그러나 맹자는 기상이 높고 엄정해 서로 기질이 어울리지 않았다. 그런 차이로 온공이 맹자를 존중하지 못했다."

경연관 정창손이 왕에게 동의하며 설명을 추가했다. "온공은 맹

자의 글을 사서(四書)에서 제외하려고 했습니다."(세종 16년 7월 8일)

이런 예화에서 드러나듯, 세종은 유교 사상이 역사적으로 변천한 내력은 물론이고 이름난 학자들의 개인적 취향까지 정확히 이해하고 있었다.

현안 생기면 고전과 숙려 통해 결론 내

왕은 젊은 시절부터 마음공부의 중요성을 강조했다. "경서를 글귀로만 풀이하는 것은 학문에 도움이 적다. 꼭 마음공부가 있어야만 유익하겠다."(세종 즉위년 10월 12일) 이때가 스물두 살의 젊은 나이였다. 여기서 말하는 마음공부란 날마다 조용히 앉아서 자신의 생각과 언행을 살펴보는 시간을 갖는다는 의미로, 성리학자들은 누구나 강조하는 생활 태도였다.

넷째, 왕은 현안이 있으면 우선 책에서 답을 찾으려고 노력했다. 하지만 과거의 지식에 얽매이지는 않았다. 세종을 이해하는 데 중요한 부분일 것이다. 크고 작은 현안이 있을 때마다 왕은 고전을 널리 조사했다. 그래도 문제가 풀리지 않으면 자신의 경험을 토대로 신중히 결정했다. 책을 중시하면서도 거기에 얽매지 않는 점, 이것이 그를 성공적인 지도자로 만들었을 것이다.

우리 눈에는 사소해 보이지만 그 당시에는 아주 중요한 문제도 있었다. 제사를 앞두고 재계를 하는데 그때 술을 마시는 것이 옳은가 하는 문제였다. 그 당시 조선의 관계 문헌에는 술을 지나치게 많이 마시지 않으면 무방하다고 했다. 이 때문에 재계 중 술을 과도하게 마셔서 실수하는 관리들이 많았다. 세종은 중국의 사례를 충분히 조사했고, 그 결과 재계하는 3일 동안에는 자극성이 강한 푸새(산야에서 자라는 야생식물)나 술을 마시면 안 된다고 생각했다(세종 27년 2월 7일).

그런데 신하들의 의견은 찬반으로 갈렸다. 왕은 집현전 학사들에게 부탁해 고전의 사례를 철저히 분석해서 보고하도록 했다. 《논어》의 향당 편과 그에 관한 주희의 주석에서는 술을 마시거나 냄새나는 푸새를 먹지 말라고 했다는 사실이 드러났다. 그러나 다른 문헌에는 문란할 정도로 마시지 않으면 된다고 했다. 그래서 금주 논의는 원점으로 돌아갔다.

보름가량 세종은 이 문제를 다시 궁리한 끝에 결론을 내고 예조에 이렇게 명했다. "앞으로 재계할 때는 사냥해도 안 되며, 잔치 참여도 금한다. 형벌을 주는 일에 관여해도 안 되고, 가축을 도살하거나 문병도 삼간다. 매운맛이 강한 푸새를 먹는 일이며, 술 마시는 행위는 모두 금지한다. 단 예외적으로, 새벽에 한두 잔 마시는 정도는 허용한다."(세종 27년 2월 24일) 어떤 절차를 거쳐서 왕이 이러한 결론에 이르렀는지 신하들이 잘 알았으므로, 감히 이론을 제기하지 못했다.

독서를 하면서도 세종은 그 당시의 현안을 염두에 두고 있었다. 그 시절 엄숙한 전례(典禮)에는 알맞은 음악이 필요했다. 행사 때 어떤 악곡을 연주할지도 중요한 문제였다. 그런데 선정 기준이 모호했다. 사당의 댓돌 위에서 연주하는 당상악과 그 아래서 연주하는 당하악을 한꺼번에 아뢰는 것이 옳은가 하는 문제도 판단하기 어려웠다. 세종은 고전에 해박했기 때문에《시경》의 문맥을 자세히 검토한 끝에 당상악과 당하악은 동시 연주가 아니라 번갈아서 아뢰는 것이 옳다는 점을 확인했다(세종 7년 10월 15일).

왕은 종묘 제사 때 중국의 아악을 오래 연주하고 끝날 때쯤에야 우리나라 향악을 연주하는 풍습을 적절하지 않다고 봤다. 생전에 듣던 향악을 제사 때 많이 연주하는 것이 조상의 넋을 위로하기에 더 낫다는 것이 왕의 생각이었다. 왕은 예절과 음악에 정통한 맹사성과 허조에게 이 문제를 연구하도록 했다(세종 12년 9월 11일). 이러한 노력이 있었기에 세종 때는 아악과 향악도 훌륭하게 정리됐다. 왕이 〈정간보〉(음의 높낮이와 길이를 알 수 있게 표시한 악보)라는 독특한 채보법을 만든 점도 특기할 일이었다. 훗날 정조도 절대 음감을 가졌다고 하며, 고종도 음악을 무척 즐겼다고 한다. 아마 조선 왕실에 음악적 재능이 대대로 유전했던 모양이다.

문헌 속 사례를 반면교사 삼다

세종을 사상 최고의 지도자로 만든 배경에는 책의 힘이 컸다. 그는 책을 읽으며 서슴없이 공감을 표할 때가 많았다.《대학연의》를 공부할 때 〈운한장(雲漢章)〉을 펼쳐두고 이렇게 탄식했다. "가뭄도 올해처럼 심하게 겪은 적이 없었다. (…) 이 장은 내가 가뭄을 근심하는 뜻과 어쩌면 이렇게도 같은가."(세종 8년 11월 2일) 자신이 읽은 고전의 내용을 기준으로 왕은 정치를 했다. 왕은 백성에게 부과되는 부역이 너무 많고 무겁다고 여겼다. 그에 대해 왕이 내린 교서(敎書)의 한 대목만 읽어도 그의 고상한 정치철학이 가슴에 와닿는다. 낡은 관습의 노예가 되지 말고 백성을 위해 실질적인 도움을 줄 것을 간곡히 당부한 왕이었다.

"《서경》에서 말했다. 적자(赤子, 갓난아이)를 보호하듯 했더니 백성이 편안하도다. 《시경》에는 이런 말이 있다. 부자야 좋겠지. 하나 외롭고 의지할 곳 없는 이 사람들이 가엾어라. 수령들은 《서경》과 《시경》의 이런 교훈을 본받아라. 조정의 옛 법을 따르느라 구차한 데에 얽매이지 말라. 옛 관습에 찌들지 말고, 불법한 징수와 시급하지 않은 부역을 모두 정지하고 폐지하라. 그리하여 백성의 힘이 되살아나게 하고, 그들의 생활이 윤택하게 하여라. 백성을 어질게 만들고자 하고 불쌍히 여기는 나의 지극한 뜻에 그대들이 부응하기 바라노라."(세종 26년 7월 9일)

책을 읽을 때마다 왕은 책에 언급된 사례가 조선의 현실과 유사하지 않을까 늘 노심초사했다. 경연에서 당나라 목종 때 대신 전휘(錢徽)가 조정에서 쫓겨나는 대목을 읽을 때였다. 세종은 다음과 같이 물었다. "예부터 권세 있는 신하가 과거 시험관을 압박해 엉터리로 합격한 사람이 있었다. 연전(태종 때)에 김점이 아들 때문에 탄핵을 받았다고 하는데, 그 이유가 무엇이었는가."(세종 10년 2월 18일)

신하가 답했다. "그 아들 김의손이 다른 사람이 쓴 글을 제출해 불법으로 생원에 뽑혔기 때문에 탄핵을 당했습니다. 그러나 이후로는 과거시험의 폐단이 없는 줄로 압니다."

문화:
문명(文明)으로 나아가는 길

왕은 자신이 기억하고 있는 또 다른 부정 사건을 언급했다. "옛날(고려 말)에 승지들이 생원시 답안지를 펼쳐봤는데, 이안경과 신숙화의 답안이 보이지 않았다. 도승지가 말하기를, '그 둘은 우리 동료의 아들이다. 답안지가 있어야 합격시킬 수가 있다'라고 했다. 그리하여 시험관이 말을 타고 달려가 두 사람의 시권을 가져왔고, 그들도 합격하였다고 한다."

그때 일을 신하가 상세히 아뢰었다. 이안경은 처음부터 합격자 명단에 포함됐으나, 신숙화는 부정한 방법으로 생원이 됐다고 했다.

여러 말끝에 세종이 웃으면서 지금도 과거시험의 폐단이 있느냐고 물었다. 신하들은 그런 폐단이 없다고 말하며, 봉미역서(封彌易書) 제도의 효과를 강조했다. 봉미란 과거시험 답안지를 철저히 봉해 응시자의 성명, 생년월일, 주소 등을 채점자가 보지 못하게 하는 것을 말한다. 역서(易書)는 응시자의 필체를 알아보지 못하게 답안지를 다른 사람이 베껴 쓰게 한 제도였다.

이런 예에서 보듯, 세종은 책을 읽으며 자신의 궁금증을 신하들과 격의 없이 토론했다. 그 과정에서 뜻밖의 좋은 대책이 나오기도 했다. 《시경》의 7월편을 공부할 때였다. 왕이 자신의 느낌을 이렇게 털어놓았다.

"이편에서는 백성이 가난으로 고통 받는 사실을 낱낱이 기록했다. 그러나 애석하게도 이를 구제할 제도에 관한 언급이 하나도 없다. 장차 무슨 방법으로 이 문제를 해결할 수 있을지 모르겠다."

사람을 잘 골라서 임명하면 나라가 잘 다스려질 것이라고 한 신하가 대답했다. 곁에 있던 정초가 더 구체적인 방안을 제시했다.

"이제부터 전하는 새로 부임하는 수령을 불러서 꼭 만나보시고 그가 어진지 어리석은지를 살펴보십시오. 그런 방법을 오래 사용하시면 수령에 적합한 인재도 얻을 것이요, 백성이 정말 그 혜택을 입게 됩니다."(세종 1년 1월 30일)

왕은 정초의 말에 귀가 번쩍 뜨여 얼마 후부터 새로 부임하는 모든 지방관을 불러서 만나봤다. 그들을 격려하는 한편 능력도 가늠하기 위해서였다. 덕분에 우수한 관리도 많아졌다. 신하들과 부단히 토론한 내용을 정책에도 반영한 결과, 민생도 차츰 안정됐다.

미처 읽어보지 못한 《태종실록》

뜻밖이지만 왕에게도 금서가 있었다. 신하들이 부왕의 업적을 정리해서 《태종실록》을 편찬하자 왕은 그 책을 읽어보고 싶었다. 한때 스승과 마찬가지였던 도승지 신인손에게 이 문제를 상의했다. 그 소식을 들은 정승 황희와 신개가 단호한 반대 의사를 표했다. 역대 임금 가운데 선대 왕의 《실록》을 읽어본 경우가 없지 않았으나, 본받을 일이 아니라고 했다. 《실록》을 편수한 신하가 아직 살아 있는데, 임금이 《실록》을 꺼내 읽으면 신하들의 마음이 불안해질 것이요, 그런 일이 되풀이되면 《실록》의 공정성은 사라지고 말 것이라고 했다. 왕은 그들의 주장을 받아들여 《태종실록》을 읽지 않기로 했다(세종 20년 3월 2일).

이밖에도 신하들은 여러 가지 이유를 들어서 왕의 독서를 제한

문화:
문명(文明)으로 나아가는 길

했다. 어떨 때는 양측이 서로 충돌하기도 했다. 가령 조선의 법궁(정식 궁궐)인 경복궁의 풍수가 좋은지를 둘러싸고 조정에서 격론이 벌어졌을 때였다. 세종은 집현전 학사들에게 부탁해 각종 풍수지리서를 검토해 이 문제를 짚고 넘어갈 생각이었다. 그러자 예조 좌참판 권도가 강력히 반대했다. 그는 대학자 권근의 아들로, 왕이 풍수지리에 관심을 두는 것이 부적절하다고 주장했다.

세종의 의견은 달랐다. 국가에서 풍수지리를 이용하기로 한 이상 정밀히 살펴 제대로 사용하는 것이 옳다고 믿었다. 이것은 부왕(태종)의 뜻이기도 했다. 왕은 신하들의 이중적인 행태에 화를 냈다. 조정에 들어와서는 귀신의 제사 따위는 모두 금하자고 주장하면서도 막상 자신들의 집에서는 귀신에게 제사 지내는 일이 다반사였기 때문이다. 풍수지리설에 대해서도 마찬가지였다. 왕은 겉 다르고 속 다른 신하들의 태도를 비판하면서도 차마 경연에서 풍수지리 책을 강론하지는 못했다(세종 15년 7월 15일).

비록 부왕의 《실록》은 읽지 못했으나, 그에 앞서 세종은 《태조실록》을 이미 독파했다. 그런데 그 책은 자신이 읽은 중국의 역사책에 비해 소략한 흠이 있었다. 생각 끝에 왕은 자신이 기른 문장가 안지와 남수문에게 태조의 행적을 상세히 보충해 기록하라고 명했다. "그대들은 노인들을 방문해 태조 때 일어난 여러 가지 사적을 조사하고, 이를 추가로 기록하라."(세종 24년 3월 2일) 구술 자료를 통해서라도 《태조실록》을 보완하라는 왕의 명령이었다. 그 덕분에 우리는 한층 더 풍부해진 《태조실록》을 갖게 됐다.

《자치통감》 원고 손수 교정을 보다

공부를 유난히 좋아하는 왕이라서 그 당시 조선의 약점 하나를 금세 발견했다. 경전 전문가도 부족하고, 역사에 정통한 이도 없어서 공부를 제대로 할 수 없었다. 왕은 남수문, 권채, 신석견 등 다수의 문장가를 길렀다. 윤회, 설순 같은 훌륭한 역사가도 양성했다.

책을 좋아해서 활자도 대량으로 만들고 많은 서적을 출판했다. 《자치통감훈의》 같은 역작이 편찬된 데는 세종의 의지가 결정적으로 작용했다. 왕은 윤회·권도·설순 등의 석학들을 집현전에 모아 《자치통감》 판본들을 검토하게 했고, 뜻을 알기 어려운 구절은 해설을 붙이게 했다. 이 작업은 세종 16년(1434) 7월에 시작됐는데, 보름에 한 번씩 편찬관들을 음식으로 위로했다. 편찬 작업을 원만히 진행하기 위해, 그해 9월 22일부터는 경연도 중지했다. 매일 밤 편집된 원고가 궐내에 들어오면 세종이 손수 교정을 봤다. 왕은 "요즘 내가 이 글을 읽으면서 독서가 참으로 유익하다는 사실을 깨닫는다. 날마다 더 총명해지고 잠도 많이 줄었다"라고 말할 정도였다. 40여 명의 선비가 밤낮으로 매달린 덕분에 이듬해 여름 경회루 아래에서 사업 완수를 축하하는 잔치가 열렸다(세종 17년 6월 8일). 외람된 말이지만 나의 17대조 백효삼도 그 사업에 참여했다. 참으로 영광스러운 일이라 생각한다.

책벌레 세종이 독려해 만든 또 다른 책, 《치평요람》도 소개한다. 역사를 알아야 정치를 잘할 수 있다는 것이 세종의 철학이었다. 하지만 바쁜 왕이 그 많은 역사책을 어느 겨를에 다 읽어보겠는가. 그

문화:
문명(文明)으로 나아가는 길

래서 왕은 후세의 왕들을 위해서 한 가지 결심을 했다. 수십 명의 선비를 집현전에 모아서 한국과 중국의 역사 가운데서 참고할 만한 내용만 간략하게 정리하기로 한 것이다. 그 작업의 결과물이 《치평요람》이다. 이 책의 편찬 사업을 지휘한 이가 그의 둘째 아들 수양대군(세조)이었다.

세종은 공부가 탁월했고, 그리하여 고전에서 얻은 지식과 통찰력으로 우리 역사의 황금기를 열었다. 현안이 발생할 때마다 세종이 역사에서 줄곧 답을 찾았다는 점은 이미 앞에서 집현전을 설명할 때도 언급했다(9장 참조).

이후 이 나라에서는 시간이 갈수록 공부를 더욱 중시하게 됐다. 조선 후기에는 과거시험장을 들락거리는 선비가 수만 명을 헤아릴 때도 적지 않았다. 고을마다 넘쳐나는 것이 유생이었다. 우리에게는 알다시피 부존자원도 거의 없는 형편이라, 앞으로도 아마 공부의 힘으로 살게 될 것이 아닌가 싶다.

17

명나라 사신에게
재갈을 물리자

명 태조 주원장이 몽골제국을 무너뜨린 이래, 그 후예들은 천하의 주인을 자처했다. 한편으로 명나라는 조선을 포함한 주변 국가들을 너그러운 언사로 회유했으나, 다른 한편으로는 해마다 사신을 보내어 희귀한 자원을 약탈하는 등 여러모로 압박했다.

그런 사정은 세종 때도 마찬가지여서 명나라 사신들의 횡포가 끊이지 않았다. 그들은 공식적으로 조선의 진귀한 특산물을 요구했고, 그에 더해 사적 요구까지 줄줄이 늘어놓았다. 조정은 그들의 끝없는 탐욕을 채워주기에 지쳤다. 과연 언제까지 저들의 장단에 맞춰 춤출 것인가, 다들 걱정했다.

세종은 적절한 출구전략이 필요하다고 확신했다. 상황이 제아무리 우리 쪽에 불리하다 해도 속수무책으로 언제까지고 당할 수는 없지 않은가. 왕은 믿음직한 신하들과 머리를 맞대고 사태의 전환을 가져올 전략을 짰다.

문화:
문명(文明)으로 나아가는 길

지금부터 600년쯤 전, 15세기 초반의 이야기였다. 지금 우리나라의 형편과는 맞지 않을 것 같아 보이지만 그래도 참고할 점이 있을지 모르겠다. 여전히 우리는 초강대국 미국을 상대해야 하기 때문이다. 또 중국, 일본, 러시아 등의 강한 입김으로부터 벗어나기도 쉽지 않은 것 같다. 역사는 지혜로운 사람을 더욱 지혜롭게 만든다고 하는 표현을 어디선가 읽은 기억이 난다.

명나라의 요구는 한이 없었다

14세기 말 중국 대륙의 정세가 일변하는 바람에 몽골제국의 시대는 갔다. 하지만 오랜 외교 관행은 그대로 남았다. 명나라는 조선과 베트남 등을 상대로 약탈을 멈추지 않았다. 그로 말미암아 조선은 등이 휠 지경이었다. 저들은 우리 땅에서 거의 나오지도 않는 금과 은을 해마다 요구했고, 환관으로 삼을 어린아이들이며 궁녀가 되어 황제를 기쁘게 할 처녀(공녀)를 정기적으로 데려갔다. 그밖에도 자기들이 필요하다 싶으면 한꺼번에 수천 마리의 말과 소를 끌고 갔다. 황제가 사냥에 쓸 거라며 조선의 매와 개도 내놓으라 을러댔다.

조선은 이른바 제후의 나라, 명나라 황제에게 각양각색의 공물을 바치도록 되어 있었다. 명나라는 그들이 원하는 물자를 마음껏 징발할 수 있어 편리했다. 저들에게는 또 다른 이점도 있었다. 공물을 마련하느라 여념이 없어서 조선은 국력을 키우지 못할 테니, 그 또한 명나라의 국익에는 도움이 되었다. 조선을 못살게 굴면 명나라는 변방의 후환을 예방하는 효과도 거둘 수 있었으니, 일거양득이었다. 그런 속셈으로, 명나라는 조선이 노골적으로 반발하지 않는 한계 수준까지 압박의 강도를 높이고 있었다고 생각한다.

오늘날 학교에서 배우는 역사책에는 조공무역을 통해 조선 측이 명나라보다 도리어 많은 이익을 보았다고 기록하는 경우가 적지 않다. 정말 그러했을까? 솔직히 말해 나는 잘 모르겠다. 조선도 중국을 비롯한 이웃 나라로부터 필요한 물자도 많았고, 외래문화에 대한 호기심과 수요도 컸다는 점은 인정한다. 그러나 조선이 명나라에 지불한 대가는 결코 만만한 것이 아니었다. 우리는 그 점을 똑똑히 기억할 필요가 있다.

세종 때 이야기를 좀 더 구체적으로 해보자. 15세기 명나라는 자타가 공인하는 유교국가였으나, 사신을 보내어 조선의 사찰에 소장되어 있던 진신(眞身) 사리, 곧 부처의 사리를 하나도 남김없이 가져가려 했다. 세종 1년(1419), 명나라 사신 황엄은 한양에 머무르며 우리 측이 수집한 진신 사리를 낱낱이 검토했다. 그는 쓸 만한 것은 모조리 챙겨서 명나라로 가져갔다. 조선이 수백 년 동안 깊숙이 긴수해오던 진신 사리였다.

황엄은 누구인가. 그는 태종 때 무려 아홉 차례나 사신으로 조선에 드나들었는데, 태종의 면전에서 여러 차례 무엄한 모습을 보였다. 또 전라도에 내려갔을 때는 진원현(장성) 백성들을 못살게 굴어 원성이 자자했다. 오죽했으면 당시 관찰사 박은이 그 일로 사직 상소를 올리기까지 했을까. 그런 황엄이 세종이 즉위하기가 무섭게 다시 조선으로 와서 보물급 사리까지 몽땅 가져갔다. 비루한 언

문화:
문명(文明)으로 나아가는 길

행과는 딴판으로, 황엄은 불심(佛心)이 있었는지 사신으로 나올 때 불상을 모시고 나온 적도 있었다. 일설에는 그가 조선 사람이라는 말도 있으나 확실하지는 않다.

명나라 환관 해수 역시 조선으로서는 골치 아픈 존재였다. 세종 5년(1423), 그는 조선에 와서 어린 환관들을 데려갔다. 이런 말이 나온 참에 조선 출신인 명나라 환관에 관하여도 약간의 설명을 보탠다. 명나라는 원나라 때의 관습대로 주변의 여러 나라에서 환관들을 데려갔다. 명 황제는 천하의 주인에 걸맞게 행동한다면서 각국에서 온 환관과 궁녀들을 거느리고 호화롭게 살았다. 그러다 보니 황제의 눈에 들어 출세하는 환관도 여럿 나왔고 후궁으로 뽑힌 궁녀도 적지 않았다. 조선에서 명나라로 갔던 환관 중에서도 출세한 이들이 있었고, 그들은 황제의 명을 받들어 고국에 사신으로 파견되었다.

고국에서는 평민이었던 사람들이다. 그들이 황제의 사신이 되어 귀국했으니, 자기 생각에는 크게 출세하여 금의환향하는 셈이었던가 보다. 그런 사신이 올 때마다 조정에서는 그들의 비위를 거스르지 않으려 조바심을 내며 특별히 정성스럽게 대접했다. '칙사 대접'이라는 표현이 나온 것도 우연은 아니었다.

세종 11년(1429) 영락제의 사신으로 일시 귀국했던 진입이란 사람도 그랬다. 그 역시 서울에 머무는 동안 마음껏 세도를 부리며, 잡다한 물품을 내놓으라고 요구했다. 심지어는 자기 고향의 격을 높이라고 주문하기도 했다. 이런 사람들은 자신의 본가 식구를 특정한 양반 집안과 결혼하게 해달라는 부탁도 했다. 한마디로 성가시고 불편한 청탁이 쏟아졌다.

조정에서는 이런 자잘한 부탁까지 일일이 챙겨주어야 했으므로, 제발 본국인 환관이 사신으로 오지 않았으면 좋겠다고 생각할 정도였다. 그러나 명나라에서는 조선 출신 환관을 내보내는 것이 여러모로 유리했다. 본국 출신 환관을 통해 조선의 내부사정을 환히 꿰뚫어볼 수 있었다. 일단 유사시에는 그들을 통해서 조선을 속속들이 통제할 수도 있을 터였다.

다시 명나라 사신 이야기로 되돌아간다. 환관 해수는 잡다한 여러 물품을 제공하라고 조정에 압력을 가했다. 한꺼번에 워낙 여러 가지를 요구했기 때문에, 조정에서는 각 도에 명령하여 조금씩 나눠서 준비하게 할 정도였다. 그런데도 해수의 탐욕은 끝이 없었던지, 그는 자신이 명나라에서 가져온 많은 비단을 강제로 판매했다. 조선에 사신으로 나온 김에 평생 쓸 한밑천을 마련하기라도 할 기세였다.

물론 사신마다 조금씩 차이는 있었으나, 명나라 사신치고 조선을 능멸하고 괴롭히지 않은 이는 거의 없었다고 해도 좋았다. 그들이 득달같이 덤벼들어 내놓으라고 졸라대는 물품은 종류도 많았고 수량도 적지 않았다. 심지어 어떤 환관은 돌로 만든 조선의 석등잔(石燈盞)까지도 탐을 냈다. 조선을 괴롭히는 중국 관리는 또 있었다. 외교 사무를 담당하는 명나라 예부의 하급관리들이었다. 그들조차 해마다 우리 사신이 북경에 도착하면 이런저런 물품을 마음대로 요구했다. 사대(事大)를 하며 조공을 바친다는 것은, 무슨 구실을 갖다 붙이더라도 낭만적인 일은 아니었다. 이것은 실로 힘겹고도 역겨운 일이었다. 이런 글을 쓰고 있는 내 가슴이 저려온다. 오늘날 강대국의 관리들은 행여 우리나라 대통령이나 장관을 남몰래 괴롭히지나 않는지 정녕 모르겠다.

창성, 탐욕스러운 명나라 환관의 대명사

조선에 사신으로 온 환관 중에서도 가장 악명 높은 이는 이 사람이었다. 환관은 중국 황제의 공식 서한을 가지고 오는 심부름꾼이기도 했으나, 그가 맡은 실제의 일이란 우리나라가 중국에 바칠 특산품을 거둬가는 채방사(採訪使)였다. 세종 9년부터 10년까지 두 해 동안 그는 조선과 요동을 드나들며 해동청, 곧 당시에 사냥매로 각광 받던 조선의 매를 찾아 나섰다.

환관 창성(昌盛)은 조정의 큰 두통거리였다. 자신이 마음대로 사람들을 부려서 조선의 표범과 매를 잡아들이겠다고 말하면서, 전국을 휘젓고 돌아다녔다. 그 뒤 세종 12년에도 같은 목적으로 조선에 찾아와서 많은 사람을 괴롭혔다.

창성의 탐욕은 그 끝을 알 수 없을 정도였다. 특히 세종 10년에는 전부터 조선을 출입하던 환관 황엄과 함께 조선에 와서 마음껏 토색질을 했다. 다른 한편으로, 중국에서 가져온 많은 물건을 강매했다. 무역치고는 참으로 이상한 형태였다.

15세기 전반, 명나라는 창성같이 무례한 사신들을 조선에 파견해 조정과 민간에 큰 피해를 주었다. 그런 사실은 《실록》은 물론이고 《역대요람》에도 자세히 기록되어 있다. 세종 10년(1428), 그가 조

정에 요구한 물품 목록에서 몇 가지 예를 들어본다. 그해 7월 26일
에 그는 쇠를 녹여 주조하고 그 위에 도금한 일월진언자(日月眞言字),
각종 구리그릇, 놋그릇, 돗자리, 세마포(細麻布)에다 도련지(擣鍊紙)
를 내놓으라고 졸랐다. 며칠 뒤인 8월 4일에는 마함(馬銜) 6개, 이마
장(理馬粧), 동선(銅鐥), 동주굉(銅鑄舩), 청서피(靑鼠皮) 25장, 초피(貂
皮) 5장을 따로 달라고 했다. 8월 6일에는 호피(狐皮) 10장, 수달피(水
獺皮) 5장, 경자(磬子) 1개를 마련하라고 했다. 뇌물에 대한 요구는
이후로도 거의 날마다 이어졌다. 벌어진 내 입이 다물어지지 않을
정도였다.

세종도 창성의 탐욕에 고개를 저었다. 그가 연어 젓갈까지 내놓
으라고 하는 데는 인내심이 많은 왕도 그만 질려버렸다(세종 11년 8
월 7일). "창성은 욕심껏 청하고 그만둘 줄 모른다." 세종은 그의 탐
욕에 한숨을 내쉬었다. 우리가 태평성대였다고 믿는 그 시대에도
명나라 사신 때문에, 우리가 모두 자랑스럽게 생각하는 왕의 얼굴
이 종잇장처럼 하얘질 때가 많았다.

"공무역은 허용하되 사무역은 불가하다"

예부터 국가 간의 무역은 필수불가결한 점이 있었다. 더욱이 조선
처럼 영토가 그리 넓지 않은 나라에서는 구할 수 없는 물건이 많았
다. 그래서 조선의 특권층은 이웃나라와 무역이 꼭 필요했다. 특히
고급 약재라든가 값비싼 사치품은 외국에서 수입하는 것이 편리했

다. 또 사신들이 중국을 오가는 여행 경비도 상당히 많았기 때문에, 중국인들이 선호하는 조선의 특산품을 가지고 가서 판매한다면 비용을 메우는 데도 도움이 되었다. 명나라를 오가는 우리 사신들이 공무역을 하게 된 실질적인 배경이었다. 이런 전통은 고대부터 시작되어 조선 말에 이르기까지 줄기차게 이어졌다.

예컨대 세종 5년(1423)의 사은사 일행도 그러했다. 호조의 건의에 따라 조선 사신들은 중국에서 고급 약재를 구입해왔다. 7년 뒤인 세종 12년(1430)에도 역시 같은 목적으로 공무역이 이뤄졌다는 기록이 있다.

조정에서는 사무역만큼은 철저히 금지하려고 했다. 그런데 사무역에는 적지 않은 이익이 달려 있었기 때문에 과연 금지 명령을 내린다 하더라도 실질적으로 효력이 있었을지는 의문이다. 하여간에 세종을 비롯한 조정 대신들은 사무역을 엄격히 통제하려고 했다.

한번은 한성부가 사무역에 관여한 혐의로 몇몇 부상대고(富商大賈)들, 즉 부유한 상인을 고발하자 세종은 엄벌하라고 지시했다(세종 5년 8월 23일). 사무역을 금하려는 왕의 의지는 완강했다. 4개월 뒤에는 천추사 총재(우두머리)였던 최운까지도 처벌할 정도였다. 왕은 "최운이 (사적으로) 무역한 물품을 몰수하고 직첩(職牒)을 빼앗은 다음, 시골로 쫓아내라"고 명했다(세종 5년 11월 25일).

오늘날의 입장에서는 불가사의한 조치였다. 그 당시 서양의 관행이나 중국 및 일본 사람들의 자유로운 경제활동에 견주어 보아도 이상한 일이었다. 15세기 조선의 지배층은 외국과의 자유로운 무역활동을 납득하지 못했다. 세종과 그의 측근이 보기에, 사무역이란 일확천금을 노린 투기꾼들의 협잡이었다. 돈벌이에 눈먼 명나라 사신의 행동거지에 크게 실망한 조선의 국왕과 대신들이었다. 그들은 공무역까지도 일종의 필요악으로 인식했다. 그러므로 조선은 국가 간의 무역을 통해서 부강한 나라를 만들겠다는 식의 계획을 세우지 못했다. 시대적 한계가 명백했다.

"명나라 사신 다루는 법을 연구하자"

세종과 대신들은 명나라 환관 해수의 탐욕스러운 행동에 기가 질렸다. 그가 떠난 뒤 예조에서는 장차 사신이 저지를 횡포를 예방하기 위해 몇 가지 방침을 마련했다. 그 핵심은 무엇이었을까. 사신의 무리한 요구를 절대 들어주지 말자는 결심이었다. 조선은 명나라의 노예국이 아니라는 단호한 선언이었다. 세종 5년의 일이었다.

그러나 사신들의 탐욕을 단속하기는 불가능해 보였다. 방침을 세웠는데 아무도 지키지 못했다. 그러자 뜻있는 신하들은, 세종의 사대주의가 지나친 것은 아니냐며 조심스레 문제를 제기했다. 세종은 그들의 용기 있는 태도와 비판적 관점을 기쁘게 받아들였다. 왕은 사신들의 몰염치로 빚어진 경제적 손실을 막기 위해 다시 한번 결연한 의지를 불태웠다. 그래도 사태는 별로 개선되지 않았다. 그러다가 세종 10년 창성이 사신으로 와서 더 많은 물건을 요구하자, 왕과 신하들은 다시 한번 명나라 사신의 횡포에 대응하기 위해 '작전회의'도 열고 대책도 궁리했다. 어떻게 하면 명나라 사신

문화:
문명(文明)으로 나아가는 길

을 제대로 다룰 수 있을 것인지에 대해 본격적으로 지혜를 모으기 시작했다.

우선 세종은 황해도와 평안도 감사에게 이런 명령을 내렸다. "창성이 요동으로 돌아갈 때, 너희가 구하기 어려운 물건을 요구하면 들어주지 말라."(세종 10년 7월 25일) 사신 접대에도 한계가 있어야 한다는 점을 명확히 밝힌 것이다. 과연 그 이듬해, 명나라 사신이 값비싼 신발을 내놓으라고 거듭 요구하자 우리 예조가 이를 거절했다(세종 11년 6월 8일).

조선이 이처럼 강경하게 태도를 바꾸고 있던 차에, 창성과 같이 파렴치한 환관이 또다시 사신으로 나왔다. 이제 세종은 창성의 행동을 더는 좌시하지 않았다. "지금까지는 사신의 잘못을 (명 황제에게) 보고한 적이 없었다. 그러나 부득이한 사유가 있으면 아뢰지 않을 수 없다. 지금부터 창성 등의 사신이 한 말을 모두 기록하라."(세종 12년 8월 6일) 왕명이 이러했다. 명나라 황제가 보낸 사신이라 해도 부당한 요구를 들어줄 수는 없다는 조선 측의 결의가 시간이 갈수록 더욱 뚜렷해졌다.

그런데 명나라 사신에게 휘둘리지 않으려면 조선 내부를 철저히 단속할 필요도 있었다. 그것이 세종의 생각이었다. 이에 많은 신하들이 공감했다. 세종 12년(1430) 사헌부에서는 사신에게 지나치게 아부했다는 이유로 동지총제 남궁계를 처벌하라고 건의했다. 왕은 그 견해를 받아들여 남궁계를 파면하라고 했다(세종 12년 1월 21일).

한걸음 더 나아가, 세종은 명나라 궁궐에서 일하는 조선의 환관들과 우리 사신 일행이 사적으로 접촉하는 것까지도 엄격히 금지

했다. 이후 우리 사신 일행은 본국 출신의 명나라 환관이나 궁녀와는 접촉할 수 없게 되었다. 불가피하게 접촉했을 때는 그 실상을 자세히 보고하도록 했다(세종 16년). 이렇게 통제함으로써 장차 조선 출신의 명나라 환관들이 조선에 관한 은밀한 정보를 수집하지 못하게 했다.

세종은 거기서 한걸음 더 나아갔다. 장차 조선 사람이 명나라의 환관이나 궁녀가 되지 못하게, 왕은 막으려 했다. 명나라 황제의 궁궐에 조선 내부에 관한 어떤 정보라도 제공할 사람이 없는 편이 우리나라에 유리하다고, 왕은 생각했다. 그리하여 우리 측에서는 그 문제를 성사시키려고 끈질기게 노력했는데 세종 당대에는 성공하지 못했다.

훗날 명나라 내부사정도 복잡해져 조선인 환관과 궁녀가 자국에 반드시 유리하지만은 않다는 판단이 나왔다. 그리하여 조선은 공녀와 환관의 송출을 그만둘 수 있게 되었다(15세기 말). 조선으로서는 다행한 일이었다.

"사신을 이용해 외교적 난제를 해결하자"

일찌감치 세종은 명나라 사신의 전략적 가치에도 주목했다. 조선의 숙원사업을 해결하는 데 우리와 깊은 인연을 쌓은 명나라 사신의 힘을 빌리자는 것이었다. 세종 2년(1420)부터 왕의 외교 공작이 시작되었다. 왕은 대신 하연을 통해서 환관 황엄에게 접근했다. 우리나라에서는 조금밖에 생산되지 않는다는 구실을 내세워, 금과 은을 조공에서 면제해달라고 부탁했다. 환관을 통해 일종의 로비 활동을 벌인 것이다.

쉽게 성사될 사안은 아니었으나 세종은 물러서지 않았다. 일이 성사될 때까지 차근차근 밀어붙이는 것이 왕의 정치 스타일이었다. 몇 년의 시간이 흐른 뒤, 명나라는 금은을 조공에서 면제해주었다(세종 11년). 그 대신에 조선에서 생산한 말을 바치기로 합의가 이뤄졌다.

세종은 성품이 용의주도했다. 한편으로 금·은의 조공을 벗어나려 애쓰면서도, 다른 한편으로 전국 각지에 전문가를 보내어 금광과 은광을 샅샅이 조사했다. 혹시라도 우리의 기술로도 쉽게 개발할 수 있는 광산이 있는지를 알아본 것이었다. 국가 비상시에 금은을 요긴하게 쓸 수 있다고 믿었기 때문이다.

다른 한편으로, 왕은 중국과의 외교 현안이 언제든지 발생할 수 있다는 전제 아래 외교 전문가를 양성하는 데도 심혈을 기울였다. 외교문서를 정확하고 세련되고 우아하게 작성할 인재가 필요했고, 중국어를 자유자재로 구사할 통역관도 필요했다. 그런 점에서 세종은 어학 교육을 강화하는 데 큰 관심을 가졌다. 그때 세종이 발탁한 중국어 교육 전문가로는 이순신 장군의 5대조인 이변 등이 있었다.

여담이지만 세종은 중국어도 열심히 배웠다고 한다. 명나라 사신을 만났을 때, 그가 중국어로 말하는 동안에 요지를 정확히 알고 싶어서였다. 그래야만 왕이 핵심을 찌르는 훌륭한 대답을 할 수 있고, 날카로운 질문도 가능하다고 생각했단다. 물론 그때마다 왕은 마치 중국어를 전혀 모르는 사람처럼 가만히 앉아 있었다. 왕은 자신이 하고 싶은 말은 언제나 우리 측 통역관을 통해서 중국 사신에게 전하는 방식을 택했다.

세종의 문제 해결 방식이 후세에 주는 교훈이 있을 것도 같다. 그가 매우 실용적인 태도를 가졌다는 점이 내 눈에 들어온다. 왕은 결코 이념에 사로잡혀 할 일을 제대로 못하는 법이 없었다. 또 무모하게 초강대국 명나라에 함부로 맞서 고난을 자초하지도 않았다. 겉으로는 항상 공손하게 사대주의를 표방했으나 왕은 그들의 무리한 요구를 물리치려고 백방으로 애썼다. 그리하여 조정 대신들과 함께 지혜를 모아 명나라의 간섭과 통제에서 벗어날 방법을 찾았다. 또 해마다 조선에 파견되는 명나라 사신들의 성향을 미리 파악해, 그들의 토색질을 막아낼 방법을 연구했다.

현안이 아무리 어려워도, 지레 포기하지 않았다. 왕에게는 자신이 꼭 책임져야 할 나라와 백성이 있었다. 세종이 즐겨 읽은《서경》에서는, 왕이란 '대천이물(代天理物)'의 존재라고 했다. 하늘을 대신하여 만물을 다스리는 것이 임무라는 뜻이었다. 과연 세종은 복잡한 문제라도 적절한 대비책이 나올 때까지 노력했다. 그러나 그런 왕도 명나라 사신의 횡포로 괴로워할 때가 많았다는 사실을 쉬 잊기 어려울 것 같다. 자주독립의 길은 멀고 험난해 세종 역시 그 길을 완성하지 못했다. 세계 9위의 경제대국이라고 하는 21세기 한국에도 난제인 것이 틀림없다.

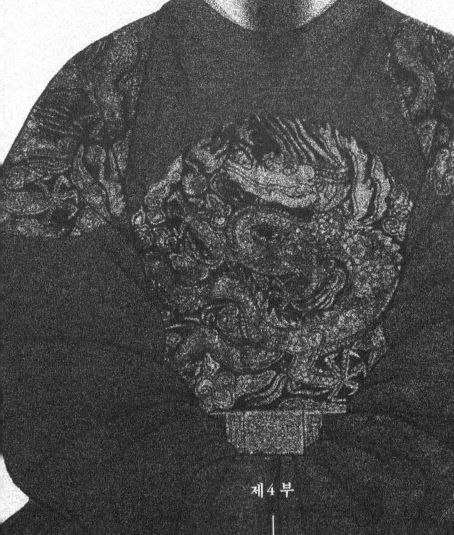

제 4 부

후세의 평가:

역사의 이정표

세종은 우리 역사에 중요한 이정표를 세웠다. 그가 바랐던 대로 모든 일을 이룬 것도 아니었고 매사에 완벽하지도 않았으나, 그때만큼 각 방면에서 훌륭한 성과가 쏟아져 나온 적이 없었다는 점에서 그러하다. 우리는 세종을 우리 역사상 최고의 지도자라고 불러도 좋을 것이다. 그가 무조건 옳았다는 식의 편향된 칭찬을 하자는 말이 아니라, 인간적 한계와 시공간의 제약에도 불구하고 왕이 이룩한 업적을 제대로 평가하자는 말이다.

아래에서는 두 가지 이야기를 꺼내야 하겠다. 하나는 중종 때의 급진개혁가 정암 조광조 일파도 실은 세종을 모범으로 삼았다는 사실이다. 우리가 몰랐던 사실인데, 조광조와 그의 동료들의 육성을 통해서 직접 확인할 수 있었다. 그들이 가장 주목한 것은 왕과 대신의 상호보완적이고 유기적인 역할이었다. 짐작하건대, 조광조는 자신의 미래 역할을 황희 정승에게서 발견했고, 중종에게는 세종을 배우라고 요구하고 싶었던 것 같다. 그러나 이것은 불가능한 주문이었다. 중종에게는 자신의 조상인 세종과 같이 너른 포부도 깊은 학식도 없었고, 조광조에게도 황희의 단호하면서도 유연한 도량이 있었을지 모르겠다.

또 하나, 조선 역대의 큰선비들이 세종을 어떻게 평가했는지도 나의 관심을 끈다. 여러 문헌을 뒤져서 그들의 견해를 정리해보았다. 그들도 세종과 그의 시대에 관하여 전반적으로 우호적인 평가를 내렸다는 사실이 거듭 확인되었다. 이른바 후세의 선비들에게는 왕이 추구한 창의성이나 실용주의 노선 같은 것은 발견할 수 없었으나, 그래도 왕의 업적을 기리는 데는 그들의 의견이 대체로 일치했다. 간혹 비판적으로 바라보는 이도 있었는데, 그 점은 다음의 글에서 직접 만나기 바란다.

18

조광조는 세종의 시대를
되찾고 싶었다

조광조는 중종 때 개혁정치를 꾀했다. 누구나 알고 있듯, 그는 유교적 이상 정치를 구현하려고 노력했다. 그런데 우리가 잘 모르는 사실이 있었다. 조광조와 그의 동지들이 세종의 시대를 모범으로 삼았다는 점이다.

오늘날에도 개혁을 주장하는 목소리는 높은데, 피상적이고 공허한 이론에 매달린다는 비판이 있는 것 같다. 500년 전 조광조와 그의 동지들처럼 우리 역사에서 소중한 보물을 캐내려는 노력이 필요하리라는 생각이 든다. 물론 역사가 만병통치약은 아니다. 하지만 그것은 우리가 언제든지 안심하고 꺼내어 쓸 수 있는, 유용하고 믿음직한 지식의 창고라고 생각한다.

후세의 평가:
역사의 이정표

세종 시대에서 통치의 본질을 배우자

조광조는 세종 시대의 어떤 점을 높이 평가했을까. 중종 13년(1518) 5월 20일의 《실록》에 그의 생각이 보인다. 그날 조강에서 조광조는 세종과 대신인 황희 및 허조의 밀접한 관계에 주목했다. 조광조는 한국 역사에 대해서도 탁월한 식견을 가지고 있었다.

16세기 조선의 조정에서는 대신과 대간의 역할이 근본적으로 다르다는 믿음이 팽배했다. 대신은 임금을 보좌할 뿐이고, 간쟁은 오직 대간의 전유물이라고 보았다. 그러나 조광조는 세간의 이러한 통념을 부정하고, 대신이 임금의 잘못을 가장 먼저 비판해야 나라의 기강이 바로 선다고 주장했다.

"신이 듣건대 세종 때 황희나 허조는 만약 왕에게 작은 허물이라도 발견되면, 대간이 비판하기를 기다리지 않고 곧장 빈청으로 가서 아뢰었습니다. (세종의) 윤허를 얻지 못하면 그들은 물러가지 않고 계속 앉아서 기다렸습니다. 꼭 윤허를 얻은 다음에야 물러났습니다. 귀가한 뒤에도 그들은 의관을 정제하고 앉아 잠도 편히 자지 못한 채 나랏일을 염려하였다고 합니다."

조광조는 세종 때는 훌륭한 임금과 유능한 대신들이 온 힘을 쏟아 정치에 매달렸기 때문에 나라가 두루 평안했다고 판단했다. 그는 비슷한 예를 송나라 태조의 조정에서 발견했다. 송 태조 조광윤은 명재상 조보를 등용하여 그를 전적으로 신뢰했다고 했다. 대신 조보가 마음껏 포부를 펼 수 있게 송 태조가 도왔다는 것이다. 어진 왕이 충직한 대신에게 실무를 맡기고 전폭적으로 신뢰해야 유교적 이상 국가가 구현될 수 있다는 주장이었다.

판단력이 흐린 왕이 훌륭한 대신을 전폭적으로 신뢰하지 않으면 어떻게 될까. 언젠가 경연에서 조광조는 송나라의 옛일을 논의했는데, 중종은 깊이 감동한 나머지 이렇게 말했다. "왕이 어두우면 소인들이 나타나 군자들을 모함하며, 그들이 당(黨)을 꾸몄다고 거짓 혐의를 씌워 일망타진하는구나." 중종의 말이 끝나자 조광조는 송나라 인종 때 실제로 그런 일이 있었다며, 당대의 어진 신하 사마광을 '붕당(朋黨)'의 죄목으로 처벌한 사례를 설명했다(중종 13년 2월 2일).

조선의 역사에도 비슷한 사건이 있었다며, 조광조는 연산군 때의 사화를 손꼽았다. 연산군의 부왕(성종)은 세종을 모범 삼아서 어진 신하를 좋아했고 간언도 받아들였다고 했다. 성종의 신하들은 왕에게 허심탄회하게 자신의 생각을 털어놓았다고, 조광조는 분석했다. 그 시절 음흉한 한두 명의 대신이 속으로 못마땅하게 여기다가, 연산군이 왕이 되자 어진 신하들을 모함하여 사화가 일어났다고 했다.

역사적 사실을 토대로 조광조는 당대의 문제점을 지적했다. 근년에 조정이 맑아지자 기를 펴지 못하는 소인들이 있다고 했다. 그들이 장차 군자들을 모함하지 않게 조심해야 한다면서, 그는 이렇게 말했다. "성상(중종)께서 심지를 굳혀 신하들의 마음이 흔들리지 않게 하소서." 중종은 타고난 자질이 세종과 많이 달라, 소인들이 참소하면 큰 문제가 일어날 것으로 내다보고, 조광조는 근심했다(중종 13년 2월 2일). 기묘사화가 일어나기 한 해 전이었다.

후세의 평가:
역사의 이정표

조광조는 《주역》의 〈태괘(泰卦)〉를 근거로 군자는 자신의 동류를 조정으로 불러들이기 마련이라면서, 소인들이 그 점을 왜곡하면 어두운 임금은 속아 넘어가기 마련이라고 강조했다. 세종처럼 밝은 왕이라야 신하들이 마음 놓고 소신을 펼 수 있을 터인데, 그렇지 못한 현실을 걱정하는 표현이었다.

세종 때 임금과 대신이 서로 얼마나 믿고 위했는지를, 그는 예를 들어 설명했다. "붕당을 짓는 사건이 일어났을 때였습니다. 대신들이 반대했으나 (세종은) 받아들이지 않았습니다. 그러자 집현전 학사들도 간언했는데 왕이 거절하므로, 학사들이 모두 사퇴하였습니다. 세종이 (근심 끝에) 황희를 불러, '시종이 모두 물러났으니 내가 일을 어찌하랴?'라고 탄식하였습니다. 황희가 '제가 그들을 다시 불러오겠습니다'라고 대답하고는 학사들을 일일이 방문하여 그들을 다시 데려왔습니다."(중종 13년 2월 2일)

그러고는 조광조가 자신의 소감을 덧붙였다. "만약 세종 임금이 아니고 황희 정승이 아니었다면 어땠을까요. 임금은 성을 내며 시종들이 나를 버리고 달아났다고 꾸짖었을 것입니다. 정승도 자신을 낮추어 학사들을 찾아가 조정으로 돌아오라고 부탁하지 않았을 것입니다."(중종 13년 2월 2일)

《세종실록》에는 자세한 설명이 보이지 않으나 역사적 맥락으로 보면 조광조의 말은 진실이었다. 그는 옛 선비들이 남긴 기록을 읽고, 사실관계를 철저히 검토했다. 경연에 참석한 다른 대신들도 묵묵히 듣고 있을 뿐 반론을 펴지 못했다.

특히 조광조는 황희의 자질과 역할에 주목했다. "태학(성균관) 유생이 길에서 황희를 만나, (내불당 건립을 막지 못하는 등) 임금에게 제대로 간언하지 못했다고 비판했습니다. 황희는 그런 말을 듣자 노하기는커녕 도리어 기쁜 표정을 지었습니다(선비는 이런 유생처럼 곧아야 한다고 믿었다는 뜻이다—필자). 대신의 도리는 마땅히 황희와 같아야 할 것입니다."(중종 13년 2월 2일).

성종도 훌륭한 왕이었다고 생각하면서도, 조광조는 그 시절 조정에 훌륭한 대신이 없었다는 점을 아쉬워했다. 그는 명나라 사신 동월이 대신 허종에게 했다는 말을 인용했다. "조선에는 임금은 있어도 신하가 없다."(중종 13년 2월 2일) 성종의 인품과 학식에 어울리는 대신이 없어, 성종 때는 치적이 드물었다는 평가였다.

그럼 중종 때는 어떠했을까. 세종 때와 달리 조정이 사분오열되어 있었다. "지금 조정은 협동하지 못하는 것 같습니다. 대신들은 주장하는 바가 제각각이고, 대간과 시종들도 서로 다릅니다. 동심(同心)이라고는 말할 수가 없습니다."(중종 14년 3월 1일) 조광조는 이렇게 말하며 개혁정치의 미래를 걱정했다.

조광조는 세종 때의 군신관계를 회복하는 데 개혁의 목표를 두었다. 경연을 통해 그는 중종을 계몽하고, 황희와 허조 같은 정승이 나타나기를 바랐다(중종 14년 3월 1일). 그런 뜻에서, 조광조는 황희가 김종서를 나무란 사건에 큰 의미를 부여했다.

어느 날 김종서가 황희를 대접하려고 풍성한 음식상을 차렸단다. 황희는 정색하고 면박한 다음, 세종에게 그 일을 보고했다. 김종서는 공식적으로 사죄한 다음에야 겨우 용서를 받았다. 김종서는 과감하고 성격이 굳센 선비였는데, '내가 이렇게 황공하고 두려운 적이 없었다'라고 고백할 정도였다. 그 사건을 왕에게 아뢰면서, 조광조는 "그때 조정의 청렴한 기운이 과연 어떠했겠습니까?"라며 감탄했다(중종 14년 3월 1일).

그러나 중종을 세종처럼 만들고, 대신들을 황희와 허조처럼 바꾸는 일은 불가능했다. 선비는 나랏일을 집안일처럼 여겨야 한다고 조광조는 늘 강조했으나, 결국은 자신이 염려했던 대로 붕당을 만들었다는 혐의를 쓰고 사약을 마셨다. 그는 〈절명시〉에서 자신이 임금을 어버이로 생각했고, 나랏일을 집안일로 여겨 노력했다며 무죄를 주장했다.

조광조의 생애는 알면 알수록 안타깝기만 하다. 개혁정치가로서 그는 자신과 동료들에게 닥쳐오는 비운을 예감하며 심중의 걱정을 솔직하게 털어놓은 적도 있었다. "비록 올바른 사람이라고 평가받는 대신이라도 (군자들의 행동에) 유감을 느껴, 은연중 불평을 털어놓을 수가 있습니다. 그럼 무슨 일이 생길까요. 나쁜('不善') 무리가 그 틈을 노려 정치적 선동을 하고야 말 것입니다."(중종 14년 3월 1일) 조광조의 이런 걱정은 불과 몇 달 뒤에 현실이 되었다.

세종과는 비교할 수 없이 나약한 임금이 중종이었다. 기묘사화가 일어나기 한 달쯤 전, 정승 신용개가 세상을 떠났으나 임금은 직접 조문하지 않았다. 조광조는 세종 때 일을 다시 떠올리며 중종을 채근했다. 정승 허조가 작고했을 때 세종은 슬피 통곡했단다. 왕의 울음소리가 얼마나 컸던지 바깥에 들릴 정도였다고 했다.

조광조의 결론은 이랬다. "허조는 어진 재상이었습니다. 잠시도 나랏일을 잊지 않았으므로, 세종께서 우대했습니다. 임금과 재상

이 서로 돕는 것을 옛사람은 머리와 팔다리에 견주었지요."(중종 14
년 10월 6일) 임금이 머리라면 대신은 팔다리라, 한시도 서로 떨어질
수 없다는 말이었다.

그러자 중종은 죽은 재상 신용개의 영전에 조문하지 않은 일을
궁색하게 변명했다. 애도를 표할 만한 별도의 공간(별전)이 없다고
들었고, 그날은 비까지 왔다고 말했다(중종 14년 10월 6일).

세종이 펼친 정책도 따라 하자

조광조는 세종 때 시행했거나 고안한 여러 정책도 본받을 만하다
고 생각했다. 가령 지방관이 담당 지역에 오래 재직하는 것도 통치
에 도움이 클 것이라고 믿었다. 또 세종 때처럼《소학》을 널리 보
급하면 풍속이 바뀔 것이라고 보았다. 아래에서는 이런 점을 조금
더 알아보겠다.

중종 14년(1519) 4월 29일,《실록》에는 관찰사의 임기를 늘리자
는 주장이 나온다. 그날 경연에서 조광조는 그보다 하루 전날 조정
에서 김안국을 전라도 관찰사(감사)에 임명한 사실을 높이 평가했
다. 그러나 한 가지 아쉬움이 있다고 했다. 김안국의 능력이 제아
무리 뛰어나다 할지라도 임지에 오래 머물지 못한다면 그를 발탁
한 효과를 얻기 어렵다는 주장이었다. 앞서 김안국은 경상도 감사
로도 재직했는데 겨우 1년 만에 이임했다. 임기가 짧아서 그가 시
행한 사업은 하나도 본궤도에 오르지 못했다. 조광조는 그 점을 안

후세의 평가:
역사의 이정표

타까워했다. 아무리 좋은 정책이라도 백성들은 일단 거부감을 느끼는 경향이 있었다. 그러므로 성과가 드러날 때까지 책임자가 정책을 일관성 있게 밀고 나가야 한다고, 조광조는 강조했다. 세종의 구임법을 염두에 두고 그는 이런 주장을 펼쳤다.

그러자 정승 신용개가 즉각 반론을 꺼냈다. 감사를 임지에 오랫동안 머물게 하는 것(구임법)은 세종 때 만든 법이지만, 그때도 오래 시행하지 못하고 혁파했다는 이야기였다. '아무리 양법(良法)이라 하여도 폐단은 있기 마련이다. 구임법에 따라서 감사가 가족을 동반할 경우 생기는 폐단은 더더욱 크다.' 이런 말로 어두운 미래를 전망하며 신용개는 기왕에 하던 대로 감사의 임기는 1년으로 제한하는 편이 좋겠다고 했다.

조광조와 신용개의 주장이 팽팽히 대립하자 특진관 윤은보는 절충안을 제시했다. 임기를 늘리기 어렵다면, 관할 지역이 넓은 경상도는 좌도와 우도로 나누어 감사를 2명으로 정하자는 의견이었다. 그러나 중종은 어느 쪽으로든 당장에는 개혁을 단행할 수 없다고 보았다.

《소학》으로 선비 사회를 만들자

조광조의 이름을 들으면, 우리는 부지불식간에 《소학》의 보급을 떠올린다. 그만큼 그 책과 중종 때의 개혁정치는 밀접한 관계가 있었다. 조광조는 실제로 경연에서 《소학》의 중요성을 거듭 강조했다.

《소학》을 궁벽한 시골 마을까지 보급한다면 사람마다 효도로 어버이를 섬기고 충성으로 임금을 섬길 줄 알게 됩니다. 그러면 일의 선후와 차례가 분명히 갖추어질 것입니다."(중종 12년 9월 13일)

조광조가 이 책의 역할과 의미를 강조한 것은 사실이었다. 그런데 그 배경에는 놀랍게도 세종이 있었다. 조광조는 그 점을 다음과 같이 말했다.

"세종 때는 오직 《소학》의 도(道)에 집중하여, 이 책을 서울과 지방에 널리 반포했습니다. 하지만 근래에는 사람들이 책을 읽지 않아 《소학》이 자취를 감추었습니다. 뜻이 있다는 선비들도 (소학의 가르침을) 실천하지 않습니다."(중종 12년 9월 13일)

이것은 평생 《소학》을 강조하던 조광조의 스승 김굉필이 사약을 마시고 죽은 것과도 관계가 깊었다. 그런데 조광조가 등용되자 대사성 유운이 《소학》의 보급에 앞장섰다. 김안국도 경상도 관찰사로서 이 책의 보급을 위해 노력했다. 심지어 그는 《소학》을 우리말로 번역하기도 했다. 한때 중종은 조광조에게 설득되어 경연에서 《소학》을 학습하기도 했다. 조광조의 동료 김정은 이 책의 효과를 다음과 같이 부연 설명했다.

"세종 때부터 선비의 풍습('士習')이 개선되어 성삼문과 같은 이들은 국가가 위태로움을 목격하자 목숨을 내놓았습니다. 그들의 절의(節義)는 후세가 기리는 바입니다마는 그와 같은 학문과 의기가 배양된 것은 모두 세종 때였습니다. 임금은 한 시대가 나아갈 방향을 좌우하는 존재입니다. 진실로 우연히 될 일이 아닙니다."(중종 13년 5월 20일)

후세의 평가:
역사의 이정표

이렇게 주장하면서 김정은 중종이 《소학》을 정성을 다해서 공부하고 실천에 힘쓰기를 촉구했다. 역시 조광조와 사상적 동지인 경연관 최명창도 같은 생각이었다. 그는 세종과 성종의 노력으로 선비들이 절개가 무엇인지를 깨닫게 되었다며, 이렇게 주장했다.

"세종조에 사기(士氣)를 배양한 결과, 얼마 지나지 않아서 효과가 잇따랐습니다(사육신의 절개를 염두에 둔 발언이다 - 필자). 그리고 성종조에는 임금님의 성명(聖明)하심을 믿고 선비들의 언론이 격렬했습니다. 성종께서 일찍이 말씀하기를, '이는 나를 믿고 그러는 것인데 나중에 너희가 반드시 나를 생각하게 될 것이다'라고 했습니다. 과연 폐조(廢朝, 연산군)가 선비들을 죽여서 거의 다 없애버리자 선비들의 기운이 사라져 버렸습니다(갑자사화와 무오사화로 선비들이 큰 화를 입었다는 뜻이다 - 필자)."(중종 13년 11월 4일)

김정과 최명창이 이런 이야기를 꺼낸 이유는 무엇일까. 세종과 성종을 본받아 중종도 선비들의 풍습을 바로잡았으면 좋겠다는 소망을 표현한 것이다. 이미 오래전에 조광조는 그 문제를 중종에게 건의한 적이 있었다. 그는 선비의 풍습이 무너진 점을 비판하고, 천거제도를 이용하여 인재를 등용하자고 말했다. 나중에 천거제 과거시험인 현량과를 시행한 배경이었다.

중종을 설득하려고 조광조는 숨은 일화를 어전에서 소개했다. 집현전 학사 박팽년에 관한 것이었다.

박팽년은 경기도 광주에 대여섯 마지기의 밭을 소유했는데 그의 벗이 이렇게 물었단다. "옛사람은 녹봉이 있으면 밭이 필요하지 않다고 말씀했는데, 그대가 그 밭을 가지고 있을 필요가 무엇인가?" 이 말을 듣고 박팽년은 스스로 부끄럽게 여겨 곧 밭을 팔았다. 조광조는 일화에 덧붙여, "그 당시는 사습이 지극히 발라서 이와 같은 일이 있었던 것입니다"라고 했다(중종 13년 3월 25일).

선비들의 풍습을 바로잡으려면 어떻게 해야 할까. 조광조와 그 동료들은 사유(師儒: 선비의 스승)가 있어야 한다고 보았다. 일찍이 조광조를 중종에게 추천했던 안당도 같은 생각이었다. 그는 사유로 조광조와 김식을 염두에 두고 있었다. 안당도 중종 시대가 모범으로 삼을 것은 세종의 치세라고 여겼다. "사표에 적합한 선비는 과거에도 드물었습니다. 세종 때도 김구(金坵)와 김말(金末)뿐이었습니다." 그만큼 선비의 모범을 찾기가 어렵다는 뜻이었다(중종 14년 5월 27일).

세종도 놓친 일이 있었으니

완벽한 사람은 존재할 수 없다. 조광조 일파는 세종이 한 일 가운데서도 잘못이 있다고 지적했다. 소격서와 문소전 등 제례 문제가 비판의 초점이었다. 특히 세종이 소격서를 그대로 둔 점을 이해하기 어렵다고 했다. 조광조는 이렇게 말했다.

"세종과 성종은 대성(大聖)이시지만 소격서를 혁파하지 않은 것은 큰 잘못이었습니다. 만약에 세종과 성종이 혁파하지 않았다는 이유로 끝내 없애지 못하면, 후대의 임금들도 성상(중종)을 핑계로 삼을 것입니다."(중종 13년 8월 28일)

후세의 평가:
역사의 이정표

나라의 제사를 유교식으로 결정한 지 오래인데 무슨 이유로 도교식 제사를 지내느냐는 항변이었다. 논리적으로 보면 타당한 지적이었다.

조광조 등은 문소전과 연은전의 제사도 수긍하기 어려운 일이라며 폐지하기를 주장했다(중종 14년 6월 7일). 문소전은 태조의 왕비 신의왕후 한씨를 위해 건립한 사당이었는데, 예법상 용납하기 어려운 시설이라고 보았다. 아울러 성종이 부왕(덕종)을 위해 세운 연은전도 동일한 하자가 있다고 판단했다. 이미 국가에는 종묘가 있으므로, 그곳에 모실 수 없는 신위라면 법외의 사당이라, 신(神)을 섬기는 법도에 맞지도 않고 민생에도 폐를 끼친다고 이유를 댔다.

"문소전은 세종이 창건한 것이었다." 조광조는 그렇게 말하고, 세종이 예법에 밝지 못했다고 비판했다. 중종 때 국가에서는 조상의 능(陵)과 묘(廟)에서 초하루와 보름마다 제사를 지냈고, 문소전과 연은전에서는 하루 세 번씩 음식을 올렸다. 조광조는 이런 행사는 예법에 어긋난 것이라고 지적했다. "세종이 만일 지금 생존해 계신다면 (문소전을) 굳이 창건하지 않으실 것으로 믿습니다." 조광조는 문소전의 건립이 왕의 일시적인 생각에 지나지 않았을 것으로 추론했다. 참찬관 김구도 그 의견에 찬동하며, 조종(祖宗, 세종과 성종)이 우연히 결정한 일이므로 고쳐야 한다고 결론지었다.

한편 정승 안당은 춘추관에 부탁해 《실록》을 검토한 결과 문소전을 창건한 것은 태종이었다는 사실을 알렸다. 과연 사실이었을까. 사실은 태조 5년에 건립한 인소전을 태종 8년에 문소전으로 개칭했고, 세종 15년에는 태조와 태종의 위패도 함께 봉안했다.

이처럼 조광조 등 개혁파는 소격서와 문소전의 철폐를 주장했으나 중종은 반대했다. 왕은 경솔하게 의논할 수 없다며 구습을 옹호했다(중종 14년 6월 7일). 중종의 특기가 바로 그런 것이었다.

조광조와 그의 동지들은 세종 때의 제도적 결함을 비판하기도 했으나, 그들이 힘주어 강조한 것은 세종과 그 시대가 자신들의 모범이라는 말이었다. 세종처럼 군주는 덕과 지혜를 쌓기에 힘쓰고, 실무는 대신의 몫으로 돌리자는 것이 핵심이었다. 그들은 왕과 대신이 오직 나라를 위해 정성을 다하는 세상을 꿈꾸었다.

나아가 세종 때의 몇 가지 사업과 정책을 되살리자고도 주장했다. 선비의 염치를 북돋우고, 유교적 가치를 내면화하는 일에 조광조 일파는 매달렸다. 그들 개혁파가 세종 시대의 치적을 재발견한 것은 후세를 위해서 다행한 일이었다고 본다. 세상을 바꾸려면 역사적 조건에 대한 구체적인 이해가 필요하다. 역사적 배경을 잘 모르고 하는 일은 실패할 가능성이 크다.

그러나 불행히도 곧 기묘사화(1519)가 일어났다. 조광조 등이 염려한 일이 그대로 일어나는 바람에 그들이 애써 얻은 역사적 통찰은 당대의 현실을 바로잡는 데 쓰이지 못하고 말았다. 안타까운 일이었다.

그런데 한 가지 주목할 점이 있었다. 우리의 지레짐작과는 달리, 조광조 등은 조선의 역사를 깊이 검토하고, 세종의 시대에서 교훈을 발견했다. 이러한 사실을 알게 된 것은 의미 있는 일이라고 하겠다. 우리는 늘 역사에서 배우자고 입버릇처럼 말하지만, 실제로 거기서 교훈을 얻기란 어려운 일이다. 같은 실수를 되풀이하는 일이 얼마나 많은가.

후세의 평가:
역사의 이정표

"세종대왕은 진실로 우리나라가 만대에 태평을 누릴 터전('基業')을 다지셨다." 정조의 평이 그러했다. 《일성록》(정조 24년 1월 20일)에 실려 있는 구절이다. 정조는 세종의 빼어난 업적으로 공법(세법)의 제정을 비롯해 한글 창제와 아악 정리, 천문학의 발달과 금속활자 제작을 일일이 열거할 정도였다.

예전부터 조선의 왕 중에서 세종처럼 호평을 받는 임금은 없었다. 긍정적인 평가가 대부분이었는데, 비판적인 견해도 아주 없었던 것은 아니다. 아래에서는 큰선비들의 글에 나타난 세종의 장단점을 가려보고자 한다. 율곡 이이와 백호 윤휴, 성호 이익과 농암 유수원, 청장관 이덕무 그리고 다산 정약용을 소환하여, 그들의 평가에 귀 기울이겠다. 선비들은 세종과 그 시대를 구체적으로 무어라 평가했을지 궁금하다.

세종은 정말 정치를 잘했다

조선의 많고 많은 학자 중에서 매사에 가장 비판적인 인물이 누구였을까. 누군가 묻는다면 나는 서슴없이 농암 유수원이라고 대답하겠다. 날카롭기 짝이 없는 유수원, 그는 세종에 관한 생각을 이렇게 요약했다. "우리 영릉(세종)은 그 공적이 동방의 요순(堯舜)에 해당했다. 그 시절에는 백성도 평안했고 물자도 풍성했다. 풍속이 아름다웠으며 교화가 크게 이뤄졌다."(《우서》제1권, 〈비국(備局)을 논함〉) 가장 비판적인 안목의 소유자라고, 내가 그렇게 믿는 유수원의 평가가 이렇게 나올 줄은 몰랐다. 정말 극찬이 아닌가.

유수원이 알려준 바에 따르면, 그의 선배들은 조선 초기에는 쓸만한 재상이 없었다고 보았단다. 그러나 자신은 다르게 생각한다고 말했다. 후대와는 달리 문장도 질박하고 풍류도 대단하지 못했을는지 모르나, 초기에는 재상들이 삼가고 정성을 다하는 모습이 믿음직했다고 평했다. 유수원은 세종 때 재상들이 실용적인 데다 성실했다고 보았다. 그들이 제정한 법과 제도는 옹졸하지 않고 너그러웠으며, 쓸데없이 기교를 부리지 않아서 높이 평가한다고 했다. 조선이란 나라의 명맥을 오래가게 만들고, 나라의 근본을 튼튼하게 만든 공이 그 시절의 재상에게 있다고 판단했다. 후세의 눈으로 보면 어딘가 답답하고 엉성한 부분도 있겠으나, 함부로 폄훼할 일이 아니라는 결론이었다(《우서》제1권, 〈비국(備局)을 논함〉). 세종도 왕으로서 탁월했고, 그를 보좌한 재상들도 공이 많았다는 후한 평가였다.

백호 윤휴도 그와 같은 생각을 가졌다. 특히 그는 세종이 간관 (사헌부, 사간원)의 기능을 강화했다는 점을 특기했다. "우리 세종께서 황희를 재상으로 삼으셨으나, 파면시키기도 하여 대각(臺閣)의 풍모를 이루셨습니다."《백호전서》부록 3, 〈행장, 중〉) 이러한 윤휴의 평가는 핵심을 짚었다고 본다. 세종은 재상을 존중하면서도 그들의 비행을 파헤치는 대간의 용기와 능력을 높이 평가했던 것인데, 태종 때까지는 대간의 역할이 눈에 띄지 않았다.

황희 정승의 잘못을 구체적으로 거론한 학자도 있었다. 성호 이익이었는데, 그는 최윤덕 장군이 여진족을 무찌르고 서울로 돌아왔을 때의 일화를 꺼냈다. 세종은 친히 마중 나가서 공을 치하하려고 했으나 황희가 가로막았다. 그것이 잘못된 일이라며, 이익은 다음과 같이 비판했다. "황희는 왕의 아름다운 뜻을 따르지 않았다. 그는 왕의 자만심을 조장하고 군대를 가볍게 여기는 마음을 키웠다. 이렇게 한 것은 도대체 무슨 이유였는가?"《성호사설》제19권, 〈정건주위(征建州衛)〉) 이 사건으로 말미암아 조정은 군사적 업적을 과소평가하는 경향이 생겼고, 이는 후세를 위해 불행한 일이라는 뜻이다. 나는 이익의 판단이 옳았다고 생각한다.

현명한 세종은 인재 등용의 귀재

어떻게 하여 세종은 큰 업적을 낼 수 있었을까. 후세의 석학들은, 왕이 인재를 등용하는 데 재능이 있었다고 믿었다. 선조 때 율곡

이이는 경연에서 아래와 같이 말했다. 이이의 제자 김장생이 남긴 기록을 인용해본다.

"우리나라에서는 오직 세종대왕의 정사를 본받으셔야 합니다. 인재를 등용하면서 (세종은) 구질구질한 습관(常例)에 얽매이지 않았습니다. 어진 사람에게 직무를 맡기셨는데, 능력이 있는 사람을 잘 골라 각자의 재주에 어울리는 자리에 앉혔습니다. 지금도 사람을 잘 선택해서 벼슬을 주고, 직임을 (소질대로) 맡겨 책임을 다하게 한다면 업적이 크게 드러날 것입니다."《율곡전서》제35권, 부록 3, 〈행장〉)

세종의 인사정책을 진지하게 연구한 이는 유수원이었던 것 같다. 그는 세종이 적재적소에 인재를 배치하는 데 뛰어났다고 주장하면서, 그 점을 꽤 자세히 설명했다. 벼슬이 낮은 관리라도 능력이 검증되면, 세종은 그를 대번에 발탁하여 높은 자리에 앉혔다는 것이다. 만약에 어떤 관리가 평범한 인물이라고 판단하면 평생 낮은 자리에 두었단다. 이처럼 능력 위주로 관리를 등용한 덕분에 그때는 나라가 잘 다스려졌다는 주장이었다. 세종은 이른바 연공서열 따위를 별로 중시하지 않았다.

그런데 뜻밖에도 유수원은 세종의 인재 등용법을 함부로 따를 수 없다고 했다. 왜 그러한가. "임금이 세종처럼 현명하다면 모르겠으나 만일 그렇지 못하면, 관제에 격식이 사라진다. 또 이리저리 변통하는 틈을 이용해서 사익을 추구하는 사람이 나오기 때문이다."《우서》제4권, 〈고적(考績)의 사의(事宜)를 논함〉) 인사권자가 세종처럼 현명하지 못하면 오히려 독이 될 수 있다는 지적인데, 설득력

후세의 평가:
역사의 이정표

이 있다.

세종에게도 물론 인재 등용에 관한 확고한 원칙이 있었다. 유수원은 그 점을 알아듣기 쉽게 설명했다. 근무 평가가 좋은 지방관만 내직(중앙관직)으로 불러들인다는 원칙이었다. 근무 성적이 좋은 지방관은 임기를 다 채웠고, 그런 다음에는 중앙으로 복귀했다. 이 원칙을 누구나 알기 때문에 지방관들은 최선을 다해서 높은 성적을 받고자 했다(《우서》제4권, 위와 같음).

세종 이후에는 분위기가 싹 바뀌어, 지방관으로 임기를 채우는 이가 드물었다. 근무 평가도 공정하지 못했다. 조선 후기에는 문벌이 좋은 지방관은 으레 높은 점수를 받았다. 또 국가 재정이 나빠져 중앙관리는 급료를 제대로 받지 못했다. 중앙이든 지방이든 관청의 기강이 무너지고 말았다.

사회적 약자를 친자식처럼 아낀 세종

세종은 백성을 아꼈는데, 특히 최하층 신분인 노비를 힘껏 돌보았다. 유수원은 그 점을 강조했다. 노비의 가엾은 처지를 걱정한 세종의 마음은 유수원이 소개한 〈하교(下敎)〉에 뚜렷이 나타나 있다. 한마디로 노비를 죽이거나 혹독하게 때리는 주인을 처벌하라는 내용이었다. 또 노비에게 신공(身貢)을 지나치게 많이 받아도 처벌하겠다고 밝혔다. 훗날에는 기득권층이 자신들에게 불리한 이러한 조항을 무력화했다고 한다. 유수원은 그런 사실을 지적하며 세태를 한탄했다.

또 세종은 노비가 원하면 주인은 돈을 받고 풀어주라고 명했다〔贖良〕. 아무리 건장한 종이라도 그 가격은 은('백금') 여섯 냥(兩, 225 그램, 현재 27만 원)을 넘기지 못한다고 했다. 이런 사실을 유수원은 충실히 전했다. 후세에 사회 기강이 무너져 세종이 정한 훌륭한 법이 무너진 것은 유감이었다며, 유수원은 이렇게 탄식했다.

"세종이 정한 대로 노비를 풀어주는 법규를 바로잡는다면 어떠할까. 무식한 주인이 감히 법과 이치를 어긴 채 가혹한 수탈을 하지는 못하게 말이다."《우서》제7권, 〈노비의 공역(貢役)을 논의함〉)

유수원과 이익 등은 노비 제도가 철폐되어야 한다고 믿었다. 만약 세종이 정한 법규대로만 집행했더라면 얼마 안 가서 노비가 사라진 세상이 올 수도 있었다. 그런 생각을 하면서 유수원은 못내 안타까워했다.

과연 세종은 사회적 약자를 염두에 둔 왕이었다. 다산 정약용도 왕의 그러한 마음 씀씀이에 깊은 감명을 받았다. 정약용은 특히 형법에 밝았는데, 세종 12년(1430)에 왕이 내린 〈하교〉를 읽고 특별히 다음의 두 가지 점에 주목했다. 첫째, 세종이 채찍으로 죄수의 등을 때리지 말라고 금지한 사실이었다. 오장(五臟)이 등과 밀접해 자칫하면 사람이 죽을 수 있다며 왕은 자신의 명령을 어기면 처벌하겠다고 밝혔다. 둘째, 노약자는 옥에 가둘 수도 없고 고문도 절대로 하지 말라고 지시했다. 세종은 15세 이하와 70세 이상의 노약자는 옥에 가두지 말라고 했고, 80세 이상과 10세 이하는 고문을 금지한다고 했다《목민심서》, 〈형전(刑典) 6조〉). 모든 통치자가 세종

후세의 평가:
역사의 이정표

처럼 사회적 약자를 정성껏 배려한다면 어느 정도는 살 만한 세상
이 될 것이다.

정약용, 세종의 공법을 비판하다

정약용은 조선의 경제 문제도 깊이 연구했는데, 그 과정에서 우리
의 통념에 오류가 있다는 점을 확인했다. 그는 세종 시대에는 연분
9등 전분 6등의 제도가 시행되지 않았다는 결론에 이르렀다. 알다
시피 고려 말에는 농경지를 토질에 따라 세 등급으로 나누었고,
세종은 다시 5등급으로 세분했다. 말년에는 6등급으로 바꾸었다.
이른바 전분 6등이었다. 그때 토지제도를 전담한 기관은 상정도감
이요, 책임자는 수양대군(세조)이었다. 정약용의 분석에 따르면,
"그 당시에는 의논만 했을 뿐 실지로 시행하지는 못했다."(《다산시
문집》제12권, 〈전결법(田結法)에 대한 변증〉)

훗날 중국 사신 동월(董越)이 쓴 《조선부》를 보아도, 경작지를
6등급으로 정하는 일은 의논만 했다는 주장이 옳아 보인다. 정약
용은 그런 증거를 제시하고, 효종 4년(1653)에야 전분 6등의 제도
가 시행된 사실을 밝혔다. 그러면서 그는 토지를 여러 등급으로 나
누는 것은 잘못된 제도라고 말했다. 토지제도를 바로잡으려면 모
든 경작지의 면적을 정확하게 측량하는 것이 최우선이라고 했다.

후세는 세종이 추구한 공법 개혁을 높이 평가한다. 모두가 연분
9등과 전분 6등 제도의 합리성을 극구 칭찬하는데, 정약용의 평가

는 사뭇 달랐다. 그는 경작지 면적을 정확히 잰 다음에 수확량에 따라 세금의 높낮이를 조절하면 된다고 했다.

세종과 정약용의 관점은 이렇게 다른데 과연 누가 옳았는가. 15세기라면 세종이 옳았고, 19세기라면 정약용이 옳다고 생각한다. 15세기에는 같은 면적의 농경지라도 토질에 따라 수확량이 크게 차이가 났다. 따라서 일정한 수확량을 기준으로 장부를 만드는 것이 실용적이었다. 그러나 19세기에는 농업 생산성이 조금씩 향상된 결과, 면적을 기준으로 세금을 매길 수 있었다. 짐작하건대 정약용은 15세기의 농업 여건을 제대로 알지 못했던 것 같다.

세종 때의 문화적 성취에 관한 다양한 평가

보통은 세종이 집현전을 설치하고 학예를 장려해 큰 성과를 얻었다고 말한다. 정조도 그렇게 믿고 규장각까지 두었다. 그런데 유수원의 판단은 달랐다. 그는 세종의 성리학 진흥은 효과가 없었다고 평했다. 그의 주장을 조금 자세히 알아보자. 고려 말부터 정도전을 비롯한 성리학자들이 대두해 이학(理學, 성리학)을 옹호했다. 유수원은 정도전 등의 학문을 '앵무선(鸚鵡禪)'이라며 실속이 없었다고 깎아내렸다. 그로 인해 세상의 도리가 무너지고 문학도 수준이 낮아졌다고 보았다.

바로 그와 같은 폐단을 알았기에 세종은 여러모로 노력했으나, 불행히도 큰선비[大儒]를 만나지 못했다고 한다. 그리하여 왕은 신하들에게 다달이 '월과(月課)'라는 글쓰기 숙제를 내는 데에 그쳤다고 보았다. 이 말끝에 유수원은, "폐단을 바로잡으려고 전에 없었던 일을 새로 만들어내면(즉 월과), 실속이 없는 지경이 되고야 만다"라고 혹평했다. 월과 제도는 불필요했다는 지적이다(《우서》 제 10권, 〈규제를 변통하는 이해(利害)를 논의함〉).

유수원의 평가는 너무 심하지 않은가. 훗날 김굉필, 정여창, 조광조 등이 나타나 성리학의 정수를 알게 된 것이 과연 우연한 일이었겠는가. 세종이 집현전에서 훌륭한 학자를 길러냈고, 독서당(뒷날의 호당) 제도까지 만들어 학문을 권장한 효과가 아니었던가. 또 월과가 형식에 치우친 나머지 폐단이 심해졌다고 하더라도, 어디까지나 그것은 제도를 효과적으로 운영하지 못해서 그런 것이다. 세종에게 책임을 전가할 일은 아니었다.

유수원의 짐작과 달리 세종 때는 학문의 열기가 높았다. 그런 사실을 정확히 알았던 이가 윤휴였다. 그는 세종이 날마다 네 번씩이나 경연에 참석한 날이 많았다고 하면서 왕의 학구열에 감탄했다. 나이가 들어서도 세종은 경연을 소홀히 여기지 않았다. 윤휴가 내린 결론은 이러했다. "세종은 하루라도 학문에 종사하지 않은 적이 없었고, 한 가지 생각도 학문을 바탕으로 삼지 않은 적이 없었습니다. 학문을 좋아하는 마음과 도(道)를 구하는 정성이 여러 임금보다 탁월하셨고 후손에게 모범을 남긴 것이 이러하셨습니다."(《백호전서》 제11권, 〈경연을 중지하지 말기를 요청한 차자(請勿停講箚) 1월 16일〉) 이러한 주장은 사실에 정확히 부합한다. 세종처럼 학문에 힘쓴 왕은 천고에 없었다.

왕은 역사 공부도 중요하다고 여겼다. 그 점을 옳게 지적한 이도 윤휴였다. 특히 그는 《자치통감훈의》의 수준이 높다고 말했다. 이 책은 《사정전훈의(思政殿訓義)》라고도 하는데, 세종이 신하들에게 명하여 고금의 주석을 종합한 다음에 손수 '재정(裁定, 판단하여 결정함)'한 것이었다. 윤휴는 이렇게 말했다. "고금의 주석서 중에 이 책보다 더 훌륭한 책은 없습니다." 그런 의견에 허적도 동의했다. 그는 중국에서 나온 여러 주석서를 검토해본 결과, 《자치통감훈의》처럼 훌륭한 책이 없었다고 평했다(《백호전서》제13권, 〈경연강설(經筵講說), 을묘년(1675) 1월 10일〉). 유수원의 비판은 사실을 심하게 왜곡한 것이요, 윤휴와 허적의 견해가 실정에 맞는다고 생각한다.

세종의 시대를 빛낸 또 다른 쾌거는 향악과 아악 등 음악의 정리였다. 박연의 역할이 컸는데, 그가 한 일에 관하여는 찬반 양론이 팽팽했다. 정조는 박연의 역량을 호평했다. 하지만 이익은 부분적으로 반대하는 입장이었다. 그는 박연이 정한 '황종률'(서양 음악의 c에 해당)을 의심했다. 《성호사설》(제5권)에 〈박연악률(朴堧樂律)〉이라는 글까지 남길 정도였다. 이익이 문제로 삼은 것은 무엇인가. 그는 박연이 세상을 속였다고 판단했는데, 이른바 황종률이란 박연이 적당히 짐작해서 정한 것이라고 했다. 구체적으로, 박연이 해주에서 기장을 구해서 황종률을 만드는 데 썼다고 하는데, 그런 기장이 존재했을 리가 없다고 주장했다. 또 그가 남양에서 캐냈다는 옥도 사실과 거리가 멀다고 보았다. 조선 초기 음악의 대가 성현(成俔)도, "박연이 발견했다는 이른바 경석은 흙 부스러기〔土苴〕였다"라고 평가했다. 이익은 그 말을 잊지 않았다.

훈민정음에 관하여는 호평이 쏟아졌다. 이덕무는 세종의 천품을 높이 기리며 왕이 심혈을 기울여 한글을 직접 창제했다고 말했다. 또 한글 덕분에 한자의 음운이 바로잡혔다고 했다. 문제는 그 후 수백 년 세월이 흐르는 사이에 발생했다. 선비의 풍습이 나빠져 글자도 와전되고 한자 음도 틀리게 되었다는 것이다《청장관전서》제20권). 이덕무처럼 한글 창제의 의의를 온전히 이해한 선비는 드물었다.

이익도 훈민정음을 호평했다. 온갖 소리를 옮겨 적을 수 있는 장점이 있다고 평했다. 그러나 누가 한글을 창제했는가에 대해서는 생각이 달랐다. 이익은 집현전 학사들이 창제의 주역이라고 생각했다. 애초에 세종이 궁중에 관청을 만들어서 정인지, 성삼문, 신숙주 등에게 한글의 찬정(撰定, 짓고 정함)을 지시했다고 주장했다《성호사설》제16권, 〈언문(諺文)〉). 지금도 그렇게 알고 있는 사람이 적지 않은 것 같은데 잘못된 생각이다. 당대의 지식수준으로 미루어, 이익의 오판을 심하게 나무라고 싶지는 않다.

특이하게도 이익은 명나라 학사 황찬(黃瓚)의 역할도 재검토했다. 그가 내린 결론이 흥미롭다. 성삼문 등이 열세 차례나 요동을 다녀온 것은, 한글 창제와 직접적인 관계가 없다고 보았다. 물론 이것은 옳은 판단이었다. 그런데 이익은 황찬이 조선 측에 전해준 것은 몽골 문자뿐이었다고 짐작했다. 이것은 아마 잘못된 판단일 것이다. 역사 자료를 검토해보면, 황찬은 한자의 정확한 음운을 일러주었고, 음운에 관한 이론적 설명도 제공했다.

세종 시대의 또 다른 업적은 출판과 인쇄술이다. 정조는 그 점

을 본받으려고 성대중과 이덕무에게 《어정팔자백선(御定八子百選)》
이며 《국조보감》을 인쇄하라고 명령했다. 이덕무는 그때의 경험을
회상하며, 조선의 각공(刻工, 새김질 담당), 탑공(搨工, 도안 담당), 균공
(勻工, 인쇄 담당인 듯)이 우수하다고 했다. 이덕무는 세종 때의 박연과
장영실 같은 인재를 얻을 수 있다면 인쇄 기술이 더욱 향상되리라
고 전망했다(《청장관전서》 제61권, 〈청나라 각본(刻本)〉). 옳은 판단이겠지
만, 박연과 장영실은 저절로 생긴 인재가 아니라, 세종이 애써 키
운 결과였다. 국가가 인재를 정성껏 기르지 않으면 도무지 쉽게 이
뤄질 수 없는 일이었다.

세종의 '4군 6진' 설치는 현명했다

국방에도 관심이 많았던 정약용은, 세종이 변방에 군사기지를 설치
한 일을 언급하며 높이 평가했다. 세종이 4군과 6진을 경영한 근본
원인이 무엇이었을까. 정약용은 그 점을 고심한 끝에, 왕이 두만강
을 방어선으로 삼으려 한 사실을 이해하게 되었다. 그러나 후세는
그 방어선을 스스로 포기하고 말았다. 정약용은 그 점을 지적하며
서글퍼했다. 그는 이미 폐지된 4군을 꼭 회복시키자고 주장했는데
누구도 그 말을 듣지 않았다(《다산시문집》 제12권, 〈폐사군론(廢四群論)〉).
　　장차 요동 지역을 어떻게 처리할지도, 정약용은 고심했다. 그는
세종과 그 아들 세조도 끝내 요동을 수복하지 못했다며 아쉬워했
다. 그러나 조금 더 깊이 생각해보면, 요동을 수복하지 못한 것이

차라리 다행일지도 모른다고 했다. 요동은 중국과 오랑캐가 왕래하는 요충지로, 항상 전쟁의 위협이 있다. 따라서 성실하지만 온순한 조선인이 요동을 차지하기에는 역부족이다, 이것이 정약용의 냉정한 판단이었다. 그는 세종이 미처 요동을 공략하지 못한 까닭도 알아냈다. 명나라가 이미 북경에 도읍한 뒤여서 우리로서는 도저히 차지할 수 없는 땅이 되고 말았다는 추론이었다. 요동 땅은 척박하여 그 자체로는 별 소득이 없었다. 따라서 세종처럼 현명한 임금이 무리수를 두지 않은 것은 당연하다고 해석하기도 했다(《다산시문집》 제12권, 〈요동론(遼東論)〉).

몇 가지 이견은 여기저기서 확인되었으나, 조선의 큰선비들은 사실상 모든 분야에 걸쳐서 세종의 업적을 호평했다. 특히 국방, 교육, 재정, 복지, 사법 및 인사행정 분야에 후한 점수를 주었다. 세종은 조선 28명의 임금 가운데서 으뜸이었다. 아마 한국사를 통틀어서도 가장 현명한 왕이었을 것이다. 그가 우리 왕이어서 참으로 다행이었다는 생각이 들 정도다.

이제 세종이 남긴 문화적 유산을 현실에 어떻게 적용할지를 궁리해야 할 것이다. 누구나 세종의 업적을 칭찬하지만, 여전히 논의가 충분하다고 생각되지 않는다. 내가 듣기로, 나폴레옹 보나파르트에 관해서는 8만 권도 넘는 책이 간행되었단다. 그럼 세종에 관한 책은 몇 권이나 될까. 지금부터라도 각 분야의 전문가는 물론이요, 시민 여러분도 각자의 처지에서 세종에 관한 연구를 시작해보면 어떨까 싶다.

원전 자료

《승정원일기》, 민족문화추진회, 2002.

《(신편 국역) 일성록》, 민족문화추진회, 2008.

《조선왕조실록》(http://sillok.history.go.kr/).

유수원, 《우서》, 한국학술정보, 2007.

윤휴, 《(신편 국역) 백호전서》, 한국학술정보, 2008.

이덕무, 《청장관전서》, 민족문화추진회 역, 솔, 1997.

이이, 《(국역) 율곡전서》, 정신문화연구원 편역, 2002~2006.

이익, 《성호사설》, 한국학술정보, 2008.

정약용, 《다산시문집》, 민족문화추진회 역, 솔, 1994~1999.

정약용, 《(역주) 목민심서》, 다산연구회 역, 창비, 2018.

저서·연구서

구만옥, 《세종시대의 과학기술》, 들녘, 2016.

권오향, 김기섭, 김슬옹, 임종화, 《세종은 과연 성군인가, 우문에 대한 현답》, 보고사, 2020.

김슬옹, 《한글혁명 – 인류 문명사의 으뜸 사건, 세종대왕의 정음 혁명 탄생이야기》, 살림터, 2017.

김영기, 《세종대왕》, 국립국어연구원총서 1, 신구문화사, 1998.

박병호, 《세종시대의 법률》, 세종문화문고, 세종대왕기념사업회, 1986.

박종국, 《세종대왕과 훈민정음》, 세종문화문고, 세종대왕기념사업회, 1989.

박현모, 《세종처럼 – 소통과 헌신의 리더십》, 미다스북스, 2014.

박현모, 이익주, 신대철, 박병련, 김병선, 《용비어천가와 세종의 국가경영》, AKS인문총서 5, 한국학중앙연구원, 2011.

백승종, 《문장의 시대, 시대의 문장》, 김영사, 2020.

백승종, 《중용, 조선을 바꾼 한권의 책》, 사우, 2019.

세종대왕기념사업회 편집부 편, 《세종문화사대계 1−5》, 세종대왕기념사업회, 1998~2001.

손인수, 《세종시대의 교육문화연구》, 문음사, 1999.

안덕균, 《세종시대의 보건위생》, 세종문화문고, 세종대왕기념사업회, 1985.

오기수, 《세종 공법》, 조율, 2016.

오윤희, 《왜 세종은 불교 책을 읽었을까−언해불전의 탄생, 그리고 열린사회를 향한 꿈》, 불광출판사, 2015.

이영훈, 《세종은 과연 성군인가》, 백년동안, 2018.

이한우, 《세종 조선의 표준을 세우다−집념과 포용의 정치로 실현한 애민과 훈민, 세종을 찾아서》, 해냄, 2006.

정성희, 《세종의 하늘−세계 최고 과학 국가를 만든 세종의 천문 프로젝트》, 사우, 2020.

정윤재, 《세종의 국가경영》, 지식산업사, 2006.

지두환, 《세종대왕과 친인척 1−5》, 역사문화, 2008.

한국정신문화연구원 편, 《세종시대의 문화》, 태학사, 2001.

한영우, 《세종평전−대왕의 진실과 비밀》, 경세원, 2019.

한흥섭, 《아악혁명과 문화영웅 세종−종묘제례악은 한국 아악이다》, 소나무, 2010.

홍이섭, 《세종대왕−제9판》, 세종대왕기념사업회, 2011.

세종의 선택

초판 1쇄 발행 2021년 7월 1일

지은이	백승종
펴낸이	문채원
편집	오효순

펴낸곳	도서출판 사우
출판등록	2014-000017호
주소	서울시 양천구 목동동로 50, 1223-508
전화	02-2642-6420
팩스	0504-156-6085
전자우편	sawoopub@gmail.com

ISBN 979-11-87332-67-1 (03910)